信息化时代商务英语教学
与
人才培养研究

唐 姗 著

中国纺织出版社有限公司

内 容 提 要

本书属于商务英语方面的书籍，全书从理论维度出发，在对商务英语教育的概念、基本理论、教学方法等基础知识进行分析与论述的基础上，进一步对信息化时代商务英语教学模式、信息化时代商务英语教学模式发展新趋势、信息化时代商务英语教学策略、信息化时代商务英语核心课程建设分别进行了探索与研究，同时对商务英语人才培养展开深入的探究。本书理论与实践相结合，旨在为商务英语教师及教学研究者提供有益借鉴。

图书在版编目（CIP）数据

信息化时代商务英语教学与人才培养研究／唐姗著. -- 北京：中国纺织出版社有限公司，2023.12
ISBN 978-7-5229-1280-6

Ⅰ.①信… Ⅱ.①唐… Ⅲ.①商务—英语—人才培养—教学研究 Ⅳ.①F7

中国国家版本馆CIP数据核字（2023）第239113号

责任编辑：赵晓红　责任校对：江思飞　责任印制：储志伟

中国纺织出版社有限公司出版发行
地址：北京市朝阳区百子湾东里A407号楼　邮政编码：100124
销售电话：010—67004422　传真：010—87155801
http://www.c-textilep.com
中国纺织出版社天猫旗舰店
官方微博 http://weibo.com/2119887771
天津千鹤文化传播有限公司印刷　各地新华书店经销
2023年12月第1版第1次印刷
开本：710×1000　1/16　印张：15.5
字数：248千字　定价：99.90元

前　言

"信息化时代商务英语教学与人才培养研究"这一主题，是对当前商务英语教育领域的全面梳理与深入探索。在信息技术日益普及、深度渗透的今天，商务英语教学和人才培养面临新的挑战和机遇。

本书共七章，首部分"绪论"，主要介绍本专著的研究背景和意义、研究方法和思路、研究内容和结构安排，旨在为读者勾勒出全书的基本轮廓。第一章"商务英语教育概述"，通过介绍商务英语教育的概念和历史背景、理论框架以及信息化时代商务英语教育的新趋势，为读者构建一个全面的、动态的商务英语教育观。第二章"信息化时代商务英语教学模式研究"，详细解析信息化时代商务英语教学模式的特点、评价和创新应用，以期读者能深入理解如何运用各种信息技术工具来提升商务英语的教学效果。第三章"信息化时代商务英语教学模式发展新趋势"，通过SWOT分析法，以及构建翻转课堂、BOPPPS教学模式和"研讨会"教学模式，为读者提供信息化时代商务英语教学的新视角和新思路。第四章"信息化时代商务英语教学策略研究"，探讨如何有效利用信息化教学工具、互动式教学策略，以及利用信息化技术进行商务英语教学评估的策略，旨在帮助读者掌握信息化时代商务英语教学的关键策略。第五章"信息化时代商务英语核心课程建设"，详细分析了词汇、语法、口语、阅读和翻译五个核心课程在信息化时代的教学策略和方法，可以为商务英语教育工作者提供实用的教学参考。第六章"商务英语人才培养研究"，以人才培养为切入点，详述了商务英语人才培养的概述和目标、模式和路径以及评价和优化策略，以期为信息化时代商务英语人才的培养提供有效的理论支持和实践参考。第七章"结论与展望"，归纳了本专著的主要研究成果，并对未来商务英语人才培养的发展前景进行了展望。

本专著力求深入研究信息化时代商务英语教学与人才培养的理论与实践，期望为商务英语教育工作者及相关研究者提供一份宝贵的参考资料，同时希望能引起更多人对信息化时代商务英语教学与人才培养问题的关注和思考。由于作者水平有限，书中可能存有疏漏之处，望广大读者批评指正。

唐姗

2023年9月

目 录

绪论

第一节　研究背景和意义

一、研究背景

在全球信息化浪潮的推动下，商务领域正面临前所未有的变革和发展的机遇与挑战。信息技术的广泛应用和商务交流的国际化，不仅重塑了商务环境，也对商务英语教学和人才培养提出了更高的标准和期待。商务英语作为跨文化交际的桥梁，在信息化时代的商务领域中扮演着至关重要的角色。因此，深入研究信息化时代商务英语教学与人才培养，既是对商务教育的回应，也是适应时代发展的必然要求。

（一）商务环境的信息化转型

商务环境是指影响商务活动和交流的各种内外部因素，如政治、法律、经济、社会、文化、技术、竞争等。商务环境是商务英语教学与人才培养的重要依据和参考，也是商务英语人才展示自己的重要舞台。随着信息化时代的到来，商务环境发生了深刻的变化和转型，主要表现在以下几个方面。

1.商务环境变得更加开放和多元

信息化时代打破了时间和空间的限制，使世界各地的商务主体可以更加方便地获取和分享信息，建立和维持联系，开展和拓展业务。信息化时代也促进了不同国家和地区之间的经济一体化和文化交流，使商务环境呈现多样性和复杂性。这就要求商务英语人才能够掌握不同国家和地区的商务规则和文化习惯，能够灵活地运用多种语言和沟通策略，能够有效地处理跨文化商务冲突和障碍。

2.商务环境变得更加动态和竞争

信息化时代加速了商务领域的创新和变革，使商务环境呈现快速变化和不确定性。信息化时代也激发了商务主体之间的竞争和合作，使商务环境呈现高度竞争和博弈性。这就要求商务英语人才能够及时地获取并分析商务信息，能够敏锐地把握并应对商务机遇和风险，能够积极地参与并推动商务的创新和发展。

3.商务环境变得更加智能和数字化

信息化时代引入了大数据、云计算、人工智能、物联网等新兴技术，使商务环境呈现智能化和数字化。信息化时代也催生了新的商务模式和形式，如电子商务、网络营销、数字货币等，使商务环境呈现虚拟化和数字化。这就要求商务英语人才能够熟练地运用并掌握这些新技术，能够适应并创造这些新模式和形式，能够利用并优化这些新资源和渠道。

（二）信息化背景下商务英语教学面临的挑战

信息化时代给商务英语教学带来了前所未有的挑战。信息化时代的特点是信息的广泛传播、快速迭代和技术的快速更新。对于商务英语教育而言，这意味着不仅要教授商务英语知识，更要培养学生的信息素养，包括获取、分析、利用信息的能力。

一方面，信息化为商务英语教育提供了全新的工具和平台。例如，网络教学平台的应用，使商务英语教育不再局限于传统的课堂，可以突破地域和时间的限制，使更多的人可以接受到优质的商务英语教育。学习资源的数字化，使学生可以获取更丰富、更多样的学习材料，如在线教材、电子图书、音视频资料等。同时，信息技术如智能手机、电子书阅读器等设备的广泛使用，也为学生提供了更便利的学习方式。此外，网络交流工具如社交媒体、论坛等，也提供了一个平台，让学生可以与教师、同学进行交流，分享学习心得，提高学习效率。另一方面，信息化时代也给商务英语教育带来了一系列挑战。首先是如何有效利用信息技术进行教学。传统的面对面教学模式与网络教学模式有很大差别，如何调整教学方法，以适应新的教学环境，是教师面临的一大挑战。另外，对于学生来说，网络学习需要更强的自律性，如何引导学生养成良好的网络学习习惯，防止他们在海量信息中迷失，也是一项挑战。其次是如何保证在线学习的质量。与传统的面对面教学不同，网络教学很难对学生的学习状态进行实时监控，学生的学习效果如何，很大程度上取决于他们自身的努力。这就要求教师在教学设计上更加用心，以吸引学生的注意力，激发他们的学习兴趣。另外，如何评价和证明在线学习的效果，也是需要解决的问题。

信息化时代为商务英语教学与人才培养带来了深刻的变革与机遇。信息技术的广泛应用为商务英语教育提供了全新的工具和平台，极大地拓展了教学和学习的边界。然而，随着机遇而来的是一系列挑战，教育者需要创新教学方法，引导学生养成自主学习的能力，制定科学合理的评价标准，以确保学生在线学习的质量。未来，随着技术的不断发展和商务环境的不断演变，商务英语教学与人才培养也将不断迎来新的机遇和挑战。教育者需要持续关注时代发展的趋势，不断创新教学理念和方法，以培养更加适应信息化时代商务环境的英语人才，为经济社会的繁荣做出贡献。同时，高校也应积极借助信息技术，推动教育教学改革，将信息化理念融入高等教育的各个环节，为学生成才提供更加优质的服务与支持。信息化时代的商务英语教育，将在教育者和学生共同的努力下，实现更为卓越的发展。

（三）信息化背景下的商务英语人才培养需求

全球化和数字化时代对商务英语人才提出了新的需求。商务英语教育应该紧跟时代的步伐，满足社会的需求，培养出能够适应国际商务环境，掌握信息技术，具备专业知识和技能的商务英语人才。这样的人才既能够在全球商务环境中进行有效的沟通和交流，也能够在数字化经济中发挥自己的优势，为企业和社会创造价值。

1.全球化背景下的商务英语需求

在全球化背景下，商务活动的国际化程度提高，使国际贸易、跨国投资和多元文化的交融成为常态。在这个背景下，商务人才需要具备良好的商务英语能力以确保在跨国交流和合作中无障碍地沟通。商务英语能力的需求不仅在于语言技巧的提升，更在于对全球商务环境地理解、国际规则的掌握以及对文化差异的适应。无论是进行商务谈判，还是处理商务文件，良好的商务英语技能都是不可或缺的。

全球化背景下的商务英语需求，不仅在于语言层面的交流，还需要在理解和应对全球商务环境、国际规则以及文化差异等方面具备深度理解和独特洞见。对于任何一个商务英语人才来说，能够理解和把握全球化对商务活动带来的深远影响，熟知各国的商务文化和习俗，掌握国际商务规则和法规，这都是他们需要具备的基础能力。商务英语能力的提升，不仅是语言技巧的提高，更是一种全球视野、国际规则意识和跨文化交际能力的培养。这种能力不能仅依赖于课堂教学，更需要在实践中不断提升和完善。无论是在处理具有国际背景的商务谈判，还是在撰写涉及国际法规的商务文件，甚至是在处理涉及跨文化交际的商务活动时，良好的商务英语能力都能大大提高工作效率，减少交际障碍，增强工作效果。另外，商务英语能力也是商务人才在全球化背景下的竞争力所在。在全球化的大背景下，商务活动的竞争也越发激烈。具备良好的商务英语能力，不仅能在与全球商务伙伴的交流中更加得心应手，更能在解决跨文化交际问题，理解全球商务环境，掌握和应用国际规则等方面显示出独特的优势。这种优势，将极大地增强商务人才在全球化商务活动中的竞争力，使他们能更好地应对全球化带来的各种挑战。

2. 数字化经济对商务英语能力的要求

数字化经济时代，商务活动越来越依赖于互联网和信息技术。从电子邮件到视频会议，从在线营销到电子商务，信息技术在商务活动中的应用无处不在。这就要求商务英语人才需要具备扎实的语言基础，并且熟悉相关的信息技术，他们需要知道如何利用信息技术进行有效的商务交流，如何利用互联网工具获取和分析商务信息，如何通过电子平台进行商务操作等。这种新的需求，改变了商务英语教学的传统模式，使商务英语的学习和使用不再局限于课堂和教材，而是延伸到互联网和数字设备中，成为真正的信息化学习。商务英语的学习者需要学会如何利用各种在线资源，如在线词典、电子书籍、网络课程等，来提高自己的英语能力。他们还需要学会如何使用电子邮件、社交媒体、视频会议等工具进行商务交流。

数字化经济时代对商务英语能力的要求不仅包括传统的听、说、读、写四项技能，还包括熟悉和掌握信息技术的能力。商务英语人才需要能够在各种电子设备上顺利地进行商务交流，能够利用互联网工具获取和分析商务信息，能够通过电子平台进行商务操作。同时，信息技术的快速发展也使得商务英语人才需要具备持续学习和适应新技术的能力。他们需要能够跟上信息技术的更新换代，适应新的商务环境。例如，随着移动互联网的普及，商务活动的形式和内容也在发生变化，如移动支付、在线营销、电子商务等新的商务形式不断涌现。面对这些新的商务形式，商务英语人才需要有足够的了解，并能够熟练地使用英语进行操作和交流。

3. 企业对商务英语人才的具体需求

现代企业越来越重视员工的综合素质，他们需要的商务英语人才不仅要有良好的英语应用能力，还要有深厚的商务知识基础，能够理解和应用商务原理，解决实际工作中的问题。商务英语的应用场景已经深入企业的各个环节，包括市场分析、商务谈判、项目管理、客户服务等，这就要求商务英语人才具备广泛的知识和技能。

首先，对于语言应用能力，企业需要的是能够在实际工作中灵活运用商务英语的人才。这不仅要求有良好的英语听说读写技能，还要求能够理解和使用商务英语的专业术语，能够在商务场合中准确地表达和理解信息。企业还需要员工能够熟练地使用英语进行商务写作，如编写报告、提案、商务信函等。此外，随着全球化的推进，跨文化交流的能力也越来越重要，商务英语人才需要了解不同文化背景下的交流规则，能够在跨文化的商务环境中有效地沟通和合作。其次，企业对商务知识的需求也在增加。商务英语人才需要了解商务的基本原理和实践，如市场分析、竞争策略、企业管理等。他们需要能够从商务的角度理解和分析问题，能够运用商务知识解决实际工作中的问题。商务知识的掌握可以提高商务英语的应用能力，使商务英语人才能够更好地为企业服务。最后，企业也需要商务英语人才具备一定的技术能力。在信息化、数字化的商务环境中，商务英语人才需要熟悉相关的信息技术，能够利用信息技术获取和分析商务信息，能够通过电子平台进行商务操作。对于一些特定的岗位，如数据分析、网络营销等，还需要商务英语人才掌握相关的技术知识和技能。

信息化时代的商务英语人才培养既面临新的要求，又蕴含丰富的机遇与挑战。这个时代需要的不仅是传统的语言技能，更需要在信息技术、跨文化交际、创新思维等方面全面发展的人才。而在线学习平台等信息化手段，则为学生提供了更加便捷和灵活的学习途径，使他们能够更好地获取知识、培养能力。然而，培养出适应信息化商务环境的人才，并非一蹴而就，需要教育者和学生共同的努力。在不断变革的商务环境下，商务英语人才培养也将持续探索和创新，为经济发展和社会进步提供坚实的人才支持。

二、研究意义

（一）符合国家宏观发展战略需要

信息化时代是一个经济全球化、文化多元化、社会网络化的时代，商务英语作为一种国际通用语言，在促进国际贸易、文化交流、科技创新等方面发挥着重要的作用。研究商务英语教学与人才培养，可以提高商务英语教育的质量和水平，培养适应信息化时代需求的高素质、高层次、多样化的商务英语人才，为国家的战略发展和国际话语权提供有力的支撑。特别是在"一带一路"倡议下，商务英语人才不仅要具备语言运用能力、跨文化交际能力、商务实践能力等基本技能，还要具备思辨与创新能力、国际视野和社会责任感等综合素养，能够参与国际商务竞争与合作，并在全球化的大环境里保持清醒的意识，按照国际惯例行使自己的职责。

除此之外，在全球化和信息化深入发展的背景下，国家的软实力和国际影响力显得尤为重要。软实力，是指一个国家通过吸引和说服的方式，使其他国家愿意按照其意愿行事的能力，它涵盖了文化、政治价值和外交政策等方面。商务英语人才在此环境下，成了实现这一目标的重要桥梁和载体。语言是文化的重要载体，而商务英语人才通过与世界各国企业和机构的深入互动，能够更直观和真实地将本国的文化、价值观和生活方式展示给外部世界。他们自身往往是跨文化交流的佼佼者，能够在保持本国文化特色的同时，充分理解和尊重其他文化，从而有效地消除文化交流中的障碍和误解，为本国文化的全球传播铺平道路。在全球多极化和复杂化的大背景下，越来越多的国际问题需要各国通过对话和合作来共同解决。商务英语人才常常处于这些对话和合作的前沿，他们不仅可以为本国政府和企业提供关于国际事务的专业建议，还可以通过自己的实际行动，如参与国际组织、推动双边和多边合作项目等，为促进全球治理和可持续发展做出实质性的贡献。商务英语人才通过自身的专业能力和崇高的职业道德，也能够为国家形象的树立和传播做出积极贡献。他们在国际场合中的专业表现和诚信行为，往往被视为本国人民和企业的重要代表，从而直接影响外界对本国的整体印象和评价。

（二）推动学科发展与社会进步

本专著的研究将对商务英语教学与人才培养所涉及的多个学科领域产生积极影响，促进学科的发展和交叉融合。商务英语教学涉及语言学、教育学、跨文化交际等多个学科，而信息化时代的商务英语教学更需要融合信息技术、创新教育理念等多方面的知识。本专著将深入探讨这些学科之间的关系，为学科之间的交流和合作提供新的思路和路径。

在社会进步方面，商务英语人才的培养直接关系到国家和地区的国际竞争力。信息化时代的商务活动不再受地域限制，而是全球性的合作和竞争。因此，培养适应信息化商务环境的商务英语人才，不仅可以增强国家的国际影响力，还能够为企业创新和跨国合作提供更有力的支持。这对社会经济的发展具有积极的推动作用。

同时，本专著的研究成果也将为商务英语领域的学术研究和实践提供重要的参考和指导。商务英语教学与人才培养在信息化时代的新路径和新理念，将为学者提供新的研究方向和切入点。在商务英语实际应用领域，本专著的研究成果也将为从业人员提供有益的实践经验和指导，帮助他们更好地适应信息化商务英语环境的要求。

（三）满足产业转型升级的需求

在信息化时代，全球的产业格局正在经历深刻的变革，其中涉及企业的数字化转型、全球化战略部署和业务模式的创新。在这一大背景下，商务英语人才不仅是传统意义上的语言交流者，更是连接国际市场、理解跨文化差异、并能有效执行企业国际战略的关键执行者。

在过去，企业可能主要依赖于本地市场和传统的商务模式。然而，随着信息技术的发展，尤其是互联网和移动通信技术的普及，企业的市场已经从本地扩展到了全球。这就要求企业不仅要有足够的技术实力进行自身的数字化和智能化改造，而且要有一种全球化的视野和战略思维。在这样的背景下，商务英语人才成为企业全球化战略中的一块基石。他们不仅需要具备流利的英语沟通能力，更重要的是要能理解和适应不同文化背景下的商业环境。例如，一个优秀的商务英语人才应当能够准确地理解国外合作伙伴的商业习惯和期望，能够通过英语准确、有效地与他们沟通和协调，使合作项目能够更顺利地进行。商务英语人才在信息化时代还承担着企业外部信息的获取和分析任务。在全球化竞争激烈的今天，企业需要不断地收集和分析外部信息，以便更准确地把握市场动态和竞争态势。商务英语人才需要利用自己的语言能力，从世界各地的新闻、报告、研究等各种渠道中，快速、准确地获取和理解这些信息，然后将这些信息转化为企业战略决策的有力支持。因此，信息化时代商务英语教学与人才培养的任务也需要与时俱进。教育机构应当从更宽广的视角来设计和实施商务英语教育项目。除了传统的语言教学，更需要加强跨文化交流、国际商务实务、信息技术应用、创新与领导力培养等方面的教学内容，以培养真正符合现代企业需求的复合型、高素质的商务英语人才。

第二节　研究方法和思路

一、研究方法

在信息化时代，商务英语教学与人才培养所涉及的复杂性和多样性要求我们不仅要从多个维度去考量问题，还需要运用多种研究方法，以获得更全面准确的研究成果。因此，本专著的研究方法是多层次、多角度、多方法相结合的综合研究方法。一方面，定性研究方法为商务英语教育的研究提供了一种深入理解和解释现象的重要工具。这种方法主要依赖于非数值化的数据，提供丰富、详细和深入的信息，让研究者有机会理解和解释现象的内涵、外延和复杂性。另一方面，定量研究方法通过使用结构化和标准化的测量工具，如问卷、测试、实验和数值模拟，收集大量的数值型数据，以进行统计分析。定量研究方法的优点在于其可测性、可重复性和客观性，使研究结果具有较高的信度和效度。定量研究方法还具有较强的普适性和推广性，使研究结果具有较高的外部有效性。

（一）文献分析法

通过对文献资料的收集和分析，可以了解商务英语教育的起源、发展历程和现状，理解商务英语教育的基本特征、核心问题和关键挑战，掌握商务英语教育的发展趋势和前景。这些理解和解释，对于研究者准确把握商务英语教育的研究对象，明确研究的目标和任务，设计研究的策略和方案，具有重要的指导意义。通过对国内外相关文献进行梳理和评价，探讨信息化时代商务英语教学与人才培养的现状、问题和发展趋势，可以为后续的理论构建和实证研究提供理论依据和文献支持。

（二）深度访谈法

通过与商务英语教师、学生、企业从业人员等进行深入的访谈，以获取他们对信息化时代商务英语教学与人才培养的看法和需求。还可以深入商务英语教育的一线，直接了解商务英语教育的实际情况，发现存在的问题和挑战。例如，通过对教师的访谈，可以了解教师在商务英语教学中遇到的困难和问题，对教学实效的自我评价，对商务英语教育改革和发展的期待和建议。通过对学生的访谈，可以了解学生对商务英语教学的需求和期待，对教学质量和效果的评价，对商务英语学习的困难和问题。这些信息，可以为商务英语教育的改革和发展提供丰富和真实的原始数据。

（三）案例分析法

通过选择具有代表性和典型性的商务英语教学与人才培养的成功或失败案例，运用质性研究方法进行深入的描述、解释和评估，探究信息化时代商务英语教学与人才培养的有效策略和方法，以及可能面临的挑战和困难。

案例分析法的独特之处在于，它允许研究者深入探索一个特定的、现实的、多面的商务英语教学实例，而非局限于现象的某一个单一方面或者从理论的角度进行分析。它让研究者有机会揭示和理解商务英语教学与人才培养的各种实际情况，以及情境、情况、事件和行动的互动关系。案例分析法提供了一个全面、深入和富有洞见的视角，以探讨、理解和解释商务英语教育的复杂性、动态性和特殊性。此方法通过对特定的商务英语教学和人才培养实例进行深入分析，使研究者能够发现和揭示商务英语教学的特点、原则、模式、策略、方法、技术、工具、效果等。这些发现和揭示有助于理解和解释商务英语教育的理论、实践和政策，为商务英语教育的改革和发展提供理论支持和实践指南。案例分析法的另一优点在于，其可以直接反映和揭示商务英语教育在实际应用中的情况。通过对成功或失败的教学案例进行深入分析和研究，可以理解和解释商务英语教学成功或失败的原因，总结和提炼商务英语教学的经验和教训。这些经验和教训对于优化商务英语教学，提高商务英语教学的效果，具有非常重要的参考和借鉴意义。同时，案例分析法也适用于商务英语教育的各个环节。在教学设计阶段，案例研究可以帮助研究者了解和掌握教学设计的原则、策略和方法；在教学实施阶段，案例研究可以帮助研究者了解和掌握教学实施的过程、问题和解决办法；在教学评估阶段，案例研究可以帮助研究者了解和掌握教学评估的标准、方法和工具。理解和掌握这些方法，对于改善商务英语教育的教学设计、实施和评估，提高商务英语教育的教学质量和效果，具有重要的实践指导意义。

（四）调查问卷法

通过设计合理的调查问卷，收集商务英语教师和学生对信息化时代商务英语教学与人才培养的认知、态度、需求和满意度等数据，运用统计分析软件进行数据处理和分析，揭示信息化时代商务英语教学与人才培养的实际情况和存在的问题。

二、研究思路解析

（一）从宏观到微观的研究路径

在信息化背景下，商务英语教育面临新的挑战和机遇。首先，需要从宏观角度审视全球化和信息化的大背景如何影响商务英语教育的整体发展趋势和格局，这包括教育政策、教育资源、教育需求、教育模式等各个方面。例如，如何理解和评价信息化技术对商务英语教育的影响，如何应对和利用信息化技术改革和创新商务英语教育，如何优化和调整商务英语教育的资源配置和服务供给，等等。这些宏观层面的分析和思考，对于把握商务英语教育的发展方向和策略，具有重要的理论和实践意义。其次，深入微观层面，具体探讨和研究商务英语的教学模式和人才培养策略。这包括商务英语教学的内容、方法、评价，商务英语人才的知识、能力、素质，等等。例如，如何利用信息化技术优化和创新商务英语教学的内容和方法，如何利用信息化技术提高和改善商务英语教学的效果和质量，如何培养和造就适应信息化时代需求的商务英语人才，等等。这些微观层面的探讨和研究，对于提高商务英语教育的教学质量和人才培养效果，具有重要的实践和指导意义。

（二）从理论到实践的研究过程

基于相关理论，构建商务英语教育的理论模型和理论框架。这些理论可以来自教育学、心理学、语言学、商务学、信息科学等多个领域，也可以是商务英语教育本身的理论。这些理论为商务英语教育的研究提供了理论依据和理论支持，为商务英语教育的实践提供了理论指导和理论启示。

通过实证研究来验证和发展这些理论。实证研究可以是定性的，也可以是定量的；可以是实验的，也可以是观察的；可以是比较的，也可以是案例的。这些实证研究的结果，既可以用来验证和修正理论，也可以用来发展和补充理论。这些实证研究的结果，既可以用来指导和改善商务英语教育的实践，也可以用来推广和示范商务英语教育的实践。

（三）交叉研究的逻辑关联

商务英语教育需要交叉研究的逻辑关联。商务英语教育涉及教育学、心理学、语言学、商务学、信息科学等多个领域，需要借鉴和融合这些领域的理论和方法，形成一个完整和系统的商务英语教育研究框架。这种交叉研究的方式，既能拓宽和深化商务英语教育的研究视野和研究领域，也能丰富和发展商务英语教育的研究内容和研究方法。

例如，教育学的教学理论和教学方法，可以用来指导和改善商务英语的教学；心理学的学习理论和学习策略，可以用来引导和优化商务英语的学习；语言学的语言理论和语言技能，可以用来规范和提高商务英语的语言；商务学的商务理论和商务技术，可以用来训练和增强商务英语的商务性；信息科学的信息理论和信息工具，可以用来支持和推动商务英语的信息化。这种交叉研究的方式，有助于提升商务英语教育的研究质量和研究效果，为商务英语教育的理论研究和实践探索提供更多的可能性和灵感。

第三节　研究内容和结构安排

一、研究内容

（一）商务英语教育的现状分析

商务英语教育的现状分析是本研究的起点。通过分析现状，可以清晰地了解商务英语教育当前面临的挑战和问题，这是寻找解决方案和进行改革的基础。当前商务英语教育的教学方法、课程内容、评估方式等各个方面，都将成为本研究的重要内容。

从教学方法上看，传统的商务英语教育多依赖于面对面的教学方式，而在信息化时代，这种方式可能已经不再适应学习者的需求。新的教学方式，如在线教学、混合式教学等，正逐渐在商务英语教育中得到应用，但其效果如何，存在哪些问题，仍需要进一步研究。课程内容也是商务英语教育现状分析的重要内容。传统的商务英语课程可能过于重视语言技能的训练，而忽视了商务知识和技能的学习。在全球化和信息化的背景下，如何调整和优化课程内容，使其更好地满足学习者的需求，是商务英语教育需要解决的重要问题。评估方式的改革也是商务英语教育改革的重要方面。传统的评估方式可能过于注重语言技能的考核，而忽视了学习者的实践能力和创新能力。在信息化时代，如何建立更科学、更公正、更有效的评估体系，是商务英语教育的一个重要课题。

（二）信息化时代商务英语教学模式的研究

信息化背景下的商务英语教学模式研究，无疑是信息化新时代的教育改革和发展中的重要内容。为了更好地探索和理解在信息化背景下的商务英语教学模式，需要从多个角度进行全方位的研究。

对信息化教学模式进行系统的介绍和分析。在数字技术的推动下，教学模式正在发生深刻的变化。例如，传统的面对面教学模式已经被在线教学、混合式教学、翻转课堂等新的教学模式取代。每种教学模式都有其独特的特点和优点，如在线教学可以打破地域限制，提供更大的学习自由度；混合式教学可以结合线上和线下的优点，提供更丰富的学习体验；翻转课堂可以激发学习者的学习主动性，提高学习效率等。但同时存在一些缺点和挑战，如网络教学可能会导致学习者的学习参与度降低，学习效果受到影响等。

通过具体的案例研究，了解和分析这些教学模式在实际教学中的应用情况。案例研究可以从实践中发现问题，提供真实的研究依据。例如，通过对某个商务英语在线教学课程的案例分析，可以了解在线教学在商务英语教育中的实际应用，发现存在的问题，如学习者的学习参与度如何，学习效果如何，存在哪些困难和挑战等。这样可以更具体、更深入地了解信息化教学模式在实际教学中的运用情况，为改进教学提供依据。

发现存在的问题并提出解决问题的方法和策略。问题是推动改革的动力，解决问题是改革的目标。在深入了解信息化教学模式的应用情况之后，可以发现存在的问题，如在线教学中学习者的参与度不高，学习效果不佳等。然后，根据问题的具体情况，提出解决问题的方法和策略，如如何提高学习者的学习参与度，如何提高在线教学的学习效果等。

（三）商务英语人才培养的探讨

在全球化和信息化的背景下，商务英语人才培养的探讨，无疑是商务英语教育领域中的一项重要任务。对于企业和社会来说，需要的不仅是掌握了一门语言的专业人才，更需要具备全球视野、深入理解商务文化、能够在复杂环境下有效沟通的复合型人才。因此，商务英语人才培养模式的改革和创新，应当以满足社会和企业新的人才需求为出发点。

对商务英语人才的需求进行深入研究。在全球化和信息化的背景下，商务英语人才的需求正在发生变化。除了必须具备的语言能力，他们还需要具备全球视野、跨文化沟通能力、商务知识、信息技术能力等。同时，他们也需要具备一定的创新能力、团队合作能力、批判性思维能力等。对于这些新的需求，应该通过深入研究和分析，形成对商务英语人才需求的全面理解。

基于对人才需求的理解，需要探讨如何建立有效的商务英语人才培养模式。商务英语人才培养模式不仅是教学方法的问题，更是教育理念、课程设计、教学实施、学习评估等多方面的综合问题。如何设计和实施一套符合新的人才需求的课程体系，如何采用有效的教学方法和手段激发学生的学习兴趣和主动性，如何进行学习评估以了解学生的学习效果和进步等，这些都是需要深入探讨的问题。此外，对商务英语人才培养模式的探讨，也需要考虑到教育公平性的问题。在信息化时代，如何保证所有的学生都能得到高质量的商务英语教育，不受地域、经济、文化等因素的限制，也是需要考虑的重要问题之一。

二、研究的总体框架

本研究着眼于信息化时代背景下的商务英语教育，构建了一个全面、深入、系统的研究框架，以探讨如何在这个快速变革的时代背景下，有效地推进商务英语教学与人才培养。

（一）研究的基本假设和理论支持

本研究的核心假设在于信息化技术的引入能够推动商务英语教育的发展，从而提高教学效果，培养满足现代商务需求的专业人才。这一假设是基于现代教育技术理论和人才培养理论提出的。

教育技术理论方面，信息化技术被视为驱动教育创新和改革的关键因素。这些技术为教学提供了丰富多样、灵活便捷的资源和手段，从而改变了传统的教学方式与环境，提升了教学效率与效果，同时培养了学生的学习兴趣与能力。在这种情况下，信息化技术有望在商务英语教育领域中引发发展，提升教学质量。

人才培养理论方面，人才培养需要根据社会需求和个人发展，设计出符合需求的教育计划与过程，以实现个体知识、技能和素质的全面提升与个性化发展。在信息化时代，商务活动需求涉及信息化技术，需要具备跨文化、跨地区、跨领域商务沟通与操作能力的商务英语人才。因此，信息化技术有望在商务英语人才培养中发挥作用，满足现代商务需求。

（二）研究的主要部分和组织结构

本研究由商务英语教育现状分析、信息化时代商务英语教学模式研究、商务英语人才培养模式研究等关键部分组成。每个部分既独立完整，又相互关联，共同构成了一个系统性的研究架构。

商务英语教育现状分析部分，主要通过收集和分析相关数据和信息，了解和掌握商务英语教育的基本情况和主要问题，为后续的研究提供实证基础和理论依据。同时，通过对商务英语教育现状的深入理解和全面评价，可以提炼和总结出有价值的教育经验和教育教训，为后续的研究提供启示和借鉴。

信息化时代商务英语教学模式研究部分，主要通过理论探讨和实证研究，探索和构建适应信息化时代需求的商务英语教学模式。这包括商务英语教学的内容、方法、评价等方面，以及商务英语教学的组织、管理、支持等方面。这样的教学模式旨在提高教学的效率和效果以及提升教学的质量和水平。

商务英语人才培养模式研究部分，主要通过理论阐述和实证验证，探索和构建适应信息化时代需求的商务英语人才培养模式。这包括商务英语人才的知识、技能、素质等方面，以及商务英语人才的发展、引导、评价等方面。此种人才培养模式不仅可以满足社会的需求和期待，也符合学生的期望和需求。

三、章节的主题概述

（一）各章节的主题确定和内容设计

在研究过程中，准确定义各章节的主题与内容设定至关重要。这不仅有助于读者明晰各章的研究重点，还确保了研究的深度与广度。本研究的各章均确立了明确的主题，包括商务英语教育相关理论综述、信息化时代商务英语教学模式研究、人才培养策略、核心课程设置等。这些主题围绕商务英语教育在信息化背景下的改革与发展，内容有针对性与实用性，有助于深入探讨商务英语的教育问题，并提出切实可行的解决方案。

（二）各章节间主题的关联和递进关系

本研究的各章节不仅具备明确的主题，还呈现相互关联与递进的特点，构建了从理论到实践的有机研究链条。首先，作者对商务英语教育的概念、理论等展开深入分析，确立了研究主题与方向。其次，在理论分析基础上，进一步探讨与研究信息化时代的商务英语教学模式，构建适应信息化背景的教学模式设计。最后，整合理论研究，通过实证研究探讨人才培养策略，旨在提升人才培养效果与质量。这样的章节关联与递进关系，可以确保研究具备合理的逻辑性与连贯性。

第一章

商务英语教育概述

第一节　商务英语教育的概念和历史背景

一、商务英语的概念和历史发展

（一）商务英语概念

许多西方学者认为，商务英语是特殊用途英语（english for specific purposes，ESP）的一种。例如，英国剑桥大学的托尼·达德利·埃文斯（Tony Dudley-Evans）教授在其论文 *Developments in ESP：A Multi-disciplinary Approach* 中明确指出，商务英语是应用于特定领域（如商业、金融和市场营销）的英语，旨在满足特定的商业需求❶。加拿大学者哈钦森（Hutchinson）和沃特斯（Waters）的 *English for Specific Purposes* 一书中提出ESP（包括商务英语）是一个多学科交叉的领域，涵盖了语言学、应用语言学、教育学、心理学、社会学等多个学科。特别是在商务英语的应用中，还涉及商业学、管理学和跨文化交际等领域。他们鼓励教师和研究人员采用多学科视角，以提高教学质量和研究深度❷。

商务英语，作为全球化和经济一体化的产物，实质上是一种特殊用途英语。与普通英语相比，它更加注重语言与实际业务环节的紧密结合，目标是为全球商务人员提供准确、高效的沟通工具。它既包含英语语音、语法、词汇、语篇和跨文化知识，也涵盖了国际货物贸易、服务贸易、技术贸易和国际合作等商务领域的知识内容。同时，由于新兴技术如网络通信和多媒体的广泛应用，商务英语的内涵和手段也在不断更新和扩大❸。根据这个定义，可以看出商务英语在语言学和商业学科之间实现了跨学科的结合。语言媒介是英语，而学科构成以

---

❶ Dudley-Evans & St John，M.Developments in ESP：A Multi-disciplinary Approach[M].Cambridge：Cambridge University Press，1998.

❷ HUTCHINSON T，WATERS A.English for Specific Purposes：A Learning-centered Approach[M].Cambridge：Cambridge University Press，1987.

❸ 邹美兰.现代商务英语的界定和内涵[J].江西财经大学学报，2004（1）：3.

国际商务为核心，囊括了从商业谈判业务到进出口业务，再到机构的内部管理活动和对外事务等多方面的内容。从广义方面来说，商务英语还包括金融、贸易、运输、投资、财会、经济法、国际合作、国际惯例、WTO原则等多方面的知识。因此，商务英语不仅是一种语言形式，更是一种商业知识和技能的集合。

商务英语的特性既包含了语言学的因素，也涵盖了专业知识和文化背景的因素，这也是其相对于通用英语的独特之处。

1. 专业词汇和术语的使用

商务英语中使用的词汇和术语通常与商业、贸易、金融等相关，这些专业词汇和术语往往需要具备一定的背景知识才能正确理解和使用。例如，词汇"dividend"（股息）、"liquidation"（清算）和"amortization"（摊销）等，都是商务英语中常见的专业词汇。

2. 特定的文体和格式

商务英语常常出现在报告、电子邮件、会议记录、合同等商业文件中，这些文件往往有特定的格式和文体要求。例如，商务报告通常需要包含简介、主体、结论等部分，而商务电子邮件则需要注意称呼、礼貌用语、结尾等细节。

3. 交际目的明确

商务英语中的交流往往有明确的目的，如进行谈判、签订合同、解决问题等。因此，商务英语的语言使用通常以实现这些目的为导向，要求语言准确、明确，能够有效地传达信息。

4. 文化差异的考虑

由于商务活动通常涉及跨国或跨文化的交流，因此，商务英语的使用需要考虑到文化差异，避免由于文化差异引起的误解或冲突。这要求使用者对不同文化的商业习俗和交际礼仪有一定了解。

5. 口头和书面表达能力的要求

商务英语不仅要求良好的书面表达能力，也需要强大的口头交际能力。这两者在商务交流中都起着重要的作用，例如，在商务会议中进行口头报告，或是通过书面报告传递重要信息。

（二）商务英语历史发展

商务英语的历史发展是一个与全球经济一体化、科技进步以及国际商务交流日益频繁的趋势相适应的过程。在这个过程中，因商务英语不断适应新的商业环境和交流需求，从而得到了持续的发展和完善。

1. 商务英语的起源与早期发展

商务英语的起源可以追溯到英国的商业革命。商业革命期间，英国经济迅速发展，跨国贸易频繁，这就需要一种新的语言形式来满足跨文化、跨国际的商务交流需求。这种语言形式就是现在的商务英语❶。

在商业革命初期，尽管英语已经在一定程度上被用作国际商务的主要语言，但那时的商务英语更多的是在书面交流中使用，主要体现在合同、商业信函、贸易协议等书面材料中。这种使用场景限制了商务英语的发展，使其在语法、词汇和文化表达等方面，还没有形成完全独立的语言形式。随着商业革命的深入，商务活动逐渐复杂化，商务交流的需求也变得越来越复杂。商务英语开始出现在更多的交流场景中，不仅包括书面交流，还开始扩展到口头交流，如商业会议、谈判和演讲等。商务英语的语言形式也开始变得更加专业化，词汇和语法结构更加丰富和精细，能够更准确地表达复杂的商务概念和情境。虽然在早期发展阶段，商务英语的使用场景和语言形式相对有限，但这个阶段为商务英语的进一步发展奠定了基础。这一阶段的发展，使商务英语逐渐从一种主要用于书面交流的语言形式，转变为一种可以应用于各种商务交流场景的语言形式。同时，商务英语的词汇和语法结构也得到了初步的完善，为后续的发展积累了宝贵的经验。

2. 科技进步与商务英语的发展

19世纪的工业革命带来的科技突破，如蒸汽动力、电力和铁路运输，推动了商务活动的爆发式增长。为了应对日益复杂的商务环境，商务英语开始从一种主要用于书面交流的语言形式，转变为一种既可以用于书面交流，也可以用于口头交流的语言形式。在这个阶段，商务英语开始出现在更多的交流场景中，包括商业会议、谈判、演讲等。这些交流场景对商务英语的词汇和语法结构提出了更高的要求，商务英语也因此得到了进一步的完善和发展。同时，科技进步也推动了商务英语教育的发展。在19世纪，大部分的商务英语教育还局限在学院中，学习内容主要集中在商务书信的写作和阅读。然而，随着科技的进步，商务英语教育开始涉及更多的领域，如商务会议的口译、商务谈判的模拟练习等。这些新的教学方法使商务英语学习者能够更好地应对实际的商务交流场景。

科技进步对商务英语的影响不仅体现在教育领域，也体现在商务英语的使

---

❶ 戴年.商务英语的起源与发展史简述[J].理论月刊，2010（6）：4.

用方式上。随着信息技术的发展，商务英语开始广泛应用于电子邮件、在线会议和社交媒体等新的交流平台上。这使商务英语的使用变得更加灵活和便捷，也使商务英语能够更好地适应不断变化的商务环境。在新的科技背景下，商务英语也面临新的挑战。一方面，新的科技环境使商务交流变得更加复杂，商务英语需要进一步丰富其词汇和语法结构，以应对这种复杂性。另一方面，新的科技环境也使商务英语的学习和使用变得更加便捷，商务英语需要找到有效的方式，来提升学习者的学习效果和使用效果。

3. 全球化与商务英语的发展

20世纪全球化的趋势不仅加速了经济和商业活动的国际化，也催生了商务英语作为一种全球通用语言的发展[1]。随着全球贸易和投资活动的日益频繁，企业和个人对高效沟通的需求不断提升，特别是在越来越多的非英语国家，英语作为商务交流的主要语言被广泛采用。这个阶段，商务英语的角色发生了重大变化。从一种主要在英国和其他英语国家使用的语言，转变为一种全球通用的语言。这也意味着商务英语的用途从单一的商业交易扩展到各种全球范围内的商务交流，包括但不限于贸易协议、国际合作、投资策划等。与此同时，全球化也为商务英语带来了新的挑战。在全球化的背景下，商务英语需要更大的灵活性和包容性，以适应各种不同的文化和语境。例如，商务英语需要包含更多的文化敏感的词汇和表达方式，以避免在跨文化交流中产生误解。而且，商务英语也需要更具包容性，以接纳非英语国家的商务英语使用者的语言习惯和表达方式。

此外，全球化的趋势也导致了商务英语使用者的多样化。在过去，商务英语的使用者主要是英国和其他英语国家的企业和个人。然而，在全球化的影响下，越来越多的非英语国家的企业和个人开始使用商务英语进行交流。这就要求商务英语能够适应更广泛的语言习惯和表达方式，以满足不同使用者的需求。在此背景下，商务英语的发展和完善成了必要。它需要进一步丰富其词汇和语法结构，以适应全球化的商务环境。同时，商务英语也需要持续研究和探索，以找到更有效的方式，来满足全球化背景下的商务交流需求。

4. 信息化时代与商务英语的发展

信息化时代的到来，使商务英语的使用场景和方式发生了巨大的变化。商

---

❶ 陈霞.加拿大商务英语教学模式的特点及对国内教学的启示[J].大学英语教学与研究，2013（4）：84-87.

务英语开始从传统的书面和口头交流方式扩展到更广泛的应用领域，如电子邮件、网络会议、在线贸易平台等新的交流平台，以及电子商务、在线支付、数字化营销等新的商业模式。这种变化不仅改变了商务英语的应用方式和场景，也对商务英语的语言形式和规范提出了新的要求。

电子邮件和网络会议成为商务英语应用的新场景。这种在线的交流方式，要求商务英语在书面和口头交流中都能够高效地传达信息。例如，商务英语在电子邮件中需要具有明确、简洁和具有逻辑性的特点，以确保信息的准确传递；而在网络会议中，商务英语则需要具有生动、直接和富有表达力的特点，以吸引听众的注意力并确保信息的理解。在新的商业模式中，商务英语也发挥着重要的作用，如电子商务、在线支付、数字化营销等都需要商务英语作为交流和沟通的工具。商务英语在这些领域中的应用，不仅需要具有准确性和有效性，还需要具有适应性和创新性。这是因为，这些新的商业模式往往具有高度的动态性和变化性，商务英语需要能够适应这种变化，并能够创新性地表达和传达信息。除此之外，信息化时代对商务英语的完善也提出了新的要求。在信息化时代，商务英语的使用者不再局限于专业的商务人士，而是包括了更广泛的社会公众。因此，商务英语需要能够满足各种不同使用者的需求，包括专业和非专业使用者。这就要求商务英语的规范需要具有更大的包容性和适应性，以适应各种不同的使用场景和使用者。

二、商务英语教育的概念与发展脉络

（一）商务英语教育的概念

20世纪50年代，随着中国对外贸易的增长，商务英语教育在中国高等教育机构中开始出现。然而，真正的商务英语教育，作为一门独立的、系统的、针对商务领域的专门英语教育，直到改革开放以后才在中国兴起。这不仅是对经济、社会发展趋势的积极回应，也是对国际交流和合作需求的主动适应。

1. 教育

在西方，"教育"这个词的英文为"education"，德文为"erzlehung"，它们都来自拉丁文"edueare"❶。词首"e"原意为"出"，词干"ducare"意为"引"，含义为"引出"，即教育者引导儿童的固有本性，使之完善、和谐

---

❶ BUTLER N. The Meaning of Education[M]. New York：Scribners，1915.

发展❶。教育的核心目的是通过各种手段和活动，从人的内部唤醒潜在的素质和能力，并使其显现出来，最终形成现实的素质和能力。在中国，教育的概念最早在《中庸》和《学记》等儒家经典中得到描述。唐代文学家韩愈在《师说》中解释道，教师教育学生的任务是"传道、授业、解惑"，这个观念对中国的传统教育有着深远影响。

现代社会中，教育已经成为日常生活中常用的词汇，但作为学术术语，其定义并非一成不变。例如，19世纪50年代，俄国教育家乌申斯基首次将教育分为广义和狭义两种。在狭义的教育中，学校、教育者和教师是教育的主要实施者；而广义的教育则是无意识的教育，大自然、家庭、社会、民族、宗教和语言都可以是教育的实施者。无论如何，教育的最终目标都是促进人的全面发展，使其成为具备批判性思维、创新能力和道德责任感的公民，为社会做出积极贡献。这样的理念在世界各地的教育实践中得到了普遍认同，并形成了教育的价值。

任光萍将教育划分为广义与狭义两个方面，广义的教育是指有意识地以人的身心为直接对象、以影响人的身心发展为首要和直接目的的社会活动。狭义的教育是指学校教育，即由专业人员承担的，在专门机构中有目的、有计划、有组织地进行的，以促进学生的身心发展为首要和直接目的的教育活动❷。美国教育家杜威（John Dewey）的实用主义教育观认为教育不仅是传授知识，更重要的是帮助学生学会解决问题的技能。他强调"学习中的做"，强调教育的实践性，强调社会性，强调学习者在教育过程中的主体地位❸。基于上述分析，本书认为教育是指个体从其他人或者环境中获取知识、技能、价值观和态度的过程。它可以在各种形式和环境中发生，包括正式的学校环境，非正式的学习环境，甚至是生活中的日常经验。教育也可以被看作一个更为系统化和结构化的过程，其中包括教学、学习、测评和指导等多个方面。在这个视角下，教育旨在提供一种系统和结构化的环境，帮助个体获取和掌握特定的知识、技能和态度。

2. 商务英语教育

商务英语教育是一种专门的语言教育形式，其核心目标是提升学生的英语语言能力，以便更好地在商业环境中使用英语。这种教育形式的出现，源于对

---

❶ WHITTLE S P. The philosophy of education: an introduction[J]. Educate，2011（1）：290.

❷ 任光萍.教育科学实践与研究[M].长春：吉林人民出版社，2020：1.

❸ 杜威.民主与教育[M].薛绚，译.南京：译林出版社，2012：42-46.

专业英语能力的需求，特别是在全球化和信息化的背景下，对高级商务英语技能的需求正在日益增加。

内容上的实用性是商务英语教育的主要特点之一。商务英语教育的内容不仅包括传统的语言技能，如听、说、读、写，还包括与商务环境紧密相关的特殊语言技能，如商务谈判、商务报告写作、商务书信撰写、商务文化理解等。这种内容上的实用性使学习者可以更快地将所学知识应用到实际的商务环境中。商务英语教育的教学方法也同样注重实用性。在教学过程中，常见的教学方法包括情境教学和任务型教学。情境教学是一种将语言教学放在具体情境中进行的教学方法，可以帮助学习者理解语言在实际情境中的应用，从而提高他们的语言应用能力。任务型教学是一种以完成特定任务为目标的教学方法，可以帮助学习者在完成任务的过程中，实际运用所学的语言知识和技能，从而提高他们的语言技能和解决问题的能力。商务英语教育在注重实用性的同时，也致力于发展学习者的创新能力和批判性思维能力。这一点主要体现在教学方法的选择上，如项目式学习（Project-Based Learning）等教学方法就能有效地提高学习者的创新能力和批判性思维能力。

商务英语教育的专业性主要体现在两个方面：一是教师的专业要求，二是学生的学习要求。教师的专业要求不仅表现在对英语的精通，更体现在对商业知识和实践经验的掌握。这是因为，商务英语不仅涉及语言本身，更涉及商务环境、商务活动和商务文化。教师需要有能力把这些商务元素融入英语教学中，使学生在学习英语的同时，也能够了解和理解商务环境和商务活动。这就要求教师不仅要有丰富的英语教学经验，还要有一定的商务知识和商务经验。学生的学习要求则体现在对商务知识的理解和对商务英语的使用。在商务英语的学习过程中，学生不仅要学习语言本身，还要学习商务知识，包括基本的商务原理、商务流程、商务法规等。这些商务知识能够帮助学生更好地理解和使用商务英语。同时，学生还需要学习如何在商务环境中使用英语，如商务交流、商务谈判、商务报告等，这都需要学生具有一定的商务知识和商务技能。在这样的背景下，商务英语教育的专业性也随之提升。商务英语教育的专业性是其独特性的重要表现。这种专业性不仅要求教师具备一定的商务知识和教学经验，以便能够设计出贴近商务环境、符合商务需求的教学活动，也要求学生具备一定的商务知识和商务技能。这样，才能保证商务英语教育的质量，满足商务人士的英语学习需求。

（二）商务英语教育的发展脉络

1. 西方商务英语教育历史沿革

商务英语教育的起源与发展，可以追溯至15世纪，当时英国及其他欧洲国家开始编写英语学习书籍，以解决在贸易活动中的语言难题。这一时期可以视为商务英语教育初现端倪的时刻，为商务活动提供了语言支持[1]。

16世纪中叶，欧洲资本主义刚刚萌芽，各国间的商业交流变得日益频繁，这促使了商务英语教育的出现。此外，英国的工业革命时期，商务书信课程以及商务英语词汇和对话手册在商业人士中广泛流传，这为商务英语教育提供了实践基础。20世纪60年代，专门用途英语教学体系的发展为商务英语教育带来了新的活力和理论支撑。商务英语被正式认定为专门用途英语的一个分支，由此，商务英语教育开始在专门用途英语教学的理论框架下进行。为满足社会经济发展需求，全球许多大学和培训机构都开设了商务英语课程和专业等教育项目。在长期的商务英语教育实践中，已经形成了各种不同的教育类别和教育模式，丰富了商务英语教育的内容和形式。

商务英语教育在国外的形式主要分为三种：课程教育、学位教育和联合培养学。

课程教育主要分为两种类型。第一种类型是商科预科的商务英语课程，这一类型的教学目标是让学生掌握商务英语的知识与技能，适用于计划进入商务专业学习的学生。课程内容主要涵盖一般商务基础知识、商务词汇和商务相关内容，意在提升学生的英语语言水平与交流技巧。这类课程也可以视作各类商科专业学习者的预备课程，主要面向外国留学生，提供语言和商务背景知识的学习，为其进一步学习和深造打下基础。同时，这类课程也适合在职的商务从业人员，他们的学习目标是提升在国际商务活动中的商务英语交流和沟通技巧。第二种类型是商务英语融入专门用途英语（ESP）、学术英语（EAP）以及作为外语的英语教学（TEFL）中的教学模式。这种模式的代表性实例是英国伯明翰大学的商务英语课程，该课程融入了学位教育体系，拥有相应的学位学分。例如，奥地利的维也纳经济与工商管理大学设立了完整的商务英语课程体系，主要分为普通商务英语和特殊用途商务英语/学术用途商务英语两大部分。这些课程是商科、经济、管理、工商专业学生的必修课。在美国，哈佛大学、

---

[1]　鲍文.商务英语教育论[M].上海：上海交通大学出版社，2017：14.

斯坦福大学、伯克利大学等知名高校也都开设了商务英语课程，这进一步证明了商务英语教育的重要性和普遍性。

学位类教育主要包括独立商务英语学位类教育和混合学位类教育两种类型。独立商务英语学位课程以提升学习者在国际商务交流中的英语应用能力为主要目标，注重增强学习者的跨文化交流意识和在多文化环境中的交流技巧❶。如英国中兰开夏大学提供的国际商务英语学士学位〔BA（Hons）English for International Business〕即为此类课程的典型例证。这类学位课程通常对学习者的英语水平有较高要求，主要面向英国本土学生。商务英语与其他学科的混合学位课程，通常以商科为主修，国际通用英语为辅修，重心落在商务类课程。学习者除了需要掌握主要的商务学科知识外，还需要具备在商务领域进行有效交流的英语语言技巧。例如，英国的格拉摩根大学和奇切斯特大学学院开设的国际商务英语荣誉学士学位〔BA（Hons）Business Studies with International English〕即属于此类课程。英国伯明翰大学也设立了商务英语专业方向的硕士学位课程，展示了商务英语在研究生教育中的地位和重要性。此外，一些非英语国家的大学也已经设立商务英语作为独立的学位。例如，泰国的亚洲科技大学开设了"商务交流英语"本科学位课程（BA English for Business Communication）❷。

联合培养模式是一种新兴的商务英语学位培养模式，它源于全球经济社会的发展和全球化进程的加速。在这种模式下，英语国家知名的商科类大学与中国或其他非英语国家的大学进行联合办学，通常的模式是学生在本国商务英语专业学习2~3年，然后前往英语国家的知名大学继续学习1~2年，最终所有达标的学生能获得英语国家知名大学授予的学士学位❸。这种商务英语学位联合培养模式具备本国和英语国家商务英语办学的特色和优势，既能结合学生本国实际情况，又能满足国际化需求。在提升学生的语言能力、商务知识和综合素质等方面都有显著效果，形成了培养高素质复合型国际商务人才的有效模式。此外，这种模式还能方便学生在完成本科学位后继续申请攻读硕士学位。比如，

---

❶ 王立非，李琳.基于可视化技术的国外商务英语研究进展考察（2002—2012）[J].中国外语，2014（2）：88-96.

❷ 张家瑞，苏倩，杨思琪.国内外商务英语研究评述（2011—2017）[J].商务外语研究，2019（1）：7-22.

❸ 揭薇.国外商务英语理论综述[J].商务英语教学与研究，2008（00）：6-15.

英国的中兰开夏大学与中国的多所大学，如上海对外经贸大学、深圳大学、广东外语外贸大学、四川大学、西南财经大学、大连外国语学院和上海理工大学等，都开办了这种类型的商务英语联合培养教育。这种联合教育方式为商务英语专业人才培养模式带来了新的突破。

随着商务英语教育的进步，以英语为母语的国家，尤其是英美，推出了多种国际性的商务英语证书考试。英国的剑桥大学开发并推广了在国际商务领域最具影响力和权威性的"剑桥商务英语证书"（BEC），该证书评估了在实际工作环境（即商务环境）中的英语交流能力，因此得到了全球的广泛认可，并被誉为各国的"外企绿卡"。剑桥商务英语证书（BEC）于1993年被引入中国。剑桥大学考试委员会和欧洲语言测试委员会的成员共同开发了"剑桥职业外语考试"（BULATS），该考试为公司和组织机构提供了一种与工作紧密相关的、快速且实用可信的语言测评服务。目前，"剑桥职业外语考试"已在欧洲、亚洲、南美洲等100多个非英语国家和地区的公司和政府机构中广泛使用，成了公司领导者、人力资源部和培训发展部经理们最信赖的语言测试工具，因此被誉为"外企通行证"❶。人事考试中心，作为剑桥大学考试委员会和欧洲语言测试联合会的成员共同组建的科博集团（KoBaLT）以及剑桥大学考试委员会在中国大陆的唯一总代理商，负责在中国大陆推广BULATS考试并提供考试服务。BULATS考试在2004年被引进中国。

商务英语教育的蓬勃发展带来了新的需求，如在英国，为了满足商务英语教学能力和知识的需要，设立了"商务英语教师资格证书"（FTBE）考试。这项考试由英国伦敦工商会（LCCI）负责证书的颁发，具有很高的权威性。它专门考察那些希望成为商务英语教师的商务英语知识和经验，并已被商务英语教育界广泛认可和接受。商务英语教育在英语和非英语国家都占据了重要的地位，其普及程度也相当高。商务英语教育将教育与证书考试结合，测试与证书结合，从业与证书结合，能力与证书结合，与职业关联紧密，形成了鲜明的特色❷。随着商务英语的影响和使用范围的扩大，全球各地的高等教育机构和教

---

❶ ELLIS M, JOHNSON C. Teaching Business English[M]. Shanghai: Shanghai Foreign Language Education Press，1994.

❷ ROBINSON P. ESP Today: A Practitioner's Guide [M].Hemel Hempstead，UK： Prentice Hall，1991.

育机构的商务英语教育教学正迎来更加充满活力的发展阶段。

2. 中国商务英语教育历史沿革

商务英语教育在中国的历史可以追溯到晚清时代，当时，由于广州商人在与英国人的商业往来和日常交往中无法习得标准英语，于是创造了一种称为"中国洋泾浜英语"（Chinese pidgin english，CPE）的中英混合语。这种语言教学主要以口语为主，用汉字注解模仿发音，并没有深入涉及英语语言本身，可以视为商务英语教育在中国的初期阶段❶。

中国现代意义上的商务英语教育始于20世纪50年代。在中华人民共和国成立初期，由于发达资本主义国家对中国实行经济封锁和禁运，国际商务交流和对外贸易在国民经济中的比例极小。因此，对商务英语人才的需求不大，商务英语教育主要在北京、广州、上海、天津等大城市的外贸院校进行。商务英语教育主要通过课程展现，包括英语和商务知识的结合，如"经贸英语"和"外贸函电"。这些课程都与外贸有关，涵盖了货物贸易的各个环节，被统称为"外贸英语"，这个名称一直沿用到了20世纪80年代。这类课程的设立主要借鉴了国外商务英语课程的教学模式，以提供一般商务基础知识、商务词汇、商务内容和提高英语语言水平为主。在此期间，对外经贸大学等几所高校逐渐设立了"外贸英语函电""西方报刊经贸文章选读""外贸英语口语"等主干课程，被统称为"老三门"。至今，商务英语仍然被一些人称为"外贸英语"或"商贸英语"。

在20世纪80年代，随着社会主义市场经济体制的建立和对外改革开放政策的推行，中国的商务英语教育步入了快速发展阶段。在这个时期，对外经贸活动的范围和规模都在迅速扩大，国际商务活动也变得越来越繁荣。对外经济交流从最初的单一商品贸易逐渐发展到涉及技术、服务、资本、金融、保险、旅游、电信、制造等多个领域，形成了"大商务"格局。而原先的"老三门"课程已经无法满足国际商务各领域对商务英语人才能力的需求。为了满足这种新的需求，中国开始出现了一系列与此对应的经贸英语课程❷。

到了20世纪90年代，随着中国经济逐步与世界接轨，外国资本纷纷涌入中

❶ 莫再树.晚清商务英语教学源流考镜[D].长沙：湖南大学，2014.

❷ 王立非，艾斌.改革开放40年来商务英语教育的发展历程，总结与再思考[J].北京第二外国语学院学报，2019（1）：3-19.

国，国内的外资企业如雨后春笋般出现。随之而来的是进出口贸易量的进一步增大，社会对能够使用英语直接从事国际商务活动的人才的需求急剧增加。为了满足这种需求，高校开始大量开设涉及国际商务各领域的商务英语类课程。随着经济领域内容的不断扩大，"商务英语"这个名词取代了"经贸英语"和"外贸英语"。一些高校初步形成了商务英语课程体系，大量引进国外原版商务类教材，甚至进行了商务英语双语教学和全英语教学的教学实验。此外，一些高校在英语专业的名称后面加上了"外贸""经贸"等字眼，如英语（外贸方向）、英语（经贸方向）、英语（经济方向），商务英语教育在这个时期出现了热潮。

随着21世纪的到来，中国的高等教育机构提出了对复合型人才的培养需求，以适应社会的发展需求。社会主义市场经济对外语人才的培养提出了新的要求。除了外国语言文学学科领域的研究人员和教学人员，社会还需要大量的外语与其他学科如外交、经贸、新闻、法律等结合的复合型外语人才。这为商务英语教育在新世纪的大力发展奠定了基础。随着中国加入世界贸易组织，经济全球化和一体化的步伐加快，外贸体制实施改革，企业进出口贸易自主权得到强化，服务业和旅游业对外开放，商务英语人才的需求量日益增加，对其质量的要求也不断提高。在这个阶段，许多高校开始转向商务英语专业，商务英语教育出现了各种层次、各种类型的多元教育教学模式，为社会提供了满足不同需求的各类商务英语人才。2007年，教育部正式批准对外经济贸易大学、上海对外经贸大学、广东外语外贸大学增设商务英语本科专业。商务英语专业进入教育部本科专业基本目录。从2012年开始，商务英语专业审批权调整至省级教育厅，由教育部备案❶。

在研究生教育的领域，广东外语外贸大学在2008年率先在外国语言文学下独立设置商务英语硕士学位二级学科点。接下来，众多设有外国语言文学一级硕士点的学校，也开始设置商务英语二级学科硕士点，或者在外国语言学和应用语言学下开设商务英语方向的硕士点。转向博士生教育的层次，湖南大学外国语学院在2010年率先开展商务英语博士生的招收。随后几年中，对外经济贸易大学英语学院、广东外语外贸大学国际商务英语学院以及中国海洋大学等高等教育机构，也纷纷开始招收商务英语博士研究生。专科教育在这方面也未落

---

❶ 鲍文，丁马骏.中国商务英语教育研究20年：回顾与前瞻[J].外语界，2022（5）：50-55.

后，超过500所公办和民办的高职院校及高专院校紧跟发展步伐，开设了各种类型的专科层次的商务英语专业。这些教育机构的目标是培养具有国际商务领域一线实战能力的涉外基础岗位人才。在非学历教育的方面，众多的社会教育培训机构，如新东方、国际英孚、戴尔国际英语学校等，也开设了各种类型的商务英语培训课程。这些课程主要包括商务英语考试培训和以商业模拟训练为目标的商务英语课程，旨在满足企业对具有某种特殊职业技能的人才的需求，而且重视满足学习者的个性化需求。

在这个阶段，商务英语的人才培养已经从原来的"外贸型"转变为"大商务"复合型，也就是说，商务英语作为英语学科与其他商科专业学科的复合，已经得到了外语界和社会的广泛重视和认可。一个跨学科、交叉性的相对独立的商务英语学科知识体系正在形成。商务英语已经发展为一门有明确理论指导、有广泛的办学经验、有良好的社会效益、有丰富的研究成果，并且受到社会人才市场广泛欢迎的新兴交叉性学科。这些发展趋势充分展示了商务英语在现代社会中的重要性和价值。

商务英语教育作为培育专业人才的核心途径，至今已经取得了显著的发展。不仅在学历教育中占据重要地位，在非学历教育中也同样如此。无论是专业教育还是课程教育，商务英语的教育都从初始的国际商务英语类课程，发展到20世纪的商务英语课程体系，进而到21世纪的商务英语专业，硕士、博士的培养。商务英语教育从满足社会对单一外贸人才的需求转变为满足当前与国际商务相关的所有领域的"大商务"需求。商务英语教育经历了从无到有，从小到大，不断积累和发展的过程，并取得了明显的进步。商务英语学科的建立，其属性和地位已逐渐明晰。现在，商务英语教育已经成为21世纪在中国最受欢迎的教育类型之一。这种教育不仅满足了社会对商务英语人才的需求，而且进一步提升了人才的质量，为社会的发展和进步做出了贡献。

第二节　商务英语教育的理论框架

一、商务英语教育的基本理论

（一）能力导向论

商务英语教育是一种综合了语言知识、商务知识和技能的教育活动。在商务英语教育的"能力导向论"中，涉及了语言学、商学、心理学和教育学等多种理论，为该领域提供了丰富的理论支持。

1.语言输入/输出假设理论

商务英语教育以语言教育为特色，其中的语言输入/输出假设理论是其重要理论基础。

语言输入/输出假设理论源自美国，由斯蒂芬·克拉申（Stephen D. Krashen）和斯温（Swain）等语言学家提出。该理论强调语言学习主要依赖于学习者接收到的可理解的语言输入[1]。学习者在潜意识中能够自然地习得语言知识和技能，但必须置身于适当的语言环境中，并接收略高于其当前掌握水平的可理解的语言输入。可理解的语言输入是指学习者能够理解大部分内容，但仍有部分内容不能完全理解的语言材料。学习者通过利用以前的知识经验、上下文和语境进行判断，并努力理解其中难以理解的部分，以实现语言习得并提高外语能力。其中，语言输入的难度也不能过于超出学习者的现有水平，否则会影响习得效果。在语言输入/输出假设理论中，克拉申将语言输入分为粗调输入和精调输入两种类型。粗调输入是指未经过调整的语言输入，而精调输入是经过调整后的语言输入。克拉申认为粗调输入更为有效，因此在商务英语教育中，教师应采用"撒网"的方法，为学习者提供大量的语言信息，即粗调输入。而精调输入则是教师经过精心选择和调整，以确保学习者完全掌握的内容。

在此基础上，克拉申提出了实现最佳语言输入的三个基本条件，这对于商务英语教育具有重要意义[2]。首先，语言输入必须是能够理解的。这意味着语言输入应当提供给学习者足够的可理解信息。学习者需要通过大量阅读和听力的方式接触语言输入，无论是以听力为主还是听力与阅读并重。通过大量听力和阅读，学习者可以自然而然地吸收大量有用的语言材料和知识，包括词汇、句子、语段、词形变化规则、句型构造规则以及写作和口语表达规则等。其次，语言输入必须是足够的。这意味着学习者需要接触到充足的语言输入。

---

[1] 李研.对于"斯蒂芬·克拉申"语言学习和语言习得划分的回顾和评析[J].邯郸学院学报，2007（2）：3.

[2] KRASHEN S D. Principles and Practice in Second Language Acquisition[M].Oxford：Pergamon，1982.

大量的听力和阅读可以为学习者提供丰富的语言信息，让他们有更多的机会进行语言习得。通过充足的输入，学习者能够逐渐提高他们的语言能力。最后，语言输入应该是有趣和相关的。这意味着语言输入材料应该具有趣味性和与学习者有相关性。有趣和相关的语言输入可以帮助学习者更轻松地进行语言习得。语言输入材料应该适应学习者的兴趣，并略微超出他们当前的水平，同时满足学习者的需求。在商务英语教育中，教师需要了解学习者的需求，并根据他们的兴趣选择适合的语言输入内容，以实现学习者成功获得语言习得。

基于克拉申的语言输入假设，斯温提出了语言输出假设，强调语言输出在语言习得中的重要性，并分析了语言输出对语言习得的三个方面的促进作用❶。

（1）语言输出能够增强学习者对语言形式的注意。通过进行语言输出，学习者会意识到他们掌握的语言知识无法完全满足自己的表达需求，从而察觉到自身的差距并寻求弥补。

（2）语言输出提供了学习者检验自己假设的机会。通过语言输出，学习者能够检验对语言可理解性和外语结构等方面的假设，通过接收反馈并进行调整和重新加工，从而加深对语言知识的掌握和巩固。

（3）语言输出促进了学习者的有意识反思，即使用元语言的能力。语言输出使学习者能够掌控和内化语言知识，通过反思自己的语言输出，加深对语言规则和表达方式的理解与应用。

语言输入、吸收和输出假设理论强调了理解性语言输入的重要性，以及对可理解性语言输入的吸收、内化和输出的重要性。根据这一理论，语言学习过程涉及语言识别（语言输入）、语言理解（语言吸收）和语言交际（语言输出）三个阶段。学习者通过视觉和听觉接收语言输入，进行语言识别；然后，通过建立联系、解释和理解输入信息，形成理解状态并将其存储在长时记忆中；最后，通过重新构建语言信息，将语言意义转化为语言形式，实现对语言的输出。

2.行为主义理论

行为主义是20世纪初在美国兴起的一种重要心理学流派，其代表人物有约翰·华生（John Broadus Watson）和斯金纳（Burrhus Frederic Skinner）。在行为

---

❶ SWAIN M. Three Functions of Output in Second Language Learning[A]. Oxford：Oxford University Press，1995.

主义之前，西方心理学主要关注"意识"等主观现象。而在1913年，华生发表了《从一个行为主义者眼光中所看到的心理学》，主张心理学应该抛弃意识等主观内容，转而研究能够观察到的客观行为，这标志着行为主义理论的诞生。

行为主义的发展经历了早期行为主义、新行为主义和新新行为主义等阶段，也被称为"反应制约取向""操作制约取向"和"社会学习理论"。其行为主义的核心理论基础是俄国心理学家巴甫洛夫（Ivan Petrovich Pavlov）的条件反射理论。巴甫洛夫通过研究动物的消化反应发现，通过在特定刺激（如声音或光线）与食物之间建立联系，动物可以形成条件反射，即在只有刺激存在时产生特定的反应。这一发现引发了对行为与刺激之间关系的深入研究，成为早期行为主义的重要基石。随着时间的推移，新行为主义强调行为与刺激之间的关系，以操作性条件反射为基础，注重对行为的测量和控制❶。在这一理论框架下，行为被视为对特定刺激做出的反应，而学习被认为是通过建立刺激与响应之间的联系而产生的。通过刺激和反馈的控制，可以塑造和改变行为。之后的新新行为主义更加强调社会学习理论，即行为的形成和变化是通过观察和模仿他人的行为，以及通过奖励和惩罚来塑造行为❷。这一理论强调环境和社会因素对行为的影响，并认为学习是一个积极主动的过程，涉及个体与他人、环境和社会交互的动态过程。

华生注重有机体对特定刺激情境的整体反应，他将行为视为有机体各种躯体反应的组合，以适应环境刺激。人类行为是通过后天学习获得的，环境和教育是行为发展的决定性因素。无论是正常行为还是不良行为，都是通过学习获得的，可以通过学习来增加、消除或改变行为。学习被视为是刺激—反应的连接和强化过程，其公式为S→R（刺激→反应）。心理学的目标在于确定刺激和反应之间的规律性关系，通过这种关系来预测和控制人类行为的发展。斯金纳继承和发展了华生的观点，将行为主义推向了新的阶段。他基于一系列的观察和实验，提出了"操作性条件"的概念，并引入了"刺激—强化—反应"公

---

❶ SCHULTZ D P, Schultz S E. A history of modern psycholopy, 4th ed. [J]. 1987（7）：26.

❷ HERGENHAHN B P, Henley T B. An introduction to the history of psychology[M]. Boston：Cengage Learning，2014.

式，强调强化在刺激和反应之间的作用❶。如果在经过条件化而增强的操作性行为发生后，没有出现强化刺激，那么这种行为的力量将会减弱。因此，强化是塑造行为的基础，行为是受到强化刺激控制的。基于这一理论，斯金纳提出了教学程序：将信息分割成若干块，在呈现给学习者之前逐步呈现。每呈现一步后，需要提供及时的反馈，让学习者了解结果，并积极参与学习❷。斯金纳的操作性行为主义强调强化是增强反应概率的手段，也是控制学习的根本手段。

行为主义强调通过对学习目标的具体分解，明确每一步的学习任务。在商务英语教育中，这种方法有助于设定清晰、具体的学习目标，使学生知道他们应该达到的水平，并按照结构化、分阶段的方式逐步实现目标。同时，行为主义倡导通过实际操作和场景模拟来加深学生的学习体验。商务英语涉及许多实际场景，如会议、谈判、报告等，所以场景模拟有助于提高学生的实际沟通能力。

（二）知行结合论

商务英语作为英语学科与国际商务学科的交叉领域，其教育涵盖了语言学科和经济、管理、商法等学科的特点，具有综合性的跨学科特征。在商务英语教育中，认知主义学习理论揭示了人类知识学习和技能形成的深层次机制。"从做中学"教学理论主张通过经验积累知识，通过思考将感性知识提升为理性知识。这为商务英语教育中的"知行结合论"提供了理论基础。

1. 认知主义学习理论

起源于20世纪初的认知主义学习理论，源于德国心理学家苛勒（Wolfgang Kohle）的顿悟学习理论，后经托尔曼（Edward Chase Tolman）的"符号学习理论"，布鲁纳（Jerome Seymour Bruner）的"认知—发现论"，奥苏伯尔（D. P. AuSubel）的"认知同化学习理论"和加涅（Robert Mills Gagné）的"信息加工论"的发展和完善，塑造了现代认知主义学习理论体系的主体框架。

苛勒的顿悟学习理论也被称为直觉性理论。苛勒主张，理解人的心理现象，应着眼于整体性和结构性，从而形成了被翻译为"格式塔"或"完形"的Gestalt理论。这一理论强调，顿悟的产生并非源于对单一刺激的反应，而是源

---

❶ 斯金纳.科学与人类行为[M].谭力海，译.北京：华夏出版社，1989.

❷ SKINNER B F. Science and human behavior[M].New York：Macmillan，1953.

于对包括目标、解决问题的方法等在内的整个知觉环境的整体理解❶。这种顿悟的过程，不依赖于逻辑分析和推理，而是直观地把握学习对象的本质特征。顿悟学习并非通过无目的的机械尝试或偶然的成功，而是学习者受其自身目标引导，通过理解现有知识、当前学习环境、问题情境以及问题之间的关系，从而解决问题。顿悟学习理论突出了完形组织在人脑中的作用，强调了人类意识的主观能动性，这为认知主义学习理论的后续发展打下了坚实的基础。这一理论重视学习者的内在认知结构和思维过程，尤其是学习者对信息的处理和组织，从而有力地推动了现代认知学习理论体系的形成和发展❷。

布鲁纳是认知心理学派的重要代表人物之一，他提出了"认知—发现论"，主张通过自发的探索和发现来获取知识。学习者不是被动的接受者，而是积极的信息处理者，其主要目的是理解世界。在布鲁纳看来，学习是一个动态的过程，学习者需要在探索中构建自己的知识体系，发现新的概念和原理。此外，布鲁纳还提出了"螺旋课程"的概念，即学习过程应按照从易到难、由浅入深的原则，逐渐深化和扩展学习内容，这有利于巩固和提升学习者的知识和技能❸。

奥苏伯尔的认知同化学习理论强调了学习者对新知识的理解和内化过程，其主张知识是通过学习者对新旧知识之间关系的理解，以及将新知识融入原有的认知结构中来获取的。成功的学习依赖于学习者如何将新知识与旧知识关联起来，如何将新知识同化到自己的认知体系中，这需要学习者进行深层次的信息处理。奥苏伯尔的这一理论为有效的教学提供了理论支持，强调了教师在课堂教学中要注重学生的先验知识，以帮助学生构建知识框架，提高学习效果❹。

加涅的信息加工理论是他在对人类学习过程进行深入研究的基础上提出的。人的学习过程可以看作一种信息加工过程，涉及信息的接收、理解、记忆、应用和反馈等环节。加涅强调，学习的过程是一个复杂的认知活动过程，学习者需要通过对接收到的信息进行加工和整合，以形成新的知识和技能。加

❶ 苛勒，考夫卡.格式心理学之片面观[M].高觉敷，译.北京：商务印书馆，1935：32.

❷ EYSENCK M W，KEANE M T. Cognitive psychology：a student'handbook[M]. Hove：Psychology press，2015.

❸ BRUNER J. The Process of Education[M].Cambridge，MA：Harvard University Press，1960.

❹ AUSUBEL D P. The Psychology of Meaningful Verbal Learning[M].New York：Grune and Stratton，1963.

涅的信息加工理论对教学实践有着重要的指导意义，他提出了九阶段教学理论，从而使教学活动更加系统化和科学化❶。

以上学者的理论均反映了认知主义学习理论的核心观点，即认知主义学习理论强调学习者对知识的主动建构和内化过程，重视学习者的思维活动和认知过程，强调教学应以帮助学习者理解和掌握知识为目标，以提高学习者的认知能力为重点。这对今天的商务英语教育实践有着重要的指导意义。

2. "从做中学"教学理论

"从做中学"是由美国教育家约翰·杜威（John Dewey）提出的一种教育理念，即学习并非仅是在教室中获得知识，而是通过实践活动，积累经验，并在此过程中探索、思考和解决问题❷。这种教学方式强调学生的主动参与，而不是被动接受教师的知识灌输。

在教育过程中，"从做中学"强调学生以实践活动作为学习的主要方式。学生在具体活动中运用知识和技能，可以积累实践经验，并进一步理解和掌握知识。这种教学方式能够引导学生把抽象的理论知识转化为实践的应用，从而提高知识的吸收和理解能力。教育应当贴近生活，学生应当在真实的生活情境中学习，这样他们才能理解知识的实际应用和价值。这种理论强调"教育即生活""教育即生长""教育即经验的改造"。学习不仅是对知识的掌握，还应该是一个个体在社会和环境中的持续发展和成长的过程。这种教学理论也强调学生的主动性和创新性，即学生在学习中应该是积极主动的，他们需要通过探索和实验来发现和解决问题。在这个过程中，他们能够培养出独立思考、分析和解决问题的能力，这对他们的个人发展和未来的职业生涯都是非常重要的。此外，"从做中学"的教学理念也强调教师的角色。在这种教学模式下，教师不再是知识的传授者，而是学生学习过程的指导者和引导者。他们需要提供恰当的学习环境和任务，引导学生自主探索和发现，提出问题，并帮助他们找到答案。

在商务英语教育中，"从做中学"的理念具有重要的启示意义。商务英语既包括语言知识，又包括商务知识和商务技能。商务英语教育需要在教学过程中结合真实的商务情境，让学习者在实际操作中理解和掌握商务英语知识，培

---

❶ GAGNÉ R M.The conditions of learning[M].New York：Holt，Rinehart and Winston，1977.

❷ 杜威.明日之学校[M].朱经农，潘梓年，译.北京：商务印书馆，1923.

养其商务沟通技巧和跨文化交际能力。

二、商务英语教育的教学原则

（一）基本原则

商务英语教育要结合商业实践和行业需求，注重学生的实际沟通能力和综合素质的培养，同时充分利用现代教育技术，实现个性化和灵活的教学。为了提升教学质量，课程的教学活动需要在遵守一系列教学原则的指导下进行。这些原则在维持教学质量和提高教学效率方面都起着重要的保障作用。因此，深度理解并正确应用这些教学原则对提高国际商务英语综合课程的教学效果至关重要。

1. 交际法教学原则

交际法教学原则，强调在现实的社会文化语境中进行语言学习，认为语言学习的核心目标在于掌握语言的交际功能。这一原则突破了传统的"知识传授"模式，将语言学习视为一种社会交际行为，而非仅是一种语言知识的积累。应用到商务英语教学中，交际法教学原则引领教师向学生呈现真实的商务场景，并设置实际的商务交流任务，让学生在模拟的商务交际活动中，体验如何使用英语进行商务交流❶。这一过程不仅可以提高学生的语言运用能力，更让他们在实践中理解商务环境的特点和要求，培养其商务交际技巧。在此基础上，教师需要引导学生在模拟的商务场景中，熟悉和运用商务环境特有的语言形式和词汇。这一环节有助于学生提升语言表达的准确性和专业性，更好地适应和参与商务交际。同时，教师还需培养学生的问题解决能力和达成目标的技巧。这包括如何准确理解交际对方的需求，如何有效表达自己的观点和建议，以及如何通过协商和谈判达成共识❷。这一环节的训练有助于提升学生的商务沟通能力，以及其应对商务问题和挑战的能力。

2. 以学生为中心的原则

以学生为中心的原则，也称学生中心原则，源于教育心理学的多元智能理论和人本主义教育理论，它强调教育活动的设计和实施应充分考虑学生的个体

---

❶ 胡潇译，胡海建.英语交际教学法的教学路径与生成策略[J].课程·教材·教法，2019（5）：121-126.

❷ 孙鸣.我国英语交际法教学之若干问题再思考[J].外语与外语教学，2007（7）：26-28.

差异，包括学生的学习需求、兴趣爱好和个体能力❶。

在商务英语教学中，以学生为中心的原则首先表现在关注学生的学习动机。学习动机是驱动学生积极学习的内在动力，对提高学习效率和效果起到关键的作用。教师需要通过多种方式，如设计有趣的学习任务、提供实际的学习资源、设置具有挑战性的学习目标等方式，激发学生的学习兴趣和参与热情。其次，以学生为中心的原则强调教学活动的针对性。每个学生的语言水平、专业背景和职业规划都有其独特性，因此，教师需要根据学生的具体情况，设计具有针对性的教学活动。例如，对于语言水平较高的学生，可以设计较难的商务英语任务，提升他们的语言运用能力；对于在某个商务领域有特殊兴趣的学生，可以提供相关的学习资源，满足他们的专业学习需求。最后，以学生为中心的原则要求教师关注学生的学习体验。在学习过程中，学生是否能获得成功的体验，对其学习效果有着直接的影响。因此，教师需要通过合理的评价方式，让学生在学习过程中不断体验到成功，从而提升他们的学习信心和动力。

3. 教材的选择原则

教材的选择原则主张教材应具有全面性、多样性、实用性和针对性，这对于商务英语教学尤为重要❷。

全面性是指教材应包含商务英语学习的各个重要领域。商务英语不仅包括语言知识，还包括商务知识。例如，金融、营销、人力资源等各个领域的专业知识，以及商务文化、商务礼仪等跨文化交际知识。因此，一个全面的商务英语教材应涵盖这些领域的内容，使学生在学习语言的同时，也能获得商务知识和技能。

多样性是指教材应包含不同类型和形式的商务文本和任务。例如，教材可以包含商务信函、报告、议程、合同等不同类型的文本，以及电话会议、商务洽谈、演讲、展示等不同形式的任务。这种多样性可以提高学生的学习兴趣，也可以让学生在不同的语境和任务中使用英语，从而提高其商务英语的实际运

---

❶ 刘振天，吴秋怡."'以'学生为中心"抑或"学生为中心"：一个本体论的新认知[J].教育发展研究，2023（9）：1-9.

❷ 张燕妮，肖文科.商务英语教材选择探析——以两种商务英语教材的分析为例[J].山西师大学报（社会科学版），2011（S2）：183-185.

用能力。

实用性是指教材应反映真实的商务环境和任务，具有实际应用价值。实用的教材可以让学生在真实或接近真实的语境中学习和使用英语，提高其语言的实际运用能力。例如，教材可以包含模拟真实商务环境的任务，如虚拟公司项目、角色扮演等，让学生在完成这些任务的过程中，体验和学习商务英语的实际应用。

针对性是指教材应符合学生的学习需求和水平，以保证教学的效果和效率。在选择教材时，需要考虑学生的学习目标、学习水平和学习风格等因素。例如，对于商务英语初学者，可以选择基础的、内容简单的教材；对于有特定学习目标的学生，如准备商务英语考试的学生，可以选择相关的考试辅导教材。

（二）多元统一性原则

1. 商务英语的英语语言教学原则

商务英语的英语语言教学原则在于突出基础英语技能的训练，以确保学生在商务环境中能熟练运用英语进行有效的沟通。正确的语法构成了英语的框架，它是理解和表达英语信息的基础。因此，商务英语教学需要确保学生掌握和运用英语语法的能力。另外，准确的词汇是构成有效沟通的关键，特别是商务英语中的专业词汇和术语。这些词汇和术语是商务活动中特定概念和情境的准确表达，对其的掌握和运用直接影响到学生在商务环境中的交际效果。

商务英语教学应强调听、说、读、写、译五种语言技能的训练。其中，听力和口语技能的训练特别重要，因为在商务环境中，沟通往往以口语交际为主。听力训练可以帮助学生提高理解英语口语的能力，对于商务环境中的电话交谈、会议讨论、商务演讲等活动具有重要意义。口语训练则可以提高学生用英语表达思想、提出问题、解决问题、谈判达成协议等能力，这对于商务环境中的客户沟通、业务洽谈、团队合作等活动至关重要。除了听说技能，阅读和写作技能的训练也是不可忽视的。阅读训练可以帮助学生提高理解英语书面语言的能力，这对于商务环境中的合同阅读、报告阅读、邮件阅读等活动具有重要意义。写作训练则可以提高学生用英语书面语言准确、清晰、得体的表达信息的能力，这对于商务环境中的报告撰写、邮件书写、合同草拟等活动至关重要。翻译技能的训练也是商务英语教学的一部分。翻译能力可以帮助学生在英语和母语之间进行有效的信息转换，这对于商务环境中的跨语言沟通、文档翻译等活动具有重要意义。

2.商务英语的商科专业知识教学原则

商务英语的商科专业知识教学原则着重于在语言学习过程中融入商科专业知识的传授，以使学生在提升语言技能的同时，也能理解和掌握商业实践中的重要概念和技能。这种原则强调的是对商务知识全面和深入地理解，以便学生能够在实际商务环境中灵活运用这些知识。

在商务英语教学内容的选择上，商务英语教材应涵盖贸易、金融、市场营销、企业管理等领域的核心概念和技巧。教材中的商务文本、案例和练习应反映这些领域的实际情况和常见问题，以便学生在学习英语的同时，也能了解和理解这些领域的专业知识。在商务英语教学方法的设计上，教学活动应结合商科专业知识的学习，设计出模拟实际商务环境和任务的课堂活动，让学生在完成任务的过程中，学习和运用专业知识。这种学习方法可以让学生在理论学习和实践应用之间建立联系，提高他们的商务理解和应用能力。在商务英语教学评价的设计上，评价标准和方法应包括学生对商科专业知识的理解和应用能力的评价，以鼓励学生重视并积极学习这些知识。例如，口语表达和写作任务的评价，可以考查学生在表达商务观点和解决商务问题时，是否能准确、恰当地使用专业知识。

3.商务英语的实践教学原则

在商务环境中，理论知识的掌握虽然重要，但是如何将理论应用到实际商务环境中，是对学生能力的更大考验。因此，商务英语教学中，实践教学原则的重要性不容忽视。

商务英语教学应该超越传统的讲解—练习—测试的模式，引入更多模拟真实商务环境的教学活动。例如，可以组织模拟的商务谈判、销售演讲、商务报告编写等任务，让学生在实际操作中学习和使用商务英语。商务英语教材应包含真实的商务文本和案例，反映真实商务环境的语言使用和商务行为。这样的教材不仅可以让学生了解和熟悉商务环境，还可以提供丰富的语境，帮助学生更好地理解和运用商务英语。除了对学生的语言技能和商务知识的测试，教学评价还应考查学生的实践能力，即他们能否在实际商务环境中有效地运用商务英语。为此，评价方式可以包括角色扮演、项目报告、案例分析等任务，以观察和评价学生的实际操作能力。

4.商务英语的人文素质教学原则

商务英语的人文素质教学原则具有两个主要的维度。一是跨文化交际能力的培养，二是人文素养的提升。

在跨文化交际能力的培养上，由于商务活动通常涉及多元文化的交汇，学生需要具备深入理解并尊重各种文化价值观、商业习俗和行为规范的能力。商务英语教学应包含跨文化交际的理论知识，如文化差异理论、文化冲突理论等，并结合实际的商务案例进行讲解和讨论。同时，可以通过模拟跨文化商务交际的活动，如模拟国际贸易谈判、商务礼仪演示等，让学生在实践中提高跨文化交际能力。

在人文素养的提升上，商务英语教学应关注学生的道德修养和人文精神的培养。在教学中，可以通过商业伦理的讨论、职业道德的引导等方式，提升学生的道德意识和责任意识。此外，也应关注学生的情感态度和人际关系处理能力的培养，如尊重他人、合作精神、包容理解等，这些都是商务环境中不可或缺的人文素质。

三、商务英语教育的教学方法

（一）项目教学法

项目教学法源于美国的进步教育运动，其深入明确的定义最早由美国教育家基尔帕特里克（Kilpatrick）在他的论文《项目教学法》中提出❶。许多当前的教育改革运动，如"综合学校运动""社区教育运动""开放课程"和"实用教学"都采用了项目教学法。在美国职业技术教育以及其他领域中，当谈到建构主义、探究学习、问题教学和设计教学时，项目教学法被视为最佳和最合适的方法之一。

1.项目教学法的概念及优势

"项目"这个概念源于17—18世纪，与法理学家的"案例分析"和行政人员的"沙盘演练"相类似，都源自职业的专业化。不过，与案例分析和沙盘演练不同的是，项目教学法不是经验性的、解释性的和策略性的学习，而是一种

---

❶ KILPATRICK W H. The project method：The use of the purposeful act in the educative process[J].Teacher's College Record，1918（4）：319-335.

"建构性"的学习。项目教学法的具体实施是以"项目"的形式进行的[1]。基于此，本书认为，项目教学法是一种强调学生主动参与、实践操作和解决问题的教学方法。在项目教学法中，学生会被分配到一个具体的项目中，他们需要通过团队合作，使用所学的知识和技能，完成项目的各个阶段。

项目教学法的优势表现在多个方面。首先，它是一种以实践为主的教学方式，可以让学生在实际操作中理解和掌握知识，并提高理论知识与实践操作相结合的能力。这种通过项目实施来学习知识的方式，有助于学生更好地理解和应用所学知识，同时有助于提高他们解决实际问题的能力。其次，项目教学法是一种团队协作的学习方式。在项目的实施过程中，学生需要分工合作，共同完成项目任务。这种团队协作的学习方式，不仅有利于提高学生的团队协作能力，同时能培养他们的沟通协调能力，这些都是在商务环境中非常重要的能力。再次，项目教学法通过设置实际的项目任务，让学生有机会直接参与到实际的商务活动中，让他们在实际的商务环境中学习和运用英语，这无疑将提高他们的商务英语能力，也使他们能更好地理解和把握商务环境，提高他们的商务素养。最后，项目教学法强调学生的主动学习和自主学习。在项目的实施过程中，学生需要自主收集信息、设计方案、实施项目，并对项目结果进行评价。这种主动学习和自主学习的方式，有利于培养学生的独立思考能力和自主学习能力，也有利于提高他们的创新能力和解决问题的能力。

2.商务英语教育中项目教学法的特点

（1）强调解决实际问题。商务英语教育中的项目教学法所强调的解决实际问题，使学生能够以实践的方式获取知识，这比单纯的理论学习更能提升学生的专业技能和解决问题的能力。这种方法使学生在处理实际问题时，可以将学到的理论知识与实践经验相结合，提高他们的学习效率和知识吸收能力。面对真实的商务问题，如市场调研、商务谈判、产品推广等，学生需要运用他们所学到的商务英语知识，并结合实际情况进行解决。这样的过程不仅可以使学生更好地理解和掌握商务知识和英语技能，也能使他们更好地理解商务活动的实际运作。他们会从中学习到如何进行有效的市场调研，如何进行有效的商务谈判，以及如何进行有效的产品推广。

（2）注重跨学科的整合。在商务英语教育中，项目教学法所表现出的跨学

---

[1] 要丽娟.项目教学法在教学中的应用[J].太原大学教育学院学报，2007（2）：80-83.

科整合特点，恰好解决了商务英语教育面临的一个核心问题——如何打破课程壁垒，实现知识的跨领域交融和应用。在此模式下，语言学习不再是孤立的语法、词汇记忆，而是在商务实践的上下文中进行。同样，商务知识的学习也不再是抽象的理论学习，而是能在具体的语言环境中得到运用和验证。例如，学生在进行一个关于市场调研的项目时，不仅需要利用英语进行数据收集和报告撰写，也需要理解并运用相关的市场分析理论。在此过程中，英语语言知识和商科理论知识的融合，可以增强学生对两者的理解和掌握，也使他们更能适应真实的商务环境。

（3）鼓励学生独立思考、主动学习。在项目的执行过程中，学生需要自主设计解决方案，这种实践有助于培养他们的创新思维和自主解决问题的能力。例如，可以设立关于市场调研、产品策划、商务谈判等内容的项目，让学生在实际操作中运用所学的商务知识和英语技能。

首先，项目教学法的实施能够帮助学生明确学习目标和路径。在每个项目开始之初，学生都需要确定项目目标，并设计出达成目标的步骤和策略，这对于培养学生的目标导向思维和策略性学习能力具有重要作用。其次，项目教学法通过真实的商务问题，使学生能够看到所学知识的实际应用，增强了他们的学习动机。学生需要运用商务知识和英语技能解决项目中遇到的问题，这样的学习过程能使学生看到知识的价值，进而提高他们的学习热情和动力。最后，项目教学法对学生的自主学习能力提出了更高的要求。在项目的实施过程中，老师的角色更多的是指导和协助，而主导权在学生手中。学生需要自己收集资料、分析问题、设计解决方案，并对项目的进展负责。这种学习方式能够极大地激发学生的学习积极性，也有助于培养他们的自主学习和自我管理能力[1]。

3.项目教学法在商务英语教育中的实施步骤

通过项目的设计、实施、评估和反思，学生不仅能够学习和实践商务英语知识，更能提高其商务思维能力和解决问题的能力。此外，这种教学方法还有利于培养学生的团队合作精神和沟通技巧。因此，项目教学法在商务英语教育中有着广泛的应用前景，值得教育工作者和学生们深入研究和实践。详见图1-1。

（1）项目选题。项目选题通常由教师指导，但学生也可参与其中。项目

---

[1]　王海波."商务英语"课程实施项目化教学的实践探索[J].中国大学教学，2013（8）：52-54.

项目实施　　　　　　　　　项目计划　　　　　　　　　项目选题

| 按照项目计划进行操作，包括收集资料、分析问题、提出解决方案等 | ← | 明确项目的目标、步骤、时间表以及角色分工 | ← | 教师需要根据教学大纲和学生的学习需求，确定适合的项目主题 |

项目评价　　　　　　　　　项目反馈和改进

| 项目完成后，需要进行评价，包括自我评价和小组评价 | → | 在评价的基础上，学生和教师讨论项目的优点和不足，如何在下一个项目中做得更好 |

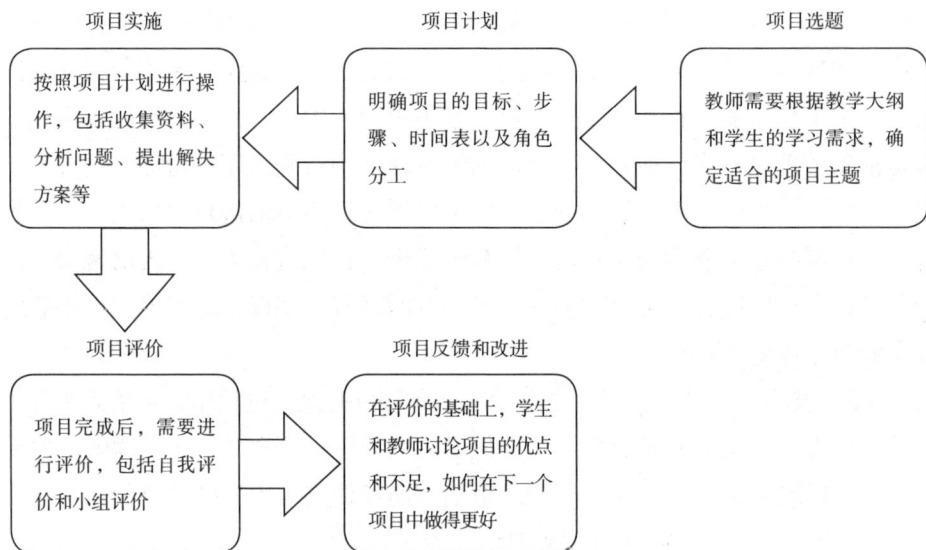

图1-1　项目教学法在商务英语教育中的实施步骤

选题主要取决于两个方面的考虑：一是学生的学习程度和兴趣；二是商务英语课程的教学目标和重点。这两个因素相互交织，共同决定了项目的选题。对于学生的学习程度，教师需要充分了解学生的学习水平和能力，包括他们的英语水平、商务知识掌握情况、学习方法和习惯等。项目的难易度应该恰到好处，不能太简单，也不能太难。太简单的项目可能会使学生感到无趣，不能充分调动他们的学习积极性；而太难的项目可能会使学生感到困惑和挫败，不能有效地促进他们的学习。学生的兴趣也是项目选题时需要考虑的重要因素。兴趣是最好的老师，只有当学生对项目有兴趣，他们才会愿意投入时间和精力去完成它。因此，教师在选择项目时，可以听取学生的意见和建议，尽量选择学生感兴趣的主题。项目的题目可以涵盖市场分析、企业战略、产品开发等商务领域。这些题目不仅需要学生运用商务英语的语言知识，还需要他们运用商务知识，比如经济学、管理学等。这样的项目题目能够让学生在实际的商务环境中运用英语，更好地提升他们的商务英语技能。具体的任务，如撰写商务报告、进行模拟谈判等，是项目的重要组成部分。这些任务应设计得具有实际意义，让学生能够在完成任务的过程中，感受到他们的努力能够产生实际的效果，从而增强他们的学习动力。

（2）项目计划。项目计划决定了项目的实施方向和效率。在项目计划阶段，学生需要确定项目的目标、步骤、时间表以及角色分工。这些因素是项目成功与否的关键。

项目的目标是指导整个项目实施的灯塔。学生需要根据项目主题和自身的学习需要，设定一个明确、具体、可衡量、实际可行的目标。这些目标应既包括硬性的学习目标，如掌握某项商务英语知识或技能，也应包括软性的成长目标，如提高团队协作能力、提升独立解决问题的能力等。项目的步骤则是实现目标的具体路径。每一个步骤都应该是明确的、可操作的，从而使学生能够按照预定的步骤逐步推进项目。这个过程既能够让学生明确知道自己应该做什么，也能让教师更好地跟踪学生的学习进度，并及时进行指导和反馈。项目的时间表是保证项目按时完成的保障。学生应该合理规划时间，明确每一个步骤的起止时间，确保项目能够在规定的时间内顺利完成。良好的时间管理能力不仅对项目的完成有着重要的影响，对学生的个人成长也是极其有益的。角色分工则是团队协作的基础。在商务环境中，团队协作是非常重要的能力。在项目中，学生应该根据自己的特长和兴趣，合理分配任务，确保每个人都有明确的责任和职责。良好的团队协作能够提高工作效率，也能够培养学生的协调沟通能力。

（3）项目实施。项目实施阶段是项目教学法的关键环节，它是学生将理论知识运用到实践中的阶段。学生需要按照预定的计划，完成各项任务，包括但不限于收集资料、分析问题、提出解决方案等。在项目实施过程中，学生的创新思维、独立解决问题的能力以及团队协作能力得到了极大的锻炼。教师在此阶段的主要任务是提供指导和支持，帮助学生解决在实施过程中遇到的问题，同时要注意观察和评估学生的学习过程，以便后续的教学改进。

（4）项目评价。项目评价包括自我评价和小组评价。自我评价可以帮助学生反思自己在项目中的学习和表现，认识到自己的优点和不足，提升自我认知能力。小组评价则可以让学生了解和欣赏他人的优点，同时可以从他人的不足中汲取经验，促进共同学习。在评价的过程中，应注重实事求是，鼓励正面的反馈，提倡建设性的批评，以建立一个积极、和谐的学习环境。

（5）项目反馈和改进。项目反馈和改进旨在对项目进行全面的复盘和反思，从而实现项目的持续改进。首先，学生和教师需要对项目的优点和不足进行深入的分析和讨论，找出可以改进的地方。然后，学生可以根据反馈进行个人的学习和成长，提升自己的商务英语能力和项目管理能力。教师则可以根据反馈调整教学策略和方法，以更好地满足学生的学习需要。在这个过程中，反馈应当积极、具体，改进应当明确、可行。

（二）交际教学法

交际教学法是一种颇具影响力的教学方法，它突破了传统的、以教师为中心的、过于强调语法和词汇知识训练的教学模式，而将焦点转向了学生的语言交际能力的培养[1]。在交际教学法的指导下，学生被鼓励积极地参与到各种语言实践活动中，如对话、讨论、角色扮演、情景模拟等，通过真实、丰富的语境和互动，可以增强他们的语言实际运用能力。

1.交际教学法的概念及内涵

交际教学法，也称为功能法、意念法或功能—意念法，是在20世纪70年代中期才开始广泛被使用和接受的一种外语教学法[2]。这种教学法的提出，旨在解决传统的翻译法、意译法等教学方法在实际应用中的一些局限性。交际教学法强调语言的交际功能和意念内容，即语言在特定的社会文化语境中所承担的功能和传递的意思，这使语言教学更加注重学生的实际语言运用能力。在这种教学法下，鼓励学生在真实的或模拟的语境中使用语言，进行有效的交际，而不仅仅是在课堂上记忆语法规则和词汇。例如，一堂关于如何在商务场合中进行自我介绍的课程，采用交际教学法就能让学生参与角色扮演或模拟对话，通过实践去体验和学习如何用英语进行自我介绍，而不仅仅是让学生记忆相关的词汇和句型。因此，交际教学法被广泛应用于外语教学中，尤其是在英语教学中，由于其注重语境和实践，使学生在学习语言的同时，也能更好地理解和掌握语言的文化背景，从而提高他们的跨文化交际能力。

交际教学法鼓励学生"大胆地说英语"。它主张在教学中创造一种无压力、积极向上的学习环境，让学生敢于开口，敢于尝试，敢于犯错误。在这样的理念引导下，学生在语言学习中不再过分关注语法规则的正确与否，而是将注意力集中在如何用语言表达自己的想法和情感，如何用语言理解他人，如何用语言与他人进行有效的交流。这样的转变，有助于消除学生的学习焦虑，提高他们的学习兴趣和动力。交际教学法强调提供给学生"尽可能多的操练机会"。无论是听、说、读、写，还是更复杂的交际技巧，如谈判、解决问题、

---

[1] 杨丽娜，余胜泉.交际教学法在英语移动学习中的研究与实践[J].现代远距离教育，2009.

[2] 曹甘.对交际法的认识、实践与反思[J].天津教育，2013（3）：2.

批判思考等，交际教学法都强调通过实践来学习，通过使用来提高。为此，教师需要设计各种各样的语言实践活动，如小组讨论、案例分析、项目合作等，以便学生能在实际操作中深化理解，提高技能。

2.商务英语教育中交际教学法的应用

（1）根据交际法教学原理，采用"分两步走"策略来组织、开展教学活动。第一步是让学生全面掌握商务专业知识。在这个阶段，教师作为知识的主导者，以英语为教学语言，详细讲解基础的商务理论、概念、技术术语和专业词汇等。这一阶段的教学不仅需要教师有熟练的语言技能，还需要具备深厚的专业素养。在完成了基础知识讲授之后，教学进入第二步，也就是以学生为中心，进行各种形式的实践活动。这些活动包括专题讨论、案例分析、单证制作、模拟谈判、辩论、口译和笔译练习等。在这一阶段，教师的角色转变为学习的引导者和支持者，通过提供丰富多样的教学活动，营造真实的商务环境，使学生能在实践中磨炼和提升自己的语言技能和商务技能。值得注意的是，"分两步走"并不意味着两个阶段是相互独立的，而是紧密相连，相辅相成的。基础知识的讲解是实践活动的基础，而实践活动则是基础知识讲解的延伸和深化。这种教学策略不仅体现了交际教学法的教学要求，也促进了语言技能与专业知识的融合和提升。

（2）根据交际教学法的客观要求，重视对商务专业基础知识及商务英语语言特征的分析。商务英语具有独特的语言特征，如规范用词、严谨的句子结构、频繁使用的专业术语和缩略词、套语和法律文体等，这些都是商务英语的关键内容和挑战所在，也是与普通英语的主要区别。因此，在教学过程中，应减少对普通英语语言系统的深入讲解，而应更多地分析和讲解商务英语的语言特征，特别是对那些容易与普通英语混淆或令人困惑的专业词汇、技术术语、习语和缩略词。例如，在商务英语中，频繁使用的专业词汇是其主要语言特征之一。许多专业词汇含有深层的意义，是学习商务英语的关键和难点。在《国际贸易术语解释通则》中关于买卖双方的权利义务划分、风险转移、运输方式、保险等规定最终体现在13个价格术语中，这些术语以缩略词的形式出现，如FOB、CIF、CFR、DAF等。同样，在国际贸易中有关支付方面的各种规定也包含在几个术语中，如L/C、D/A、D/P和T/T等。在商务英语中，许多常用词汇被赋予了特定的专业含义。例如，"offer""confirm""negotiation"和"collection"这些单词在英语中的常规理解分别为"提供""确认""谈判"和"收集"，但在商务英语中，这些词的含义转变为"报价""保兑""议付"和"托收"。这些专业词汇在商务环境中蕴含丰富的专业知识，如果不能理解其特定含义和特殊用法，可能会对商务活动的顺利进行产生影响，甚至导致严重后果。

（3）根据交际教学法的特点，强化学生的商业文化意识，增强对商业文化的敏感性。交际教学法的一项主要特性是注重语言在不同情境中的适当运用，也就是在不同的场合能以恰当、精准的方式使用语言。这需要在语言交际过程中，除了遵守语言的基础规则，如语音、语法及词汇的各种规则，还需把握反映目标语言文化内涵的语用规则、交际风格及文化词汇的运用，从而促进顺畅的交际活动。在商务英语教学中，目标是培养能在国际商务环境中进行有效交际的人才，因此，商业文化因素对交际的影响也显得至关重要，特别是不同商业文化的影响。

商业文化主要涵盖在商业活动中的经营理念、管理方法、商业心理以及商业价值观等方面。不同国家的商业文化存在显著差异，这些差异在跨国商务交往中可能引发商业文化冲突，严重阻碍商务活动的顺利进行。例如，在跨国商业广告设计领域，由于不同文化背景下消费者的需求、消费心理、品位及喜好存在显著差异，因此涉及跨国商业广告设计时，也会受到多元文化因素的影响。在这种情况下，广告设计者需对异国文化背景有深入的了解，尤其是那些反映异国文化的语言词汇，即所谓的文化词汇。例如，"啤酒"在德国语言中具有丰富的文化内涵，反映了该民族的饮食传统和消费喜好。在法国，红葡萄酒是广大消费者钟爱的饮料，代表了法国的饮食历史。另外，在美国，广告口号可能会是"Don't spend a penny until you've tried"，然而在英国，"spend a penny"有贬低他人的含义，因此该口号不适合在英国使用。因此，一则成功的跨国商业广告取决于对异国语言文化的深入理解，只有这样，才能有效传递广告主题和信息，最大限度地发挥广告的商业功能。

（4）根据交际教学法的内在要求，着力运用多种教学手段，强化学生的语言技能及商务技能。交际教学法通过运用多种教学手段，为学生提供了理解和掌握商务英语的机会。这些方法能让学生在理论学习和实践操作中找到平衡，提高他们的语言技能和商务技能。这种教学方法不仅能够提高学生的语言应用能力，还能帮助他们了解和掌握实际的商务环境和操作，为他们未来的职业生涯做好准备。

课堂辩论能够训练学生的逻辑思考和表达能力，同时提高他们的语言应用能力。学生通过课堂辩论，可以从不同的视角去理解和解释商业问题，从而进一步提高他们的语言逻辑性和商务理解力。例如，学生可能会在课堂上辩论关于全球贸易争端的不同观点，通过这种方式，他们能够更深入地理解全球贸易的复杂性，同时提高自己的语言应用能力。

模拟洽谈可以帮助学生了解和掌握商务谈判的策略和技巧。在模拟洽谈中，学生必须使用英语进行交流，这有助于提高他们的英语口语能力。同时，他们还需要理解和应用商务谈判的基本原则和策略，这可以帮助他们在真实的商务环境中更好地应对各种情况。比如，在模拟国际贸易谈判的活动中，学生需要理解和应用诸如"BATNA"（最佳替代谈判协议）、"Reservation Price"（最低接受价）等谈判策略。

（三）情景教学法

情景教学法通过创建真实或仿真的商务语境，让学生在实际的语境中学习和使用英语，从而提高他们的商务英语技能。同时，情景教学法也帮助学生了解和掌握商务活动中的语言需求和功能，为他们在真实的商务环境中使用英语做好了准备。

1.情景教学法的提出

情景教学法是一种强调在特定的情境下教授和学习语言的教学方法，旨在模拟真实的语言使用环境，让学生在真实或仿真的环境中使用语言。它强调的是上下文对语言理解和应用的影响，以及在特定的情境中的交际需求和功能。情景教学法的源起可追溯至20世纪70年代，与行为主义和认知主义的语言教学理论深度相关。行为主义教学理论强调语言学习的习惯形成过程，而认知主义关注学习者对语言规则的内化以及信息处理过程。情景教学法整合了这两种理论的优点，强调在具体情境中进行语言实践，使学习者不仅可以形成语言使用习惯，而且能深化对语言规则的理解，提高信息处理的效率。

情景教学法的构建有其独特的理念和特点。首先，它倡导在特定情境下进行语言教学，这样有助于学生更好地理解和掌握语言。其次，它提倡的是在真实或模拟的环境中使用语言。与传统的教学方法相比，情景教学法的这种实践性强、接近生活的教学方式可以更好地激发学生的学习兴趣和动机。此外，情景教学法也注重情境中的交际需求和功能。它鼓励学生在情境中实际使用语言，以此来提高他们的语言实际运用能力。情景教学法的提出与实施，为语言教学带来了新的思考和方向。它把教学的焦点从教师转移到了学生身上，使学生在互动中学习和成长。同时，情景教学法也为教师提供了一个新体视角，让他们可以从学生的需要出发，设计和实施更符合学生需求的教学活动。总体来说，情景教学法的提出对于推动语言教学的改革和发展，具有重要的理论和实践意义❶。

2. 商务英语教育中情景教学法创设的原则

商务英语教育中情景教学法的创设遵循一定的原则，这些原则以提升学生实际应用能力为目标，以适应商务场合中多变且实际的语言需求。

原则一：情景真实性。情景的设定需能准确反映商务环境，并能模拟实际商务场景，如商务会议、洽谈、电话交流等❷。此外，情景还需要涵盖各种商务活动的特性，例如时间压力、协调沟通、决策制定等，从而让学生能在模拟的环境中提高自身的语言应用能力和商务技能。

原则二：具体的语言目标。每个情景都应有明确的语言目标。这些目标可能涉及特定的词汇使用、语法结构，或是特定的交际功能。语言目标的设定使学生能明确学习的方向，提升学习的效率。

原则三：符合学生需求和能力。情景的设计需基于学生的语言能力和需求，以便提供符合他们能力水平的学习材料。同时，情景应激发学生的学习兴趣和动机，使他们在轻松的学习环境中获得商务英语技能❸。

3. 情景教学法在商务英语教育中的应用

（1）情景教学法在商务英语口语教学中的应用。商务英语口语教学中的情景教学法，特别强调将学习者置于某种特定情境之中，通过提供仿真的、真实的语言环境，使学生在实际的商务交际活动中，理解和运用英语，从而达到提高口语能力的目的。

其一，学生角色扮演融入情景。角色扮演是情景教学法的重要组成部分。在商务英语口语教学中，通过角色扮演，学生可以模拟实际的商务场景，如谈判、演讲、客户服务等，学生通过扮演各种角色，参与到实际的商务交流中，实现在交流中学习和提高各项能力。例如，教师可以设置一个"产品发布会"

---

❶ 杨连瑞.英语情景教学法初探[J].外语界，1992（1）：36-39.

❷ 马晓华.情景教学法在高职商务英语教学中的应用[J].继续教育研究，2011（5）：140-141.

❸ 张晓辉，陈勇."国际贸易实务"课程全程情境教学法的适用性与效果[J].高等工程教育研究，2010（S1）：150-151.

的情境，学生需要扮演公司的CEO、市场经理、销售经理等角色，在此情境中，学生需要准备和进行产品发布会的相关演讲，包括产品介绍、市场分析、销售策略等内容。这样，学生不仅能在实际的语言交流中提高自己的口语能力，还能理解和掌握商务英语的语言特点和交际策略。

其二，多媒体教学创设直观情境。在商务英语口语教学中，多媒体技术的应用，可以创设更加直观、生动的教学情境，帮助学生更好地理解和掌握商务英语的语言内容和交际技巧。教师可以利用多媒体技术，如PPT、视频、音频等，来展示真实的商务环境和交际场景，使学生在视听感知的基础上，理解和模仿商务英语的语言模式。例如，教师可以使用多媒体教学资源，展示一个真实的商务谈判的视频片段，让学生观看和分析，理解商务谈判的语言特点和交际策略。然后，教师可以组织学生进行角色扮演的活动，模拟视频中的谈判情境，让学生在实践中提高自己的商务英语口语能力。

（2）情景教学法在商务英语阅读教学中的应用。在商务英语阅读教学中通过创设真实的商务环境和交际情境，不仅可以提高学生的阅读理解能力，也可以提升他们的商务交际技巧和专业素养。

教师可以给学生提供一些商务主题的阅读材料，如商务报告、市场分析、财务报表等，然后设计一些相关的任务，让学生在阅读的过程中进行独立思考并收集和整理信息。例如，教师可以给学生一个任务，要求他们通过阅读不同的商务报告，分析一个公司的营销策略。在这个过程中，学生需要自主搜索和阅读相关材料，分析和理解其中的信息，形成自己的见解。这样，不仅可以锻炼学生的阅读能力，也可以提高他们的独立思考和问题解决能力。

教师可以设计一些实践环节，让学生在真实的商务情境中应用他们从阅读中获得的知识和信息。例如，教师可以要求学生基于他们对"4P"策略的理解，为一个新产品设计一个营销方案。学生首先需要根据产品的特性和市场环境，分析产品、价格、地点、促销等元素，提出自己的营销策略。然后，学生可以将自己的方案呈现给其他同学，并进行讨论和交流。这样，学生不仅可以应用和实践他们的知识，也可以提高他们的商务交流和合作能力。

以下将展示一个具体的教学案例，以呈现多元化的教学方法。在《商务导论》双语课程中，我们将内容依托式教学理念（content-based instruction, CBI）与项目依托式学习理念（project-based learning, PBL）相融合。设计了多种形式的双语教学活动，如案例分析、角色扮演、小组讨论、模拟演示、实践调研等，旨在帮助学生掌握管理学的基本概念、原理和方法，同时提高他们的英语交际能力和跨文化意识。详见表1-1。

表1-1 多种形式的双语教学活动

内容依托式教学理念（CBI）	项目依托式学习理念（PBL）	双语教学活动示例
以专业内容为主要载体，通过语言的输入和输出，提高学生的语言能力和专业知识	以项目为主要驱动力，通过问题的发现和解决，培养学生的创新能力和合作能力	案例分析：学生分析一个真实或虚构的商业案例，用英语写出分析报告和建议，并在课堂上进行展示和讨论
以语言为工具，以内容为目的，强调语言和内容的整合和互动	以问题为核心，以项目为过程，强调问题和项目的真实性和复杂性	角色扮演：学生模拟一个商业场景，如谈判、会议、演讲等，用英语进行角色扮演，并在课堂上进行评价和反馈
以输入为基础，以输出为目标，强调语言的理解和运用	以探究为基础，以解决为目标，强调问题的分析和解决	小组讨论：学生分组讨论一个商业话题，如市场分析、产品策略、竞争优势等，用英语交流观点和信息，并在课堂上进行汇报和分享
以知识为重点，以技能为辅助，强调语言和内容的掌握和应用	以能力为重点，以知识为辅助，强调问题和项目的创新和合作	模拟演示：学生模拟一个商业产品或服务的开发和推广过程，用英语制作产品或服务的介绍、广告、宣传等，并在课堂上进行演示和推销
以教师为主导，以学生为参与，强调教师的指导和支持	以学生为主导，以教师为协助，强调学生的自主和责任	实践调研：学生根据自己的兴趣和目标，选择一个商业领域或企业进行实地考察或网络调研，用英语收集、整理数据和信息，并在课堂上进行报告和展示

为了检验上述教学方法的有效性，笔者对所在班级学生进行问卷调查，了解学生对于教学模式改革的认知与态度，结果如表1-2、表1-3所示。

表1-2 CBI+PBL教学模式对学生知识获得的影响

序号	知识维度	效果百分比				
		非常有用	比较有用	一般	不太有用	完全没用
1	语言知识	43%	37%	16%	2%	2%
2	商务知识	51%	31%	13%	3%	2%

表1-3　CBI+PBL教学模式对学生能力提升的影响

序号	能力维度	效果百分比				
		非常有用	比较有用	一般	不太有用	完全没用
1	语言能力	45%	32%	18%	3%	2%
2	自主学习能力	38%	31%	25%	4%	2%
3	文献能力	35%	35%	24%	5%	1%
4	创新能力	43%	32%	20%	3%	2%
5	思辨能力	41%	31%	21%	4%	3%

综合以上两个表格的分析，CBI+PBL教学法在知识获得和能力提升两方面都得到了学生的积极认可，这进一步验证了该模式在信息化时代商务英语教育中的有效性。同时，这也凸显了信息化时代教育模式的潜力，以更好地培养适应现代商务需求的专业人才。

第三节　信息化时代商务英语教育的新趋势

一、信息化技术与商务英语教育的融合发展

（一）多媒体技术与商务英语教育

多媒体技术的广泛应用，为商务英语教育提供了强大的工具，使教学手段更加多样化，教学内容更加丰富，教学方式更加灵活，极大地提高了商务英语的教学效果和教学质量。未来的商务英语教育将更加深度地融入多媒体技术，发展出更多新的教学模式和教学方法，以适应社会发展的需求。

1.多媒体技术提供更生动、直观的教学环境

传统的教学模式确实具有其局限性。在这种模式下，信息的传递方式往往是单向的，学生被动地接受知识，且教学资源主要来自教科书，教师在板书和口述的辅助下进行教学。这种教学模式存在形式单一、内容枯燥等问题，往往不能有效地吸引学生的注意力，难以激发他们对学习的兴趣和积极性。相比之下，多媒体技术为商务英语教育带来了全新的教学环境。多媒体技术能够将文字、图片、音频、视频等多种信息载体有机地融合在一起，打破了传统教学的空间和时间限制，使教学内容变得更加生动和形象。例如，通过多媒体教学，

教师可以播放真实商务环境下的英语对话，让学生感受商务环境的实际情况，提高他们的理解能力和实际应用能力。同时，多媒体课件的使用，如动画、视频、音频等，可以将抽象的商务知识具象化，让学生在看、听、想、做中理解和掌握知识，使商务英语教学变得更具吸引力和趣味性。

2. 多媒体技术扩大教学内容的来源

多媒体技术的应用显著地扩大了商务英语教学内容的来源，提升了教学的多样性和实效性。在传统的教学模式中，商务英语的教学资源主要源于教科书或由教师提供的额外资料。随着互联网的发展和普及，越来越多的教学资源可以在线获取，这为商务英语教学提供了丰富的素材。教师可以从互联网上获取大量的教学资源，如真实的商务谈判视频、商务报告样本、商业新闻、经济报告、公司简介、各国的商业文化背景介绍等，这些内容都可以作为教学资源，为学生展示真实的商务环境和活动。这种教学资源的丰富性和多样性，使商务英语的教学内容不再局限于教科书，而是扩展到了真实的商务环境和实际的商务活动中。学生不仅可以学习到商务英语的词汇和语法知识，还可以通过这些真实的教学资源，了解商务活动的具体情境，理解和掌握商务英语的实际应用，从而增强了学习的实践性和实效性。

3. 多媒体技术改变商务英语的教学方式

利用多媒体技术改变商务英语的教学方式，不局限于教学内容的展示和传递，更体现在教学活动的设计和实施上[1]。在传统的商务英语教学中，教师通常以讲授为主，学生以听课为主，教学方式相对单一，往往缺乏互动和参与。多媒体技术的应用，使商务英语教学可以变得更加生动和互动。例如，教师可以利用多媒体技术设计各种有趣的教学活动，如商务角色扮演、商务情景模拟、商务英语知识竞赛等，这些活动不仅使教学过程更加生动有趣，而且使学生能够在参与和实践中学习和应用商务英语，提高他们的语言实践能力。

商务角色扮演是一种常用的多媒体教学活动。在这种活动中，学生可以扮演商务人士的角色，如经理、销售员、客户等，进行模拟的商务交流和谈判。这种活动不仅可以让学生亲身参与，提高他们的语言应用能力，而且可以帮助他们了解和熟悉商务环境与活动，提高他们的商务素养。商务情景模拟是另一

---

[1] 周芹芹.多媒体自主学习模式在商务英语教学中的实践探索[J].外语电化教学，2008（4）：21-25.

种有效的多媒体教学活动。教师可以利用多媒体技术，如投影、动画等，创建真实的商务情境，如会议、展览、商务餐会等，让学生在模拟的情境中使用商务英语，提高他们的语境理解和应用能力❶。商务英语知识竞赛也可以使学生在轻松的游戏中学习和复习商务英语知识，激发他们的学习兴趣和动力，提高他们的学习效果。

（二）网络教学平台与商务英语教育

网络教学平台为商务英语教学提供了无数的可能性。教师和学生都可以从这种新的教学方式中受益。

1.网络教学平台为教师提供了一个更广泛的教学空间

网络教学平台的灵活性和便捷性为教师的商务英语教学带来了革新。在传统的教学环境中，教师的角色是知识的传授者，而在网络教学平台上，教师的角色转变为学习的引导者和资源的提供者。网络教学平台上的教学资源具有丰富性和持久性。教师可以将课件、商务英语文本、视听材料等以电子文件的形式上传至平台，学生可以随时随地进行查阅和下载。这种方式既方便学生自主学习，也节省了教师的教学时间，提高了教学效率。网络教学平台的讨论区功能为商务英语教学的互动增添了新的可能性。教师可以在讨论区发布商务英语的热点话题，引导学生进行讨论和交流，从而促使学生的批判性思维能力和商务英语的应用能力得到提高。教师还可以通过讨论区关注学生的学习动态，了解学生的学习需求和困难，为学生提供个性化的教学指导。

2.网络教学平台为学生提供了一个更自由的学习环境

网络教学平台赋予了学生更大的自主权，让他们可以根据自身的节奏和偏好进行学习。不再受课堂时间和地点的限制，学生可以在任何适合自己的时间和地点接触学习内容，这种弹性的学习环境有利于提高学生的学习效率和效果。网络教学平台上丰富的资源提供了多样化的学习路径，学生可以自行选择适合自己的学习材料和方式。例如，对于一项商务英语任务，他们可以选择阅读相关的文本材料，或观看相关的视频讲解，或通过在线讨论与其他学生交流想法，各种方式都可以帮助他们理解和掌握商务英语知识。网络教学平台的互动功能是增强学习深度的重要工具。学生可以在讨论区发表自己的想法，听取

---

❶ 佟秋华.高校网络环境下英语视听说课学生能动性实验研究[J].外语电化教学，2014（1）：72-75.

其他人的观点，这种互动不仅可以增进理解，也可以提高批判性思维能力。对于商务英语学习者来说，讨论区也是一个模拟商务环境的好地方，学生可以在这里模拟商务场景，如商业谈判，从而提高商务英语的应用能力。在网络教学平台中，学生是学习的主体，他们可以自我管理、自我评估、自我提升，这样的学习方式有利于培养学生的自主学习能力，为他们的终身学习打下基础。

（三）人工智能与商务英语教育

人工智能技术的应用，使商务英语教学可以更好地适应信息化时代的要求，提高教学效率，提升学生的学习效果，培养他们的商务英语应用能力。

1. 人工智能提升教学管理效率

人工智能可以实现智能化的教学管理，使教学过程变得更加高效。比如，教师可以利用人工智能技术对学生的学习数据进行分析，通过对学习数据的收集、处理和分析，教师可以获得每个学生的学习情况，如学习进度、知识掌握情况等。这样，教师可以根据每个学生的具体情况，及时调整教学策略，提高教学效果。同时，智能化的教学管理也可以减轻教师的工作负担，让他们有更多的时间和精力关注学生的学习。

2. 人工智能助力个性化学习

个性化学习是人工智能在教育领域的一项重要应用，它借助先进的机器学习和大数据分析技术，为每个学生提供独特且定制的学习体验。人工智能的运用能够显著提高商务英语学习的效率和效果。

每个学生的学习能力、兴趣、目标都是不同的，因此，教学过程需要根据学生的这些特点进行个性化设计。人工智能通过收集学生的学习数据，如测试成绩、作业完成情况、在线学习时间等，分析出学生的学习模式和偏好，然后生成个性化的学习路径。例如，对于商务英语的学习，有的学生可能更关注口语能力的提升，有的学生可能更在意写作或听力，人工智能就可以根据这些信息，为学生推荐不同的学习资源和任务，以满足他们的个别需求[1]。智能推荐系统是另一种人工智能在个性化学习中的重要应用。这种系统可以根据学生的学习历史和偏好，推荐最适合他们的学习资源。比如，系统可能会为一个商务英语初学者推荐一些基础的词汇和语法课程，而对于一个高级学习者，则可能

---

❶ 张丹，王鹊，袁金平，等.技术赋能教学模式变革与实践[J].中国电化教育，2021（4）：125-138.

推荐一些复杂的商务情境对话或者商务文档写作的高级课程。此外，智能推荐系统还能在学生学习过程中提供及时反馈，如在学生完成一项任务或者观看一个视频课程后，系统可以推荐相关的练习或者进一步学习的内容。

3. 人工智能模拟商务英语实践环境

在模拟商务英语实践环境方面，人工智能主要通过两种方式实现：虚拟现实（virtual reality，VR）和增强现实（augmented reality，AR）❶。

人工智能结合虚拟现实技术可以创造一个全新的、交互性的虚拟商务环境。学生能够在这样的环境中，进行商务谈判、产品推介、市场分析等多种商务活动的模拟训练。在此过程中，他们需要使用英语进行沟通、提问、回答，这样的实践训练对提升他们的商务英语应用能力和语言实践能力大有裨益。例如，通过虚拟现实技术，可以搭建一个虚拟的会议室，学生可以通过语音识别和语言生成技术与虚拟的角色进行交流，模拟真实的商务会议。在这个过程中，他们可以学习如何进行商务谈判，如何提出问题，如何回答对方的问题，如何进行有效的沟通等。

人工智能结合增强现实技术也能在实际环境中增加一些虚拟的商务元素，为学生的学习提供实时的、互动的辅助❷。例如，可以通过手机或者平板电脑的摄像头捕捉到实际环境，然后在屏幕上增加一些虚拟的商务元素，如虚拟的产品、虚拟的数据图表等。学生可以通过与这些虚拟元素的互动，了解商务知识，提升他们的商务英语应用能力。在这种情况下，学生可以在真实的环境中，通过增强现实技术，模拟产品销售、市场调研等商务活动，学习如何使用英语进行产品介绍，如何提出关于市场调研的问题，如何分析和解释数据等。

二、线上线下混合教学模式的持续优化

（一）个性化教学模式的逐步完善

随着信息技术的深度融入，商务英语教育已经不再仅仅停留在传统的课堂教学模式。在个性化教学模式中，学习被看作一个动态、个体化和自主化的过程，其中，每个学生都被视为一个独立的学习主体，其学习需求、学习方式以

❶　王贵芳.人工智能技术在商务英语教学中的应用[J].现代职业教育，2020（1）：50-51.
❷　李思艺.智能时代商务英语教师专业素养结构探究[J].淮南职业技术学院学报，2023（3）：92-94.

及学习节奏都可能与他人存在差异。

首先，对于学习资源的选择，个性化教学模式赋予了学生更大的自主权。以往，教师在课堂上讲解的内容，学生们往往需要接受并记忆。现在，学生可以根据自己的理解能力，选择适合自己的学习资源。例如，对于某个难以理解的商务英语概念，学生可以选择观看深入讲解的视频课程，也可以选择阅读图文并茂的教学文章，甚至可以参与在线的讨论区，与其他学生共同探讨问题的解决方法。其次，教师在教学过程中的角色也发生了变化。在个性化教学模式中，教师更像是一位指导者和协助者，他们需要根据每个学生的学习数据，调整教学策略和教学内容。这意味着，教师需要花费更多的时间去了解每个学生的学习情况，包括他们的学习进度、学习难点以及学习兴趣等，然后根据这些信息，为学生提供个性化的教学支持。例如，对于学习进度较快的学生，教师可以提供更高阶的学习任务，激发他们的学习兴趣；对于学习进度较慢的学生，教师则需要提供更多的辅导和指导，帮助他们解决学习难题。最后，个性化教学模式也改变了学生的学习动力。在这种模式下，学生不再是被动的接受者，而是积极的参与者。他们可以自主控制自己的学习进度，选择自己感兴趣的学习内容，这极大增强了他们的学习动力。与此同时，这种自主的学习方式也更有利于培养学生的自学能力和解决问题的能力，这对于商务英语学习者来说尤为重要。因为在真实的商务环境中，他们需要能够独立处理各种复杂的问题，这需要强大的自学能力和解决问题的能力。

（二）智能化教学工具的广泛应用

随着科技的飞速发展，智能化教学工具在商务英语教学中的应用越来越普遍，极大提升了教学的效率和效果。这些工具主要包括人工智能、大数据和云计算等，它们共同构建了一个更高效、更个性化的教学环境。

人工智能技术的应用，对教学方式产生了深远影响。一方面，智能化的教学管理系统可以自动追踪学生的学习行为。例如，他们在在线平台上花费的时间、完成的任务以及他们在论坛上的活动等。这些数据为教师提供了深入了解学生学习状况的可能性，帮助他们制定更有效的教学策略。另一方面，个性化的学习导航系统可以根据每个学生的学习历史和兴趣推荐适合他们的学习资源，这不仅可以节省学生寻找学习资源的时间，也可以提高他们的学习兴趣和学习效率。

大数据技术在教学中的应用，使教学过程更加精准和高效。教师可以通过收集和分析学生的学习数据，如学习进度、测验成绩、在线互动情况等，精准地掌握每个学生的学习情况，及时调整教学策略。此外，通过对大量学生的学习数据进行分析，教师还可以发现学生普遍存在的学习问题，从而进行针对性的教学改进。

云计算技术在教学中的应用，打破了时间和空间的限制，为商务英语教学提供了无限可能。通过云计算平台，学生可以随时随地访问学习资源，进行在线学习，这大大提高了学习的灵活性和便利性。同时，教师也可以通过云计算平台，实时更新教学资源，进行远程教学，以更好地满足学生的学习需求。

（三）学习评估方式的创新发展

商务英语教育领域的学习评估方式在信息技术的推动下，正在经历深刻的变革。传统的考试和等级评估方式仍在使用，但现在，教师可以采用更加科技化和个性化的方法来评估学生的学习进度和效果。这些创新的评估方式包括对学生的在线学习行为的实时追踪和分析，以及通过项目任务、实战演练和案例分析等方式，评估学生的实际应用能力。

在线学习平台为实时追踪和分析学生的学习行为提供了可能性。教师可以通过在线平台，观察学生的学习行为，如他们在平台上花费的时间，完成任务的进度，参与在线讨论的活跃程度等。这些数据为教师提供了宝贵的信息，帮助他们更精确地评估每个学生的学习效果。此外，项目任务、实战演练和案例分析等方式，可以更好地评估学生的实际应用能力。例如，教师可以布置与商务英语实际应用相关的项目任务，让学生在完成任务的过程中，将所学知识运用到实际情境中。通过评估学生的任务完成情况，教师可以了解学生的实际应用能力。同时，实战演练和案例分析也可以帮助学生将理论知识转化为实际操作能力，提高他们的商务英语应用能力。这些创新的评估方式，不仅更准确地反映了学生的学习成果，也激励学生更积极地参与学习。学生不再只是为了考试而学习，而是为了提高自己的实际应用能力而学习。这种评估方式的变革，无疑为商务英语教育带来了积极的影响。

第二章

信息化时代商务英语教学模式研究

第一节 信息化时代商务英语教学模式的特点

一、互动性和参与性

（一）信息化时代商务英语教学模式的互动性

信息化技术为商务英语教学提供了多元的互动渠道，深化了师生之间的互动，进一步增强了学习过程的活跃度。这种多元化的互动模式不仅包括了传统的一对一或者一对多的师生互动方式，更推广了多对多的同伴互动，为学生创造了更丰富、更深入的学习体验。

1.教师与学生的互动方式多样化

传统的商务英语教学模式所依赖的面对面的课堂互动在信息化时代得到了扩展和转型。在信息化时代下的商务英语教学模式中，课堂的边界得到拓展，不再受限于物理空间，教师与学生的互动方式也因此发生了质的改变。

在面对面的课堂互动中，教师和学生的交流往往受限于课堂时间和空间的约束，而在信息化教学模式下，这种约束得到了极大的缓解。教师可以通过在线平台发布教学任务和教学资料，学生可以在课堂之外的任何时间、任何地点获取学习资源，完成学习任务，进一步加强了教学的连续性和延展性。在信息化教学模式下，即时通信工具和网络讨论也为教师与学生提供了新的互动平台。即时通信工具如邮件、在线聊天、视频会议等可以让教师和学生进行实时交流，提高互动的实时性和效率。网络讨论则可以让教师和学生在课堂之外进行深入讨论，让学生有更多的机会对知识进行思考和探索，也为教师提供了了解学生思考和学习情况的渠道。此外，信息化教学模式下的互动还体现在反馈机制上。在传统的教学模式中，教师对学生的反馈往往受限于课堂，而在信息化教学模式下，教师可以通过在线评估、作业批改、学习报告等方式及时向学生反馈，学生也可以及时向教师反馈学习中的困惑和问题。这不仅可以加强教师和学生之间的交流，也可以使教学更加精准，满足学生的个性化学习需求。因此，信息化时代商务英语教学模式的互动性特点，是教师与学生互动方式多样化的体现，这种互动方式的变化有助于教学效果的提升，也有助于提升学生的学习动机和学习效果。

2. 学生与学生之间的互动更加活跃

信息化时代下的商务英语教学模式，学生与学生之间的互动更加活跃。网络的边界虚拟化使学生能够在任何时间、任何地点进行交流与协作，从而提升了他们对商务英语的学习兴趣，并有助于培养他们的团队协作能力。

基于信息化的商务英语教学模式，学生互动主要通过在线学习社区、讨论板块、学习团队等方式实现。在线学习社区是一个提供学习资料、讨论主题和问题解答等功能的平台，学生可以在此平台上分享学习心得、提出问题并与同学交流学习方法。这种互动方式使学生可以在课堂之外进一步探索知识，加深对知识的理解。讨论板块是另一种重要的学生互动方式。在讨论板块中，教师可以发布讨论主题，学生可以对主题进行深入的讨论和交流。通过这种方式，学生可以将学到的知识进行应用和扩展，同时可以从其他学生的观点和想法那里得到启发，提升批判性思维能力。学习团队是指教师组织的学生小组，小组成员需要共同完成某项学习任务。在学习团队中，学生可以进行分工合作，共同解决问题，这种协作式的学习方式有助于培养学生的团队协作能力和解决问题的能力。因此，学生与学生之间的互动是信息化时代商务英语教学模式下的一种重要学习方式。这种互动方式可以使学生更加积极地参与到商务英语的学习过程中，增强学习的积极性和主动性，同时可以培养他们的团队协作能力和解决问题的能力。

3. 教学资源的互动性强

信息化时代的商务英语教学资源互动性显著增强，多媒体素材如视频、音频和图文等都能够被学生和教师自由获取和使用，这种趋势在一定程度上弥补了传统教学模式中的局限性。

首先，信息化教学模式下的教学资源具有更高的可获取性。通过互联网，学生可以获取到从基础知识到高级技能的各种教学资源。这种自主获取信息的方式，不仅可以满足学生自我学习的需要，也可以根据个人学习进度和能力，自行选择合适的学习资源。其次，这些教学资源的呈现形式丰富多样，增加了学习的趣味性和实效性。音频和视频资料能够直观生动地展示商务英语在实际应用中的场景，图文资料则可以深入详细地解析语言结构和使用方法，这种多媒体教学方式有助于学生更好地理解和掌握商务英语。最后，教学资源的再创作和再利用也为教学增添了新的可能性。教师可以根据教学目标和学生的学习情况，对已有的教学资源进行筛选、整合和创新，形成符合课程需求的新的教学资源。学生则可以通过学习项目、小组讨论等方式，对所学知识进行实际操作和应用，形成新的学习成果。

（二）信息化时代商务英语教学模式的参与性

信息化时代商务英语教学模式强调学生的参与性，这不仅有助于提高学生的学习积极性和自主性，也有助于培养学生的自主学习能力和批判性思维能力。同时，教师的引导和鼓励以及优质的学习环境的支持也是促进学生积极参与的重要因素。

1.学生的主动参与

在信息化时代商务英语教学模式中，学生的主动参与是提高教学效果的重要因素。

学生的主动参与能够使商务英语教学过程变得更有趣。通过与教师、同伴以及教学资源的交互，学生可以直接参与到知识的创造和理解过程中，而非仅仅是知识的接受者，这使他们更有可能对学习产生兴趣和激情。学生的主动参与也有助于提高他们的自主学习能力。在信息化时代，学生可以自由选择他们感兴趣的学习内容和适合自己的学习方式，他们不仅可以在网络上查找资料，还可以通过参与网络社区的讨论和活动来深化他们对所学知识的理解和应用，这对于培养他们的自主学习能力和批判性思维能力十分有利。此外，学生的主动参与还有助于提高他们的社交技能和团队协作能力。通过在线的小组项目、讨论和合作学习，学生可以学习如何有效地与他人进行交流和协作，这些社交技能和团队协作能力在商务英语的实际应用中非常重要。学生的主动参与也能够使他们更好地理解和应用商务英语的知识和技能。在信息化时代，学生通过参与商务英语的实际项目和模拟活动来了解商务英语的实际应用，这不仅可以使他们在理解和使用商务英语方面有更深的理解，也可以使他们更好地准备未来的职业生涯。

2.教师的引导和鼓励

在信息化时代商务英语教学模式下，教师的角色也发生了变化，他们不再仅仅是知识的传授者，更是学生学习的引导者和推动者。教师需要通过设计各种教学活动，鼓励和引导学生参与到学习过程中来。

教师需要深入理解学生的学习需求，设计出各种吸引学生参与的教学活动。例如，可以设计模拟商务场景的角色扮演活动，让学生亲身体验商务环境，通过实践活动提高商务英语的实际应用能力。这种学习方法不仅可以提高学生对知识的理解和应用，也可以提高他们的团队协作能力和沟通技巧。教师可以通过多种方式鼓励学生积极参与学习。例如，可以采用小组讨论、合作学习等方式，鼓励学生之间的交流和合作，也可以通过设定学习目标和任务，鼓励学生独立思考和解决问题。通过这些方式，可以提高学生的参与度，激发他们的学习兴趣和积极性。教师需要不断提升自己的专业素养和技术能力，以适应信息化时代的教学需求。教师不仅需要熟悉商务英语的知识和技能，还需要掌握各种信息化教学技术和方法，这样才能有效地引导和鼓励学生参与学习，提高教学的效果和效率。

3. 学习环境的优化

在信息化时代，学习环境的优化对于提高学生的参与度有着至关重要的作用。新兴的教育技术不仅为商务英语教学提供了丰富的教学资源，同时塑造了全新的学习环境，使学生可以在任何时间、任何地点进行自主学习，从而增强学习的便利性，进一步提高了学生的参与度。

首先，网络平台的广泛应用为学生提供了灵活的学习方式。通过网络，学生可以在线参与课堂讨论、协同完成学习任务、分享学习心得等，这种即时、互动的学习方式提高了学生的学习热情，促进了学生的主动参与。同时，网络平台也为学生提供了丰富的学习资源，如在线教程、互动视频、电子书籍等，这些资源不仅增强了学习的趣味性，也提高了学习的效率。其次，各种在线课程为学生提供了丰富的学习选择。学生可以根据自身的兴趣和需求，选择不同的在线课程进行学习。例如，学生可以选择一些与商务英语相关的课程，如国际商务、跨文化交际等，以提高自己的商务英语水平。这种自主选择的学习方式提高了学生的学习积极性，有助于培养学生的自主学习能力。再次，电子图书等数字化学习资源的应用，为学生提供了更为便捷的学习方式。学生可以随时随地获取和查阅这些学习资源，而不再受时间和地点的限制。此外，这些数字化学习资源通常具有搜索和标注等功能，使学习更为高效，从而进一步提高学生的参与度。最后，学习环境的优化也体现在对学生学习习惯的适应。在信息化时代，学生的学习习惯可能会呈现出多样性。例如，有的学生喜欢通过视频学习，有的学生则更喜欢阅读电子书籍。因此，教师需要提供多种形式的学习资源，来满足学生的不同学习需求，鼓励学生积极参与学习。

二、灵活性和开放性

（一）信息化时代商务英语教学模式的灵活性

在信息化时代，商务英语教学模式的灵活性主要体现在教学时间、教学地点、教学内容和教学方式等多个方面。在这种教学模式下，教师和学生可以根据实际情况，灵活选择和调整教学活动，从而提高教学效率，增强学生的学习满意度。

1. 网络平台的广泛应用使教学时间更加灵活

在信息化时代，网络平台的广泛应用极大地增强了商务英语教学模式的灵活性，特别是在教学时间方面。在传统的教学模式中，固定的教学时间往往会让学生感到压力，因为他们必须在特定的时间参与课堂活动。然而，网络平台打破了这种时间限制，为教学提供了更大的灵活性。网络平台的教学模式允许教师和学生在任何时间进行教学和学习活动。无论是早晨、晚上，甚至是周末或假期，只要学生愿意，他们都可以进行学习。这种灵活的学习时间可以让学生根据自己的学习节奏和生活习惯来进行调整，无须受制于传统的上课时间表。他们可以在自己最能集中精力的时间段进行学习，从而提高学习效率。此外，这种灵活的时间安排也有利于提高学生的学习积极性。当学生可以在自己喜欢的时间进行学习时，他们更可能积极参与到学习中，而不是被动地接受知识。因此，网络平台的灵活性不仅改变了学生的学习方式，也改变了他们的学习态度。同时，网络平台的灵活性也给教师带来了更多的教学可能性。教师可以在任何时间上传教学资源，布置作业，甚至进行在线讲解和答疑，这使教学变得更为连续和系统。教师也可以利用网络平台的优势，随时获取学生的学习反馈，及时调整教学策略。网络平台的灵活性也为异步教学提供了可能。教师可以提前录制教学视频，学生则可以在任何时间观看。这种模式可以让学生有足够的时间思考和理解教学内容，同时，也可以通过在线论坛或邮件等方式，向教师提出问题和疑惑。

2. 教学地点的灵活性

在信息化时代，商务英语教学模式所表现出的地点灵活性突破了传统教学模式的空间限制，为学生提供了更多的学习可能性和机会。

在传统的教学模式中，学生必须在特定的地点，如教室或实验室，进行学习活动。这种限制性的教学环境可能会对某些学生产生排斥，甚至影响他们的学习效果。然而，随着网络技术的发展和普及，教学地点的限制已经被打破。

只要有网络连接，学生就可以在任何地方进行学习，无论是在家里、在图书馆，还是在咖啡店，甚至是在公园和公交车上，都可以成为学生的学习场所。这种地点的灵活性给学生带来了很多好处。首先，它使学习变得更加方便。学生不再需要浪费时间在上学和下学的路程上，可以将这些时间用于更有价值的学习活动。其次，它可以帮助学生找到最适合他们的学习环境。有些学生可能在安静的图书馆中学习效果更好，而有些学生则可能在家里的学习角落中更能集中精力。无论是哪种情况，学生都可以根据自己的喜好和习惯选择最合适的学习环境。地点的灵活性也为教师提供了更多的教学可能性。教师可以利用网络平台，将教学活动延伸到课堂之外，例如，他们可以组织线上"研讨会"，让学生在家中进行小组讨论，或者使用网络资源，为学生提供实时的商务情景模拟。

3. 教学内容和教学方式的灵活性

在信息化时代，商务英语教学模式体现出极高的灵活性，特别是在教学内容和教学方式的选择上。这种灵活性反映了教学活动响应了学生的独特需求和学习状况的能力，也体现了教师在教学设计和实施中的自由度。

信息化时代商务英语教学模式的灵活性让教师能够更好地个性化教学内容。在传统的教学环境中，教师需要制定一份固定的教学大纲，适应所有学生的学习需求。然而，在信息化教学模式下，教师可以根据每个学生的进步速度、理解程度和兴趣，灵活调整教学内容。例如，如果某个学生对某个主题的理解不够深入，教师可以提供更多的学习资源和额外的学习任务，以帮助该学生加深理解。这种针对性的教学可以提高学生的学习效率和满意度。信息化教学模式下的教学方式也具有很高的灵活性。教师可以使用各种教学工具和方法，如在线讨论、多媒体展示、模拟演练、协作学习等，以丰富教学方式，增强教学效果。例如，如果学生反馈他们对某个商务场景的模拟训练非常感兴趣，那么教师可以设计更多的这种训练，以满足学生的学习需求。此外，这种灵活性还可以让教师快速调整教学策略。教师可以根据学生的反馈，及时发现教学中的问题，如内容难度、教学方法等，然后及时调整教学内容和方式，以优化教学效果。

（二）信息化时代商务英语教学模式的开放性

信息化时代商务英语教学模式的开放性反映在教学资源的开放获取和分享以及教学参与者的多元化。这种开放性的教学模式带来的益处是多方面的，包括提升教学效果，优化学生的学习体验，以及拓宽学生的视野。

开放获取和分享的教学资源为学生提供了更广阔的学习空间，使学习成为一个自主、深入、持久的过程。这一特性不仅改变了传统教育模式的限制，还提升了学生的学习效果，进一步促进了商务英语教学的发展。与传统的纸质教材和有限的教学资源相比，网络平台提供了无限的学习资源。这些在线教学资源包括但不限于电子图书、网络课程、学术文章、论坛讨论、视频教程以及多媒体资源等。这种模式使学生能够根据个人的学习需求和兴趣选择和利用资源，增强了学生的主动性和自我导向学习的能力。

开放获取和分享的教学资源打破了地域和时间的限制。传统的教育模式下，学生获取知识主要依赖于教师的授课和教科书的阅读。而在信息化教学模式下，只要有网络连接，学生就可以在任何地方，任何时间获取到需要的教学资源。这种灵活性满足了不同学生的学习需求，无论是在早晨还是深夜，无论是在家中还是在旅途中，学生都能够通过互联网接触到丰富的学习资源，提高了学习的便利性和有效性；开放获取和分享的教学资源为学生提供了大量的学习材料，使商务英语的学习内容变得更加丰富和多元。例如，电子图书提供了丰富的阅读材料；网络课程则为学生提供了讲解深入且具有实际应用性的教学视频；在线论坛和社区则提供了一个让学生能够交流想法，分享学习经验的平台。这些资源不仅丰富了学习内容，同时激发了学生的学习兴趣，增强了学习的动力；开放获取和分享的教学资源使教学内容能够快速更新，紧跟时代的发展。例如，教师可以根据商务环境的变化和新的商务英语应用场景及时更新教学资源，使学生可以及时接触到最新的商务英语知识和实践。这种模式不仅可以帮助学生及时掌握最新的商务知识，也能够提高他们在真实商务环境下运用英语的能力。

三、个性化和多元化

（一）信息化时代商务英语教学模式的个性化

个性化教学是一种以学生为中心，注重学生个体差异的教学模式。在这种模式下，教师将根据每个学生的学习风格、学习速度、知识基础等因素，提供个性化的教学策略和资源。这种个性化的教学模式有助于提高学生的学习效果和学习满意度。

1.个性化学习路径的设计

在传统的教学模式中，教师通常使用统一的教学计划和教学方法，所有学生必须按照相同的学习进度进行学习。然而，每个学生的学习能力和学习风格都是不同的，这种"一刀切"的教学模式往往无法满足所有学生的学习需求。相反，在信息化教学模式中，教师可以利用大数据和人工智能技术，对学生的学习数据进行深入分析，了解学生的学习特点和学习需求。基于这些信息，教师可以设计出符合每个学生个性化需求的学习路径，帮助学生进行有效学习。此外，个性化学习路径的设计也可以根据学生的学习进度进行动态调整。如果学生在某个主题上的理解较好，可以快速进入下一个主题。如果学生在某个主题上的理解较差，可以提供更多的学习资源和辅导，帮助学生提高对其的理解和掌握程度。这种动态调整的学习路径，可以保证每个学生都能在适合自己的节奏下进行学习，提高学习效果。

2. 个性化的学习资源

个性化的学习资源是信息化时代下商务英语教学模式的重要组成部分。在此模式下，学习资源不再是统一的、固定的，而是可以根据每个学生的学习需求和兴趣进行个性化的调整和优化。教师可以根据每个学生的知识基础、学习能力、学习风格、学习目标等因素，提供个性化的学习资源。例如，对于英语基础较弱的学生，教师可以提供更多的基础性学习资源，如基础语法教程、基础词汇训练等；对于英语基础较好的学生，教师可以提供更多的进阶学习资源，如商务英语案例分析、商务英语论文阅读等。这种个性化的学习资源有助于学生根据自己的学习需求和能力，进行有针对性的学习，从而提高学习效率。

（二）信息化时代商务英语教学模式的多元化

在信息化时代的商务英语教学模式下，多元化作为其主要特征之一，表现在教学形式、教学内容以及教学参与者等方面。

1. 教学形式的多元化

教学形式的多元化体现在课堂教学和在线学习可以并行，以适应不同学生的学习需求和习惯。

传统的面对面教学依然是商务英语教学的重要组成部分，尤其是对于需要更多交流和实践的学生来说。在面对面的教学过程中，教师可以实时地与学生互动，解答学生的问题，及时给出反馈❶。另外，面对面的教学也有助于培养学生的商务沟通技能，例如，演讲、谈判、团队协作等。同时，面对面教学也

---

❶ 王晓冬.信息化环境下商务英语教学体系的构建[J].黑龙江教育学院学报，2017（10）：130-132.

使学生有机会进行实际的商务英语角色扮演和案例分析，通过这些活动，学生能够更好地理解和应用商务英语知识。在线教学则为商务英语教学带来了全新的可能。首先，在线教学打破了地域和时间的限制，学生可以根据自己的时间和地点选择学习。这对于那些需要更多个人时间和自主学习的学生来说是一个极大的优势。其次，在线教学也提供了大量的学习资源和工具，例如，视频教程、电子图书、论坛讨论等，这些资源使学习变得更加丰富和多元。此外，一些在线平台还提供了个性化的学习计划和反馈，来帮助学生更有效地学习。

在线和面对面教学的结合使得商务英语教学更加灵活和多元。教师可以根据学生的学习需求和习惯，选择合适的教学形式。例如，对于理论知识，教师可以选择在线教学，通过视频教程和电子图书来讲解和展示；而对于实践技能，教师则可以选择面对面教学，通过角色扮演和案例分析来训练和评估。这种灵活的教学形式不仅可以提高教学效率，也可以增加学生的学习满意度。

2. 教学内容的多元化

教学内容的多元化旨在打破传统的课堂教学模式，将学习的焦点从单一的书本知识转移到实际情境和实际应用中。

教学内容的多元化体现在课程内容的选择上。在传统的商务英语教学模式中，教学内容往往局限于教科书中的知识。在信息化时代的商务英语教学模式中，教学内容的选择被扩大，不仅包括教科书中的知识，还包括真实的商务案例、社会热点话题、行业动态等，以及与商务英语密切相关的各种知识和技能，如跨文化交际、商务谈判、市场营销等。这种多元化的教学内容使学生可以从多个角度和层面理解和掌握商务英语，增强了学习的深度和广度[1]。教学内容的多元化还体现在教学资源上。在信息化时代，教师可以利用网络和多媒体技术，获取和分享丰富的教学资源，如在线课程、电子图书、网络文章、多媒体资源等。这些资源为学生提供了丰富多样的学习材料，满足了他们多元化的学习需求。

3. 教学参与者的多元化

开放性教学模式也引入了更多的教学参与者。传统的商务英语教学模式通常仅涉及教师和学生两种角色。而在网络教学环境中，除了教师和学生外，行

---

[1] 李珍珍.信息化时代高职商务英语碎片化教学应用探究[J].太原城市职业技术学院学报，2018（1）：129-131.

业专家、社区成员等也可以成为教学的参与者，为学生提供更广泛的学习视角和丰富的学习经验❶。

行业专家的参与可以为学生提供实际的商务环境和真实的业务经验。通过网络平台，行业专家可以与学生进行在线交流，分享他们的专业知识和实践经验。例如，他们可以介绍当前商务环境的发展趋势，分析商务英语在实际业务中的应用，或者分享他们解决商务问题的经验和方法。这种实际的商务经验分享对学生理解商务英语的实际应用具有重要的意义。社区成员的参与可以提供更广泛的学习视角和更丰富的学习经验。在线社区提供了一个平台，让来自不同背景的人可以交流和分享他们的想法和经验。学生可以通过社区学习他人的经验，获得新的启示，同时可以分享自己的学习成果，获得他人的反馈。这种互动式的学习方式可以提高学生的学习效果，也能提升他们的交流和协作能力。

第二节　信息化时代商务英语教学模式的评价

一、学生满意度评价

学生满意度评价是评估信息化时代商务英语教学模式的重要指标之一。通过对学生满意度的评价，可以了解学生对教学资源、教学支持和学习体验的满意程度，为改进教学模式和提高学习效果提供参考。这样的评价方法有助于促进信息化时代商务英语教学模式的发展和优化。

（一）教学资源满意度评价

教学资源是信息化时代商务英语教学的基础，学生对教学资源的满意程度直接影响其学习体验和学习成效。评价教学资源的满意度包括以下方面：

1. 易用性评价

学生评估在线学习平台、教材、课件等教学资源的界面设计、导航功能和操作便捷性，以确定其易用性。

2. 内容质量评价

学生评估教学资源所提供的商务英语知识和技能的质量和实用性，包括教

---

❶ 陈婉颖.信息化视野下商务英语专业教学范式的创新与策略研究[J].长春大学学报，2018（8）：82-86.

材的内容丰富度、准确性和更新性，课件的知识深度和广度等。

3.适应度评价

学生评估教学资源对不同学习者的适应性，包括教材和课件的难易程度、学习资源的多样性和个性化定制程度等。

（二）教学支持满意度评价

教学支持是在线自主学习商务英语教学模式中的关键环节，学生对教学支持的满意程度反映了教师和教学支持团队对学生学习的支持和指导效果。

1.学习指导评价

学生评估教师提供的学习指导和学习计划，包括教师对学习目标的明确指导、学习任务的设计和安排，以及学习方法和策略的指导等。

2.反馈效果评价

学生评估教师对学生学习成果的及时评估和反馈机制，包括教师对作业和练习的批改和评价，以及对学生问题的解答和指导的及时性和准确性等。

3.沟通渠道评价

学生评估与教师和教学支持团队之间的沟通渠道的有效性，包括在线讨论、邮件、即时通信等沟通方式的便捷性和响应效果。

（三）学习体验满意度评价

学习体验是在线自主学习商务英语教学模式的重要组成部分，评价学习体验的满意度可以揭示学生对教学模式的整体感受。

1.学习的灵活性评价

学生评估在线自主学习商务英语教学模式所提供的学习时间和地点的灵活性，以及学习进度和内容的自主调整程度。

2.个性化定制评价

学生评估教学模式对个体学习需求的满足程度，包括学习资源的个性化定制程度、学习任务的个性化选择和反馈的个性化指导等。

3.互动性评价

学生评估教学模式中的互动性，包括学生之间的互动、与教师的互动和与学习资源的互动等，以确定学习体验的丰富度和互动效果。

二、学习效果评价

信息化时代商务英语教学模式中的学习效果评价有助于指导教师改进教学

和提高学生的商务英语能力。同时，教师和学校也可以根据评价结果，为学生提供个性化的学习支持和进一步的培训计划，以促进其在商务领域的职业发展。

（一）知识与技能评价

评估学生在商务英语知识和技能方面的掌握程度，包括听、说、读、写和跨文化交际等方面的能力水平。

1. 听力评价

评估学生在商务英语听力方面的理解能力。可以通过听取商务会议录音、商务谈判对话等，要求学生准确理解并提取关键信息。

2. 口语评价

评估学生在商务英语口语表达方面的能力。可以通过角色扮演商务会谈、商务演讲等情景模拟，考查学生的语音语调、交际技巧和口语的表达流利度。

3. 阅读评价

评估学生在商务英语阅读理解方面的能力。可以通过提供商务报告、商务合同等真实文本，要求学生准确理解并推断其中的含义和信息。

4. 写作评价

评估学生在商务英语写作方面的能力。可以要求学生撰写商务电子邮件、商务报告等文本，注重语法准确性、逻辑清晰性和商务写作风格。

5. 跨文化交际评价

评估学生在跨文化沟通和交际方面的能力。可以通过情景模拟、跨文化交流项目等，考查学生的文化意识、礼仪规范和解决跨文化冲突的能力。

（二）实际应用评价

实际应用评价旨在考查学生在真实商务环境中应用商务英语知识和技能的能力。这些场景包括商务会议、商务信函、商务演讲等，涉及商务沟通、商务谈判、商务写作等方面。

1. 商务会议评价

通过模拟商务会议的形式，评估学生在商务会议中的表现。学生可以扮演各种角色，包括会议主持人、参会者和发言人等，展示他们的商务英语口语能力、会议组织和主持能力，以及问题解决能力和决策能力。

2. 商务信函评价

通过评估学生在商务信函写作中的能力，来评价其实际应用能力。学生可以撰写商务电子邮件、商务报告、商务邀请函等真实场景的信函，评估其语言的准确性、表达清晰度、格式规范性和专业性。

3. 商务演讲评价

通过商务演讲的形式，评估学生的口头表达和演讲能力。学生可以准备商务演讲稿件，以展示他们在商务英语口语表达、演讲技巧和影响力方面的能力。评价标准包括语音语调、逻辑结构、沟通能力和说服力等。

4. 商务谈判评价

通过模拟商务谈判的情境，评估学生在商务谈判中的表现。学生可以通过扮演不同角色，进行商务谈判，以展示他们的商务英语口语能力、谈判技巧和解决问题的能力。评价标准包括沟通能力、合作能力、谈判策略和结果达成等。

5. 实际应用案例评价

通过给学生提供真实的商务案例，评估他们在解决商务问题和应对挑战时运用商务英语的能力。学生需要分析案例、提出解决方案，并用商务英语进行口头或书面表达，评价标准包括解决问题的准确性、分析能力、语言表达能力和商务策略的可行性。

三、教学活动评价

教学活动评价是对信息化时代商务英语教学模式中的教学活动进行评估，旨在了解教学设计、教学方法和教学评估与反馈机制的有效性和适用性。

（一）教学设计评价

教学设计评价旨在评估教学活动的设计和组织情况，以确保教学活动的合理性、有效性和与商务英语实际需求的契合度。

1. 学习任务的合理性评价

评估教学任务的设计是否合理和明确，是否与商务英语学习目标相契合。学习任务应该明确制定学生需要掌握的知识、技能和能力，同时应与商务英语实际应用场景相对应。任务的目标和要求应该明确、具体，能够激发学生的学习兴趣和动力。

2. 难度与复杂度的适宜性评价

评估教学任务的难度和复杂度是否适宜学生的学习水平和能力发展。任务的难度应该既不能过于简单以致缺乏挑战性，也不应过于复杂以致学生无法理解和完成。教师应根据学生的学习能力和背景，合理设置任务的难度和复杂度，以促进学生的学习进步和发展。

3. 与商务英语实际需求的契合度评价

评估教学任务和教学活动与商务英语实际需求的契合度。教学任务应与商务英语实际应用场景相联系，帮助学生培养在商务环境中所需的语言能力、实际应用能力和跨文化交际能力。任务的内容和要求应与商务领域的需求相匹配，以确保学生能够有效地应对商务沟通和交流的挑战。

（二）教学方法评价

教学方法评价旨在评估教学方法的有效性和适用性，包括线上教学、自主学习、互动讨论、角色扮演等教学方法的使用效果和学生反馈。

1. 线上教学评价

评估线上教学方法的有效性和适用性。线上教学涵盖了各种在线学习平台、虚拟课堂和多媒体资源的使用。评价线上教学方法可以考查学生对线上学习平台的使用体验、教师在线教学的组织和指导能力，以及学生对线上教学的反馈和满意度。

2. 自主学习评价

评估自主学习方法在商务英语教学中的有效性。自主学习是信息化时代商务英语教学模式中的重要组成部分，它侧重于学生的主动学习和自我管理能力的培养。评价自主学习方法可以考查学生在自主学习过程中的学习动机、学习计划和学习效果，以及教师对自主学习的引导和支持程度。

3. 互动讨论评价

评估互动讨论方法在商务英语教学中的使用效果和学生反馈。互动讨论可以通过在线讨论平台、小组讨论和合作项目等形式进行。评价互动讨论方法可以考查学生之间的互动、教师与学生之间的互动，以及学生对互动讨论的参与度、贡献和学习效果。

4. 角色扮演评价

评估角色扮演方法在商务英语教学中的应用效果。角色扮演可以帮助学生在真实情境中模拟商务交流和沟通，培养他们的语言表达能力和实际应用能力。评价角色扮演方法可以考查学生在角色扮演中的表现、沟通能力和应对商务场景的能力。

（三）教学评估与反馈评价

教学评估与反馈评价旨在评估教师对学生学习的评估和反馈机制，包括作业批改、学习反馈和个性化指导等方面的效果和学生满意度[1]。

1. 作业批改评价

评估教师对学生作业的批改和评估效果。教师应及时、准确地批改学生的作业，并给予具体的反馈和建议。评价作业批改包括作业批改的准确性、详细程度和指导性，以及教师对学生作业中语言准确性、逻辑思维和专业性等方面的评估[2]。

2. 学习反馈评价

评估教师对学生学习过程中的反馈机制。教师应及时提供学生的学习反馈，包括学习进展、学习成果和改进建议等。评价学习反馈包括教师的反馈及时性、准确性和有效性，以及教师对学生学习动机和学习困难的理解和支持程度。

3. 个性化指导评价

评估教师对学生的个性化指导效果。教师应根据学生的学习特点和需求，提供个性化的学习指导和支持，帮助学生克服学习障碍和提升学习能力[3]。评价个性化指导包括教师对学生的了解程度、个性化指导的针对性和有效性，以及教师对学生学习发展的关注度和支持程度。

四、教学评价具体案例——以"商务英语视听说"教程为例

作者和教学团队运用"教师+网络平台"的形式，对课程进行混合式辅导和评价（图2-1），全程采用网络平台记录、监督和考核学生的学习状况：一方面，通过激励学生主动参与线上提问和讨论、完成课后教学平台学习任务以及加入班级 QQ 群和微信讨论等方式，实现师生、生生之间的有效高质的互动；另一方面，教师根据线上测验结果、作业完成情况、课堂讨论参与度和学习平台任务完成情况的统计数据，以及每个单元主题的项目评价，及时了解学生的学习状况，全面、客观地评价学习效果，并适时调整和改进教学方法和内容，实现教学相长。

---

[1] 杨舒琳，李瑞.数字化时代大学英语课堂教学质量评估模型构建研究[J].西安外国语大学学报，2021（4）：78-81.

[2] 刘秀梅.大数据时代大学英语课堂教学评价体系的构建[J].现代教育技术，2016（1）：94-99.

[3] 朱燕华，陈莉萍.大学英语智慧课堂教学评价指标体系构建[J].外语电化教学，2020（4）：94-100，111.

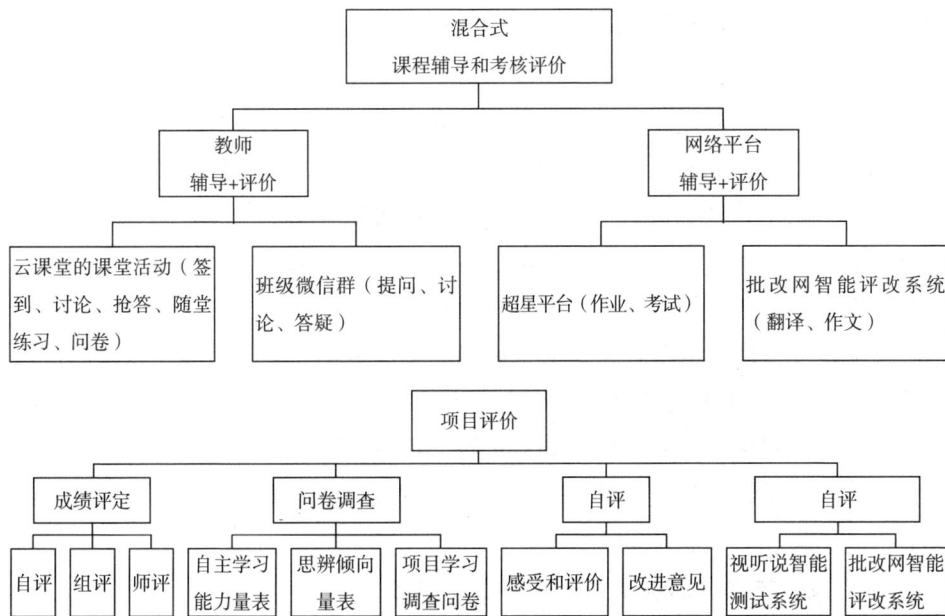

图2-1　混合式辅导和评价

第三节　信息化时代商务英语教学模式的创新应用

一、信息化时代商务英语教学模式的创新实践

（一）基于移动设备的商务英语教学实践

在信息化时代，基于移动设备的商务英语教学实践已经逐渐蔚为主流。移动设备如智能手机和平板电脑等，以其便携性和易操作性，成为学习者获取知识、提升技能的重要工具。

1.移动设备在商务英语自主学习中的应用

移动设备可以随时随地为学习者提供学习资源，使学习的时间和空间得到了极大的拓展。学习者可以通过安装各种教学应用软件，如互动式的语言学习应用、专门的词汇学习应用、在线教育平台等，自主进行商务英语的学习。这些应用为学习者提供了丰富的学习资源，包括听力、阅读、写作、口语等各方面的训练材料，并且大部分教学应用软件都有即时反馈和自我测试的功能，使学习者可以很好地掌握自己的学习进度和效果。

2. 移动设备在商务英语交互学习中的应用

移动设备的交互功能可以为商务英语学习者提供真实、有趣的语言环境。比如，学习者可以通过移动设备上的社交媒体工具参与到各种英语社区，与世界各地的人士交流商务话题，实践和提升自己的商务英语应用能力。此外，很多语言学习应用软件也提供了在线对话、角色扮演等互动学习方式，使学习者可以在模拟的商务场景中，进行有效的口语表达和听力理解训练。

3. 移动设备在商务英语学习评价中的应用

移动设备可以为教师提供实时、准确的学习数据，以进行教学效果的评价和反馈。教师可以通过分析学习者在移动设备上的学习行为数据，如学习时长、完成任务的情况、测试成绩等，了解学习者的学习进度和效果，从而提供个性化的教学反馈和建议。同时，学习者也可以通过移动设备获取自我学习的反馈，自我调节学习策略和进度。

（二）AI技术在商务英语教学中的创新实践

AI技术在商务英语教学中的创新实践，提高了教学效率，丰富了教学方式，优化了教学资源，增强了学习者的学习体验，对于商务英语教学的信息化、智能化有着重要的推动作用。

1. AI在商务英语个性化学习中的应用

AI在商务英语个性化学习中的应用，代表了教育科技的一大突破。AI技术能够为每一个学习者提供量身定制的学习方案，助力商务英语教学进一步个性化和智能化。

AI技术在商务英语个性化学习中的显著优势在于，其能够实时捕获和分析学习者的学习数据，包括学习进度、学习效果、学习行为等多方面的信息。这些信息经过AI的智能分析后，能够生成针对每一个学习者的个性化学习方案。例如，对于商务英语词汇的学习，AI能够根据学习者的记忆曲线，智能安排复习的时间和内容，以提高学习效率。对于商务英语口语的学习，AI能够根据学习者的发音和语调，提供精准的语音反馈和改正建议，以提高学习效果。例如，Duolingo是一款融合AI技术的语言学习应用，它可以根据学习者的学习进度和效果，自动调整教学内容的难度和顺序，确保学习者在适合的难度水平上进行学习。此外，Duolingo还可以根据学习者的学习行为，比如学习的时间、频率和持续性，为学习者提供个性化的学习建议和激励策略，以增强学习者的学习动力和积极性。Rosetta Stone也是一款专门用于语言学习的应用，它使用AI技术来支持学习者的口语训练。Rosetta Stone的AI系统可以实时评估学习者的发音和语调，并提供即时反馈，帮助学习者改正发音错误，提高口语表达的流利度和准确度。

2. AI在商务英语能力评估中的应用

AI在商务英语能力评估中的应用正在改变传统的评估方式，提供更为精准和高效的评估解决方案。AI评估工具能够利用算法对学生的学习情况进行深入的数据分析，从而做出更为准确的评估。一种典型的应用方式是AI自动评分系统。这种系统可以自动评估学生的书面作业，如商务英语的写作和报告，甚至可以评估学生的口语表达。AI评分系统在分析学生的语法结构、词汇运用、句子连贯性等方面，能给出具体的分数和反馈。由于是AI进行评分，避免了人工评分的主观性，也大大提高了评分的效率。在口语评估方面，AI可以实时分析学生的发音、语调、流利度等，甚至可以分析学生的情感态度和信心水平。这对于商务英语教学来说尤为重要，因为在商务场景下，良好的口语表达和沟通技巧是非常关键的。

例如，英国剑桥大学出版社开发的"Write & Improve"系统。这个系统利用AI技术来自动评估学生的英语写作。学生只需要把自己的作文输入系统中，系统就能够在几秒钟内提供详细的反馈，包括评分、指出错误和改正建议。这种方式不仅提高了评估的效率，也让学生可以在任何时间、任何地点得到即时反馈，从而更好地指导他们的学习。另一个例子是Duolingo的英语测试（DET）。这是一种完全在线的英语能力测试，可以在任何有网络连接的地方进行。DET使用AI技术来评估考生的阅读、听力和口语能力。在口语部分，AI可以自动评估考生的发音和流利度，而不需要人工的参与。这种方式不仅节省了大量的人力和时间，也提高了测试的公正性和准确性。

3. AI在商务英语教学资源开发中的应用

AI在商务英语教学资源开发中的应用正在引发教学模式的重大变革。具体而言，AI的强大处理和分析能力使教学资源能够针对个体学习者的特点进行优化，进而提升学习效率与效果。AI可以帮助开发出更个性化的商务英语学习资源。AI系统可以通过追踪和分析学生的学习情况，如学习进度、答题准确率、学习时间等，了解学生的学习水平和偏好，然后为学生推送最符合他们需求的学习资源。这种个性化的学习资源不仅可以提高学习者的学习效率，也可以增强他们的学习兴趣。AI还可以生成富有挑战性的学习任务。例如，AI系统可以自动生成适合学生能力水平的题目，或者模拟真实的商务场景让学生进行角色扮演。这些任务不仅可以锻炼学生的商务英语能力，也可以帮助他们理解和应用商务知识。

例如，AI英语学习平台Rosetta Stone使用AI技术来提供个性化的学习体验。系统会根据学生的学习情况和反馈，调整教学内容和难度。例如，如果一个学生在商务写作方面表现出困难，系统就会提供更多的写作练习和指导。这种方式让每个学生都可以根据自己的情况进行有效的学习。AI英语教学平台Duolingo会根据学生的学习进度和答题情况，自动调整课程内容和难度。例如，如果一个学生在某个课程中答题错误率较高，系统就会降低难度，并提供更多的复习和辅导。如果一个学生答题表现优秀，系统则会提高难度，给予更大的挑战。

二、信息化工具在商务英语教学中的创新应用

（一）利用虚拟现实（VR）和增强现实（AR）技术进行场景模拟教学的应用

利用虚拟现实（VR）和增强现实（AR）技术进行场景模拟教学的应用是信息化工具在商务英语教学中的创新应用之一。虚拟现实和增强现实技术可以为学习者提供真实、立体、沉浸式的学习体验，特别适合进行商务英语的场景模拟教学。

1.利用VR/AR技术进行商务谈判场景模拟的应用

虚拟现实（VR）和增强现实（AR）技术为商务英语教学带来了全新的体验。尤其在商务谈判场景模拟方面，这些技术能够提供沉浸式的、接近真实的学习环境，帮助学习者更好地理解和掌握商务谈判的知识和技巧。

利用VR/AR技术进行商务谈判场景模拟的应用中，教师或者教学设计者首先需要设计出具有真实感和挑战性的商务谈判场景。这些场景应该涵盖商务谈判的各种可能情况，包括不同的谈判对象、谈判话题、谈判环境等。然后，通过VR/AR技术，将这些场景制作成为3D模型，嵌入专门的教学应用中。在教学过程中，学习者可以通过VR/AR设备，进入这些模拟的商务谈判场景中。学习者可以以第一人称参与到商务谈判的过程中，面对各种复杂的谈判情况，进行实时的决策和反应。在这个过程中，学习者可以通过实践，加深对商务谈判知识和技巧的理解和掌握。此外，教师还可以根据学习者在模拟场景中的表现，进行实时的指导和反馈。例如，如果学习者在谈判过程中出现了错误，教师可

以立即进行纠正，并解释正确的谈判方法。通过这种方式，学习者可以在实践中发现和改正自己的错误，提升自己的商务谈判能力。VR/AR技术在商务谈判场景模拟的应用中，为商务英语教学提供了一种新的、实践性强的教学方式。这种方式能够激发学习者的学习兴趣，增强学习者的学习动机，提高学习者的学习效果。同时，这种方式还为教师提供了一种全新的、有效的教学手段，有助于提升教学质量。

2. 利用VR/AR技术进行商务文化理解的应用

在商务交往中，了解并尊重对方的商务文化是非常重要的。VR/AR技术可以为学习者提供一个全新的、沉浸式的学习环境，让学习者能够更加直观、深入地理解不同的商务文化。

在使用VR/AR技术进行商务文化理解的应用中，教师或教学设计者可以先创建一个代表特定商务文化的虚拟环境。例如，如果是美国的商务文化，可以创建一个模拟美国企业的环境，包括企业的办公室布局，员工的着装，商务会议的流程等。如果是中国的商务文化，可以创建一个模拟中国餐厅的环境，展示商务宴请的过程。在这些虚拟环境中，学习者可以体验不同的商务文化，了解和学习在不同商务文化环境中应有的行为和语言。例如，通过参与虚拟的商务会议，学习者可以了解到在美国企业中，商务会议通常更注重效率，而在中国企业中，商务会议可能更注重关系和面子。通过VR/AR技术，学习者不仅可以看到和听到不同的商务文化，还可以在某种程度上感觉和体验到这些商务文化。这种互动式的学习方式，使学习者更容易记住和理解商务文化的知识，提高了学习的效果。除此之外，教师也可以通过VR/AR技术，对学习者在虚拟环境中的行为和反应进行观察和评估，以了解学习者对商务文化知识的掌握程度，并给出相应的指导和反馈。

3. 利用VR/AR技术进行商务英语听说技能训练的应用

商务英语听说技能的训练是非常重要的。在这方面，虚拟现实（VR）和增强现实（AR）技术可以为教学提供新的方法和途径。VR/AR技术可以提供真实且全方位的模拟环境，使学习者在模拟的商务环境中进行实践操作，提高听说技能。

首先，通过创建与商务相关的语境场景，VR/AR技术使学习者可以获得真实世界的语言环境。例如，模拟商务会议、商务谈判等场景，学习者可以通过听和说进行角色扮演，以便熟悉并掌握在商务环境下的听说技能。其次，

VR/AR技术使反复练习和实践成为可能。学习者可以在虚拟环境中反复地听取、模仿、回应虚拟角色的言语，这样就可以提高其在实际商务环境中的应变能力。最后，VR/AR技术还可提供即时反馈，提高学习者的自我评估能力。在模拟的商务场景中，学习者的每一次对话和交互都可以通过AI技术进行即时反馈，学习者可以通过这种反馈了解自己的听说能力水平和进步情况。

（二）在线协作工具在小组讨论和项目合作中的应用

在线协作工具在商务英语项目中的小组讨论和项目合作中发挥着重要的作用。这些工具提供了便捷的方式，使团队成员能够远程协作、实时交流和共享资源。通过在线协作工具，小组成员能够有效地合作，加强沟通，提高工作效率，并确保项目的顺利进行。

1. 在线协作工具在商务英语小组讨论中的应用

商务英语小组讨论是一个深度探讨和理解商务问题的有效方式。而在线协作工具的引入，使小组讨论的组织和进行变得更加便捷和有效。例如，云端文档分享工具，如Google Docs和Office 365，允许学习者同时在线编辑和查看文档，这为团队合作撰写报告或者共同研究商务案例等活动提供了巨大的便利。通过这种方式，学习者不仅可以分享他们的观点和想法，也可以了解到其他同伴的观点，从而获得更全面的理解。另一种常见的在线协作工具是在线会议工具，如Zoom、Webex等。这些工具能够为学习者提供一个在线的讨论环境，可以进行视频会议、实时讨论、共享屏幕等功能。在商务英语小组讨论中，学习者可以通过视频会议的形式进行线上面对面的交流，模拟真实的商务环境，练习商务英语的听说技能。还有许多其他的在线协作工具，如在线脑图工具、在线白板工具等，可以为商务英语小组讨论提供更多元的交流和表达方式，增加讨论的深度和广度。

2. 在线协作工具在商务英语项目协作中的应用

（1）项目管理工具的应用。任务分配与跟踪。在线协作工具如Trello、Asana等，可以帮助团队成员分配任务并实时跟踪任务进展情况。通过创建任务卡片、设定截止日期、设置提醒等功能，团队成员可以清晰地了解每个任务的责任人和进度情况，从而提高整体项目的效率。

文件共享与版本控制。在商务英语项目中，团队成员通常需要共享文档、报告、演示稿等资料。在线协作工具如Google Drive、Microsoft OneDrive等提供了云端存储和共享功能，使团队成员可以随时查看、编辑并同步更新文件，避免了传统邮件附件传递的烦琐和版本混乱的问题。

时间管理与日程安排。商务英语项目往往有严格的时间要求和紧凑的日程安排。在线协作工具如Google日历、Microsoft Outlook等可以帮助团队成员共享日程，提醒重要的会议、任务和截止日期，确保团队协作的时效性和高效性。

（2）实时沟通工具的应用。即时消息与语音通话。在线协作工具如Slack、Microsoft Teams等提供了即时消息和语音通话功能，团队成员可以随时进行沟通和讨论。这种实时沟通方式能够迅速解决问题、交流想法，并且可以保存聊天记录，方便后续查阅。

视频会议与屏幕共享。商务英语项目中需要进行跨地域的会议和演示，视频会议工具如Zoom、Microsoft Teams等允许团队成员通过视频进行面对面的沟通，同时支持屏幕共享功能，方便演示和展示相关内容，提高沟通效果。

（3）协同编辑工具的应用。文档协同编辑。在线协作工具如Google文档、Microsoft Office Online等支持多人同时编辑同一文档，团队成员可以实时查看彼此的编辑内容，并进行评论和修订。这种协同编辑方式避免了传统的文档来回传递和合并的烦琐过程，提高了团队合作的效率。

会议记录与分享。商务英语项目中的会议记录对于项目的进展和决策至关重要。在线协作工具如Google表格、Microsoft OneNote等可以用于记录会议纪要和行动项，同时可以与团队成员分享和讨论，并确保信息的准确性和共享性。

第三章

————

信息化时代商务英语教学模式发展新趋势

第一节 SWOT分析法拆解信息技术对商务英语教学的影响

SWOT分析是一种策略分析工具，用于识别和评估一个组织或项目的优势（strengths）、劣势（weaknesses）、机会（opportunities）和威胁（threats）。在商务英语教学的背景下，SWOT分析可以用来深入理解信息技术对该领域的具体影响。详见表3-1。

表3-1 信息技术对商务英语教学影响的SWOT分析

SWOT分析	具体体现
优势（S）	提升教学效率与效果；加强教学互动与学生参与；辅助精准教学与学习情况了解
劣势（W）	学习者依赖性增加；技术故障和技术障碍；信息技术更新速度快，教师跟进难度大
机会（O）	新兴教学工具与方法的快速发展；AI、VR/AR技术在教学资源开发中的广阔应用前景；数据分析工具对教学评估的深入应用
威胁（T）	网络开放性可能带来的不良信息风险；技术的复杂性增加教师工作负担；传统教学方法可能被边缘化影响教育均衡性

一、信息技术对商务英语教学的优势分析

（一）提升教学效率与效果

自适应学习系统作为信息技术的重要组成部分，它的引入极大地优化了商务英语的教学模式。这种系统通过精细的数据分析，能够精准地描绘出每个学生的学习状况，包括他们的学习能力、知识掌握程度以及学习风格等多个维度。据此，系统能够自动推荐和提供最适合的学习资源，使教学能够更好地适应学生的个体差异，从而提高学习的效率和效果。在这种教学模式下，每一个学生都能得到独一无二的学习体验。例如，对于商务英语词汇的学习，自适应系统可以根据学生的掌握程度，选择难度适中的词汇进行推送，既避免了过于困难导致的挫败感，也避免了过于简单引起浪费时间的问题。同时，这种模式还可以根据学生的错误回答，为他们提供针对性的学习建议，帮助他们更有效

地掌握知识。此外，自适应学习系统还可以提供实时的反馈，让学生了解自己的学习进度，清楚地知道自己在哪些方面做得好，哪些方面需要改进。这种反馈不仅能帮助学生及时调整学习策略，提高学习效果，还能提高他们的学习积极性，帮助他们建立良好的学习动力。自适应学习系统的运用，使商务英语教学能够更好地适应每个学生的个体差异，为他们提供最适合的学习资源和反馈。这种方式无疑提高了学习的效率和效果，也为提升学生的学习体验贡献了力量。

信息技术通过突破空间和时间的限制，极大地扩展了商务英语教学的可能性。这是因为传统的教学模式对地点和时间有固定的要求，这在很大程度上限制了学习的灵活性。然而，信息技术的运用打破了这种局限，为学生提供了更大的学习自由度。以云端学习环境为例，学生可以从任何有网络连接的地方访问这些平台，无论是在家中、在图书馆、在咖啡馆还是在公园，只要有互联网，就能够开始学习。这种学习模式不再局限于传统的课堂设置，为学生提供了极大的便利，使学习可以随时随地进行。此外，这种自由的学习环境允许学生在他们觉得最高效的时间段进行学习。一些人在早晨的大脑最为清晰，一些人则在夜晚更有创造力。信息技术为每一个人提供了定制自己的学习时间的可能性，使他们可以在最能集中精力的时间段进行学习。而这样的灵活安排，不仅能提高学习效率，更能优化学习体验，提高学习的积极性。信息技术对学习时间和空间的创新，还让异地教学、国际合作成为可能。学生可以轻易接触到来自世界各地的优秀教师资源，无论是寻找语言伙伴，还是寻找优质的远程课程，都可以通过网络平台轻松实现。这样的学习环境，大大扩展了学习的视野和深度，让商务英语学习者可以更好地理解和应对全球商务环境的复杂性。

为了更有效地实现教学目标，一些高级的在线学习平台已经开始利用复杂的算法和人工智能技术来模拟人类教师的教学行为。以人工智能为例，人工智能在商务英语教学中的应用，使教学内容能够根据学生的学习进度和理解程度进行动态调整，形成所谓的"智能教学"。这种教学方式能够为学生提供更个性化的学习体验，同时提升了教学效率和效果。人工智能教学系统能够实时监控学生的学习状态，通过数据分析，可以精确地捕捉到学生在哪些知识点上存在困难，需要更多的辅导和练习。例如，在商务英语写作的学习过程中，系统可以通过分析学生的作文，发现学生在语法、词汇选择、逻辑结构等方面可能存在的问题，并据此提供定向的学习建议和纠错反馈。而在课程内容的呈现上，人工智能教学系统也具有很大的灵活性。如果发现学生在某个概念上理解困难，系统可以采用多种方式进行解释，如通过视频、动画、图表等多媒体形式，帮助学生从不同角度理解和掌握这个概念。此外，系统还可以根据学生的理解程度，动态调整教学难度，确保学生能在适合自己的难度水平下进行学习，从而达到最佳的学习效果。

（二）加强教学互动与学生参与度

教学互动和学生参与度是影响学习效果的重要因素，而信息技术为增强这两方面提供了强大的工具。

1. 信息技术提供了多样化的交流渠道

多样化的交流渠道除了增强学生与教师之间的互动性外，还在很大程度上促进了同学之间的互助与合作。在线讨论区，不仅可以让学生在学习的过程中提出疑问、分享观点，还提供了一个鼓励学生们在彼此之间分享知识和资源的环境。对于商务英语学习来说，这个环境尤其重要，因为商务领域是一个涉及多元文化、多元经济以及多元商业模式的领域。在这个环境下，学生们可以互相分享来自自己独特背景和视角的见解和理解，这将大大丰富他们的商务英语学习体验。此外，信息技术还可以为教师提供一个与学生进行一对一交流的平台。教师可以根据学生的学习情况，给出针对性的指导和建议。这种形式的交流方式不仅能有效地解决学生的问题，还能让学生感受到教师的关心和支持，从而增强他们的学习动力和信心。多样化的交流渠道还包括各种形式的在线协作工具，如在线文档分享、项目管理工具等。这些工具可以让学生们在完成课程项目或团队作业时进行有效的协作和交流。通过这种方式，学生们不仅能够学习到商务英语知识，还能够锻炼他们的团队合作能力和项目管理能力，这对他们未来的职业生涯来说是非常重要的。同时，多样化的交流渠道还可以让更多的学生参与进来，在一定程度上缓解课堂时间的限制。

2. 信息技术为学生参与创造新的形式和机会

通过使用信息技术，教师可以设计出各种各样的交互式学习活动，如在线实验、角色扮演、案例研究等，让学生在实际操作和参与的过程中深入理解和掌握商务英语知识。例如，教师可以使用在线仿真软件设计商务交流场景，让学生通过角色扮演来模拟商务会议或谈判，这样可以让学生在实际的语境中应用商务英语，提高他们的商务沟通技能。同时，这种活动也可以让学生了解和理解不同文化背景下的商务交流规则和习惯，提高他们的跨文化交际能力。通过在线平台或虚拟世界，学生可以扮演不同的角色，参与到特定情境或场景中。在商务英语学习中，教师可以设计商务会议、谈判或团队合作的角色扮演活动，让学生运用所学知识进行实际交流，并通过反馈和评估来提高他们的商务沟通技能。通过在线平台或电子资源，教师可以提供丰富的案例研究材料给学生，让他们分析和解决实际的商务问题。学生可以运用所学的商务英语知识和技能，思考并提出解决方案，从而加深对商务实践的理解。

（三）辅助精准教学与了解学习情况

在信息化时代，辅助精准教学和了解学习情况是信息技术的重要应用之一。通过数据分析工具和智能教学系统，教师可以更好地了解学生的英语学习状况，从而制订更为精准的商务英语教学计划，提高教学效果。

一方面，数据分析工具可以帮助教师对学生的学习数据进行详细分析，以获取关键信息。通过收集和分析学生的学习数据，教师可以了解学生掌握的知识点、存在的学习困难和学习进度等方面的情况。例如，教师可以通过在线学习平台或学习管理系统查看学生的作业成绩、考试成绩、课堂参与度等信息。这些数据可以反映学生的学习差距，帮助教师发现学生的薄弱环节和需要改进的方面。另一方面，智能教学系统可以根据学生的学习数据提供个性化的教学反馈和改进建议，通过分析学生的学习数据，还可以发现学生的学习偏好、难点和错误模式等。基于这些分析结果，系统可以根据学生的个性化需求和能力水平，为他们提供相应的学习资源、习题和指导。同时，系统还可以根据学生的学习情况给予即时的评估和反馈，帮助学生及时纠正错误，加强薄弱环节。除了帮助学生，信息技术的辅助精准教学和学习情况了解也可以为教师提供有价值的教学反馈和支持。通过分析学生的学习数据，教师可以了解自己的教学效果，评估教学策略的有效性，并根据学生的学习情况进行针对性的教学调整。教师还可以通过智能教学系统的分析结果，了解学生的学习行为和反应，掌握学生的学习需求，以便更好地满足他们的学习需求。

二、信息技术对商务英语教学的劣势分析

（一）学习者依赖性增加

随着信息技术在商务英语教学中的广泛应用，学习者对技术的依赖性也越来越强。他们在学习过程中可能依赖电脑、网络和各种软件来获取学习资料、完成作业和与教师、同学进行互动。然而，这种依赖性也带来了一些劣势和挑战。

1.技术的依赖性增加可能导致对传统学习方式兴趣的丧失

在信息技术教学中，学生常常通过电脑、网络平台和应用程序与教师和同学进行交流。这种交流方式虽然便捷和灵活，但与传统面对面交流相比存在一些劣势。首先，学生在电脑屏幕前进行交流时，无法感受到真实的身体语言和情感表达。在面对面交流中，学生可以通过观察教师和同学的面部表情、姿态和身体语言来获取更丰富的信息，这对于理解和沟通至关重要。而在电脑屏幕前，这些非语言信息的传递往往受到限制，学生可能无法获得充分的交流体验。其次，传统的商务英语教学注重实践活动，如角色扮演、商务案例分析和团队合作等。这些活动可以帮助学生在真实的情境中运用所学知识和技能，提升实际应用能力。然而，在信息技术教学中，学生可能缺乏面对面的互动和实践机会，这可能影响他们的实践能力的培养。虽然通过虚拟环境和在线模拟可以部分弥补这一缺陷，但仍然无法完全替代真实的实践体验。最后，面对面交流还有助于学生的人际交往能力的培养。商务英语教学的目标之一是培养学生在商务环境中进行有效沟通和合作的能力。通过与教师和学生面对面的交流，学生可以锻炼自己的人际交往技巧，学会倾听、表达意见、解决冲突等。在信息技术教学中，学生可能更加依赖电子设备和在线平台进行交流，这可能导致他们的人际交往技能得不到充分的发展。

2.过度依赖技术导致对于基本商务英语知识和技能的忽视

信息技术在商务英语教学中提供了丰富的学习资源和学习工具，学生可以通过在线课程、多媒体教材、语音识别软件等来获取和练习商务英语的知识和技能。如果学生过于依赖这些技术工具，而忽视了基础的商务英语知识和实践技能的学习，这可能对其综合能力的培养产生不利影响。

其一，商务英语的学习需要建立在扎实的语言基础上。学生需要掌握词汇、语法、句型等基本语言知识，并能够运用它们进行有效的口语和书面表达。过度依赖技术工具可能使学生对语言学习的重要性产生轻视，他们可能更加专注于在应用程序中填写单词或句子，而忽略了对语法规则和语言细节的深入理解和掌握。其二，商务英语的实践能力需要通过实践和反复训练来培养。商务英语教学注重学生在真实商务场景中进行角色扮演、商务案例分析、团队合作等实践活动。这些实践活动可以帮助学生将所学知识应用到实际情境中，提升他们的实际应用能力。技术工具的过度依赖可能使学生过于依赖模拟环境和虚拟实践，而缺乏真实场景中的实际体验和挑战。这可能导致学生在实际商务环境中应对问题和交流需求时感到不适应或困惑。其三，商务英语的学习还需要培养学生的跨文化意识和跨文化沟通能力。商务环境中经常涉及不同文化背景的交流和合作，学生需要了解不同文化间的差异，并具备适应和解决跨文化沟通问题的能力。过度依赖技术工具可能使学生忽视了对跨文化意识的培养，他们可能仅关注于表面的语言交流，而忽略了背后的文化因素。这可能导致学生在真实商务环境中的跨文化交流中出现误解和不恰当的行为。

（二）技术故障和技术障碍

1. 网络和系统的不稳定性

网络和系统的不稳定性可能会在教学过程中带来诸多不便。例如，在进行视频会议或在线直播课程时，网络连接质量的好坏直接影响到教学效果。网络延迟可能会导致教师的讲解和学生的理解之间出现滞后，从而降低教学效率；画面卡顿或音频中断则可能使学生错过重要的教学内容，对学生的学习造成影响。此外，网络和系统的不稳定性还可能对学生的学习态度产生影响。当学生反复遭遇网络延迟、系统崩溃等技术问题时，他们可能会对在线学习产生挫败感，从而影响他们的学习积极性。长期下来，可能会导致学生对在线学习产生排斥心理，影响他们对商务英语的学习热情。另外，网络和系统的不稳定性还可能影响教师的教学计划。当技术故障频繁发生时，教师可能需要频繁调整教学计划，以应对不可预知的技术问题。这不仅可能影响教师的教学效率，还可能使教师在应对技术问题的过程中消耗大量精力，从而影响教师的教学质量。对网络和系统的过度依赖也可能使教学活动变得过于脆弱。例如，一场突如其来的网络攻击、电力中断或其他大规模的技术故障可能会导致教学活动突然中断，对教学过程产生严重影响。因此，尽管信息技术为商务英语教学带来了许多便利，但教师也需要考虑到这些潜在的技术风险，并尽可能地制定应对策略，以确保教学活动的顺利进行。

2. 技术设备和技术能力的不均等

技术设备和技术能力的不均等是信息技术在教学中存在的一个主要问题。这种不均等主要表现在两个方面：设备差异和技术能力差异。

设备差异指的是学生使用的技术设备的质量和性能存在差异。对于一些拥有高性能电脑和稳定网络连接的学生来说，他们可以顺利地使用各种在线学习平台，从而充分利用信息技术进行学习。然而，对于一些没有稳定网络连接或没有在线学习平台设备的学生来说，他们可能无法充分利用信息技术进行学习。在一些较为落后的地区，可能会有学生无法获取到互联网，这将他们完全排除在信息技术教学之外。这种设备差异可能会加大学生之间的学习差距，影响教学的公平性。

技术能力差异指的是学生和教师在使用技术进行学习或教学时的能力差异。对于一些熟悉信息技术的学生和教师来说，他们可以顺利地使用各种在线学习工具，从而提高学习或教学的效率。对于一些不熟悉信息技术的学生和教师来说，他们可能需要花费更多的时间和精力来学习和适应这些工具，这可能会降低他们的学习或教学效率。这种技术能力差异不仅可能影响教学效果，还可能造成学生和教师的心理压力，从而影响他们对信息技术教学的态度。

（三）信息技术更新速度快，教师跟进难度大

1.技术更新速度对教师学习的挑战

信息技术的快速更新对教师的学习提出了巨大挑战。新的工具和平台不断出现，这意味着教师需要不断学习新的技术，以保持与时俱进。然而，这并非易事。由于更新速度快，教师可能很难跟上这种速度。他们需要投入大量的时间和精力来学习和熟悉新的技术，这可能会占用他们的教学和研究时间。在工作负担本已沉重的情况下，为了跟上技术的步伐，教师可能需要牺牲他们的休息时间和个人生活。这种压力可能会导致教师的工作满意度降低，影响他们的教学效果和职业发展。

2.技术选择困难与教学策略调整

信息技术的更新不仅带来了学习的挑战，也带来了选择的困难。面对众多的教学工具和平台，教师可能不清楚哪种技术最适合他们的教学需求。这种不确定性可能会导致教师在选择和使用技术时犹豫不决，以致影响他们的教学决策。此外，每种新技术可能都需要不同的教学策略和教学方法。教师需要花费时间来调整他们的教学计划，以适应新的技术环境。这种频繁的调整可能会影响教学的连贯性和稳定性，从而影响学生的学习体验和学习成效。

三、信息技术对商务英语教学的机会分析

（一）新兴教学工具与方法的快速发展

1.新兴教学工具改变商务英语教学方式

互动式白板、在线协作工具和游戏化学习平台等新兴工具正在改变商务英语的教学方式。

互动式白板为商务英语教学提供了一种新的教学方式。教师可以利用这种工具将课堂讲解和讨论的内容实时显示在屏幕上，使学生能够更直观地理解和掌握教学内容。例如，教师可以在互动式白板上写下重要的商务英语词汇和短语，同时可以添加解释和示例，以帮助学生理解其含义和用法。此外，互动式白板还可以播放商务英语的视频和音频资料，让学生能够在真实的商务环境中学习和使用英语。这种教学方式不仅可以提高学生的英语听说读写能力，也可以增强他们的商务沟通技巧和团队协作能力。

在线协作工具如Google Docs和Microsoft Teams等，为商务英语教学提供了一种新的协作方式。通过这些工具，学生可以在同一个文档或项目中进行协作、分享信息、提出问题、讨论解决方案等。这种方式可以提高学生的团队协作能力，也可以提高他们的商务沟通技巧。例如，学生可以通过在线协作工具完成商务英语的案例分析和项目报告，这不仅可以提高他们的英语写作能力，也可以让他们更好地理解商务环境和商务问题。同时，教师也可以通过这些工具实时查看学生的学习进度，提供及时的反馈和指导，以帮助学生改进他们的学习。

游戏化学习平台为商务英语教学带来了一种新的学习方式。通过将学习内容以游戏的形式展现出来，学生可以在玩游戏的过程中学习商务英语。例如，学生可以通过解决游戏中的商务问题，学习和使用相关的英语词汇和短语。这种方式不仅可以提高学生的学习积极性，也可以提高他们的学习效果。此外，通过游戏化学习，学生还可以在模拟的商务环境中练习商务沟通和决策，这对他们在未来的商务活动中是非常有帮助的。

2. 新的教学方法提高商务英语教学效果

新的教学方法如翻转课堂、混合式学习和自适应学习，也为商务英语的教学提供了新的可能性。

翻转课堂作为一种新兴的教学方法，在商务英语教学中发挥越来越重要的作用。在翻转课堂的模式下，学生会在课前通过在线平台进行自主学习，包括阅读教材、观看讲解视频、完成初步的练习等，而课堂时间主要用于深入讨论、解答疑问和进行更高阶的学习活动。这种模式让学生有更多的时间在教师的指导下思考和提问，有利于提高他们对商务英语知识的理解和应用能力。此外，翻转课堂也能鼓励学生主动学习，培养他们的自学能力和解决问题的能力，这对于商务英语学习者而言尤为重要。

混合式学习，又称为混合式教学，是指将面对面的传统教学方式和在线学习方式相结合的教学模式。在商务英语教学中，混合式学习可以帮助学生在任何时间、任何地点进行学习，极大地提高了学习的灵活性。例如，学生可以通过在线平台查看教学内容、参与讨论、完成作业，而在面对面的课堂上，则可以进行小组讨论、角色扮演、案例分析等更具互动性的学习活动。这种方式不仅可以让学生更好地理解和掌握商务英语知识，还可以提高他们的沟通技巧、团队协作能力和问题解决能力。

自适应学习是一种利用大数据和人工智能等技术，根据每个学生的学习情况和需求，提供个性化的学习路径和资源的教学方式。在商务英语教学中，自适应学习可以帮助每个学生找到最适合自己的学习方式，提高学习效率和学习效果。例如，对于商务英语词汇的学习，自适应学习系统可以根据每个学生的记忆曲线，调整单词的复习频率和难度，以帮助学生更有效地记忆单词。对于商务英语写作的学习，系统可以根据学生的写作水平和错误类型，提供个性化的写作指导和反馈，以帮助学生提高写作技巧。这种方式不仅可以满足不同学生的学习需求，也可以使教师更好地了解每个学生的学习状况，以提供更有针对性的教学。

（二）AI、VR/AR技术在教学资源开发中的广阔应用前景

1. AI技术在商务英语教学资源开发中的应用

AI技术已经在许多教学领域取得了显著的进步，并且其在商务英语教学中的潜力也正在得到认可。智能教学系统和自适应学习平台是AI在商务英语教学中的两个重要应用领域。

智能教学系统可以收集和分析学生的学习数据，包括他们的学习进度、参与程度、问题解答情况等，从而获得学生的学习特性和能力水平。根据这些信息，系统可以自动调整教学内容和难度，提供更适合每个学生的个性化学习资源和教学支持。这种方式可以帮助学生更有效地掌握商务英语知识，也可以减轻教师的负担，让他们有更多的时间和精力关注学生的个别需求和问题。自适应学习平台则是另一个重要的应用领域。这些平台使用AI技术来分析学生的学习行为和偏好，然后根据这些信息，为学生提供个性化的学习路径和学习资源。例如，如果平台发现一位学生在商务邮件写作方面有困难，它可能会推荐一些有关这个主题的额外学习资源，或者调整学习进度，让这位学生有更多的时间来掌握这个技能。

除了这些，AI还可以用于开发和优化语音识别和语音合成技术。这些技术可以帮助学生提高他们的听说能力，比如通过模拟对话来练习商务英语口语，或者通过语音识别技术来检查和纠正学生的发音。此外，语音合成技术还可以用于开发语音助手，帮助学生在学习过程中获取信息和答疑解惑。

2. VR/AR技术在商务英语教学资源开发中的应用

虚拟现实（VR）和增强现实（AR）是近年来兴起的两种重要技术，它们在商务英语教学中的应用为教学资源的开发提供了全新的可能性。

VR技术通过模拟出一个360度的全景环境，使学生可以在虚拟的世界中亲身体验商务活动。例如，学生可以穿上VR设备，模拟出一个会议室的环境，进行商务会议的角色扮演。他们可以使用英语与其他虚拟角色进行对话、讨论、磋商，就像在真实的商务环境中一样。这种真实的体验可以帮助学生更好地理解和掌握商务英语的实际应用，提高他们的语言技能和商务技能。AR技术则通过在真实世界中叠加虚拟信息，丰富了学生的学习环境。例如，学生可以使用AR技术，将虚拟的商务图表、数据、文档等信息叠加到真实的教室、图书馆或家庭环境中，更直观地学习和理解商务知识。此外，AR技术还可以用于开发有趣的商务英语学习游戏，比如通过扫描真实的产品标签或广告，触发相关的商务英语词汇和对话，让学习变得更有趣和生动。VR/AR技术在商务英语教学资源开发中的应用，不仅可以提供更真实、更生动的学习体验，还可以增强学生的学习动机，提高他们的学习效果。这无疑为商务英语教学带来了广阔的应用前景。

（三）数据分析工具对教学评估的深入应用

在教学评估中，数据分析工具的使用正在变得越来越重要。这些工具可以收集和分析大量的学习数据，帮助教师了解学生的学习情况，提高教学效果。

1. 学习管理系统（LMS）中的数据分析功能

许多学习管理系统（如Moodle、Blackboard等）都内置了数据分析功能。这些系统可以收集学生的在线学习数据，如学习时间、学习频率、课程进度、成绩等。

首先，LMS允许教师进行实时跟踪，使他们可以在学期内的任何时候查看学生的学习进度和活动。这样，如果学生在某个模块上遇到问题，教师可以立即察觉并及时提供帮助。在商务英语教学中，如果学生在特定的课程如商务写作或会议沟通中表现不佳，教师可以针对性地调整教学策略或提供额外的学习资源。其次，LMS的数据分析功能还可以帮助教师识别出哪些学生可能会在课程中遇到困难。例如，如果一个学生在课程的早期阶段就开始频繁访问某些资源，或者反复尝试某些测验，那么这可能意味着他们正在努力理解某些概念或技巧。通过提前发现这些迹象，教师可以提前干预，避免学生在课程中落后。最后，LMS的数据分析功能也可以帮助教师评估他们的教学方法和教学资源的有效性。通过分析学生的学习数据，教师可以看到哪些教学材料和活动最受学生欢迎，哪些可能需要改进。例如，如果一个视频讲座的观看率非常高，那么教师可以考虑创建更多的视频内容。反之，如果在线讨论的参与度很低，教师可能需要找出原因并进行改进。通过深入地使用LMS的数据分析功能，教师可以更加有效地进行商务英语教学，更好地满足学生的学习需求，从而提高他们的学习成绩和满意度。

2. 大数据分析对教学评估的影响

大数据分析是近年来信息技术领域的一个重要发展，对商务英语教学评估也有着深远的影响。

大数据分析可以帮助教师对学生的学习数据进行深入和细致的分析。这不仅包括学生的成绩、考试结果、作业提交情况等传统的学习数据，还包括学生的在线行为数据，如登录频率、学习时长、资源访问情况等。这些数据可以帮助教师更好地理解学生的学习过程和学习行为，从而更准确地评估他们的学习效果和学习进度。大数据分析还可以帮助教师预测学生的学习表现和学习结果。通过分析历史数据，可以找出影响学生学习表现的关键因素，然后利用这些因素建立预测模型，预测学生的未来学习表现。例如，如果分析发现学生的在线学习时间和学习成绩之间存在正相关关系，那么就可以预测那些在线学习时间较长的学生可能会在学习成绩上表现得更好。大数据分析还可以帮助教师改进教学方法和教学策略。通过分析学生的学习数据，可以发现哪些教学方法和教学策略对学生的学习效果有积极影响，哪些可能需要改进。例如，如果数据分析显示，使用互动式教学方法的课程比使用传统教学方法的课程学生的学习成绩更好，那么教师就可以考虑在商务英语教学中更多地使用互动式教学方法。

四、信息技术对商务英语教学的威胁分析

（一）网络开放性可能带来的不良信息风险

对于商务英语学习者来说，网络开放性给他们提供了许多优质的学习资

源。例如，各种在线课程、论坛和博客可以帮助他们了解商务英语的最新知识和发展趋势，也可以和全球的学习者交流，提升他们的语言能力和跨文化沟通能力。但是，网络开放性也带来了一些风险，主要包括不良信息和网络安全问题。

网络中的不良信息可能会对学生的学习产生负面影响。因为网络中的信息并没有经过严格的审查和筛选，学生在浏览网页或下载学习资料时，可能会接触到一些不准确、不科学或不适当的信息。这不仅可能误导学生，影响他们对商务英语知识的理解，还可能对他们的价值观和道德观产生负面影响。网络安全问题也是一个需要关注的问题。黑客和网络犯罪分子可能会利用网络平台，传播病毒或恶意软件，盗取学生和教师的个人信息。一旦学生的个人信息被盗取，可能会对他们的学习和生活造成严重影响。

针对这些风险，高校和教师需要采取有效的措施进行应对。一方面，可以设置网站过滤器，限制学生访问含有不良信息的网站，也可以提供网络素质教育，教育学生如何分辨网络中的好坏信息，避免被不良信息误导。另一方面，也需要提供网络安全教育，教育学生如何保护自己的个人信息，避免成为网络犯罪的受害者。同时，高校也可以采用一些技术手段，如加强网络安全防护，使用安全的学习管理系统等，以保护学生的学习数据和个人信息的安全。

（二）技术复杂性增加教师工作负担

信息技术为商务英语教学带来了许多新的机会，但也带来了一些挑战。其中之一就是技术复杂性可能增加教师的工作负担。

为了利用信息技术进行教学，教师需要掌握相关的技术知识和技能。他们需要了解各种在线教学平台和工具的使用方法，如何利用这些工具开展教学活动，如何管理和评估学生的在线学习等。这就要求教师投入大量的时间和精力进行学习和实践，对于一些没有技术背景的教师来说，这可能是一个很大的挑战。此外，信息技术的更新速度非常快，新的教学工具和技术不断出现，这就要求教师持续学习，以跟上技术的发展步伐。同时，教师还需要花费时间管理和维护这些工具，如解决出现的技术问题，更新和升级软件等。这些工作不仅增加了教师的工作量，也可能占用他们原本可以用于教学和与学生交流的时间。信息技术也可能导致一些教学问题，如技术故障可能影响教学的正常进行，网络问题可能影响学生的在线学习体验等。处理这些问题需要教师具备一定的技术能力，也需要花费他们的时间和精力。因此，要有效地利用信息技术进行商务英语教学，需要高校和教师共同努力。高校需要提供相关的技术培训，帮助教师提升技术能力，也需要提供技术支持，帮助教师解决技术问题。而教师也需要积极学习，掌握新的技术知识和技能，以便更好地利用信息技术进行教学。

（三）传统教学方法可能被边缘化，影响教育均衡性

商务英语教学领域信息技术的广泛使用，使在线教学、混合式教学、翻转课堂等新型教学模式逐渐成为主流。随着这些新的教学方法的普及，传统的面对面教学方式可能会被边缘化，进而影响教育的均衡性。

面对面的教学方式有其独特的优点。教师可以通过直接与学生交流，对学生的学习情况进行实时的观察和评估，及时提供反馈和帮助。而在商务英语的教学中，面对面的交流和实践更为重要，因为商务英语不仅需要理论知识，更需要实际的沟通技巧和商务场景的实战经验。由于信息技术的引入，一些教师可能会过分依赖在线教学工具和资源，忽视了面对面交流的重要性。这不仅可能降低教学质量，也可能影响学生的全面发展。例如，过度依赖在线教学可能会导致学生缺乏面对面交流和合作的机会，这对于商务英语的学习是不利的。因为商务英语不仅要求学生掌握语言知识，更需要他们具备良好的沟通和协作能力。此外，信息技术的普及还可能加大教育的不公平性。因为，不是所有的学生都能够得到同样的技术支持和资源。例如，一些来自经济条件较差的家庭的学生可能无法获得高速的网络连接或者先进的学习设备，这就可能使他们在接受在线教学时处于不利的位置。因此，学校和教师在引入信息技术进行教学的同时，还需要注意保持教学方法的多样性，充分发挥传统教学方式的优点，确保教育的公平性和均衡性。在设计教学活动和课程时，需要合理地融合线上和线下的教学方式，同时考虑到所有学生的需求和情况。只有这样，才能充分发挥信息技术的优点，避免其可能带来的负面影响，真正提高商务英语的教学质量和效果。

综上所述，通过SWOT分析，可以看到信息技术为商务英语教学带来了新的机遇和挑战。借助信息技术，教育者可以构建更灵活、更有参与性、更实效的教学模式。其中，翻转课堂作为一种创新的教学模式，充分利用了信息化的优势，为商务英语教学打开了新的视野。

第二节 信息化背景下翻转课堂教学模式的构建

一、翻转课堂教学模式的理论概述

正如前文所述，翻转课堂教学模式是信息化背景下的一种重要的教学创新。通过将课堂内外的学习活动重新组织，翻转课堂模式有助于克服传统教学的局限，促进学生的主动学习和深入参与。

（一）翻转课堂的认识

1. 翻转课堂的概念及构成要素

说到翻转课堂，人们往往会联想到杜郎口模式和可汗学院模式，在杜郎口模式下，学生通过在课前观看教学视频等学习资源来预习知识❶。在课堂上，学生根据自己的学习进度和理解程度进行个性化的学习，教师则提供个别指导和支持。学生必须在完全掌握知识之后才能进入下一个学习阶段，以确保对知识的深度理解。可汗学院模式则是通过在线学习平台提供大量的教学视频和练习题，学生可以在课前自主学习和练习知识。课堂时间则用于解答问题、讨论和项目实践等与知识应用相关的活动，教师充当指导者和辅导者的角色。这两种模式都强调了学生的自主学习和个性化教学，但并没有完全颠倒传统课堂的教学流程。因此，在新定义的翻转课堂概念中，它们可以被看作翻转教学的一种衍生形式或变体，但并非典型的翻转课堂。虽然两者都是具有独特特点的教学模式，但并不属于传统意义上的翻转课堂。

翻转课堂是一种革新性的教学模式，也被称为颠倒教室、翻转教学、颠倒课堂或翻转学习。这种模式打破了传统课堂的束缚，赋予教育以全新的维度。翻转课堂的本质在于改变学习活动发生的时机和地点，使学生能够更好地参与和掌控自己的学习过程。在传统的课堂教学中，教师通常在课堂上向学生传授知识，然后留作业让学生在课外练习。然而，翻转课堂教学模式与传统模式截然不同。在翻转课堂中，教师扮演着知识的引导者和资源提供者的角色。他们通过创建教学视频，将知识的讲解与解析放在课外，让学生利用自己的时间可以随时随地观看。学生在课外观看教学视频后，回到课堂上与教师和同学进行

---

❶ 王晓晨，张佳琪，杨浩，等.深度学习视角下高校翻转课堂教学模式研究[J].电化教育研究，2020，41（12）：85-91，128.

面对面的互动和讨论。这种互动变成了学习的核心。教师主要通过组织答疑解惑、交流讨论和知识运用等活动，引导学生深入理解和运用所学的知识。这样的教学形态带来了更加丰富和深入的学习体验，激发了学生的学习动力和创造力。翻转课堂的优势不仅体现在教师与学生的互动上，也体现在学生之间的合作与交流上。通过在课堂上合作解决问题、分享思考和经验，学生们能够培养团队合作、沟通能力和批判性思维。这种互动和合作的环境营造了积极的学习氛围，促进了深度学习和知识的内化。

简单来说，翻转课堂就是让学生在家听取教师的在线视频课程，然后在第二天上课时与真实的教师或同学进行讨论。这种教学模式颠覆了传统的课堂教学方式，将学习活动的发生时机和地点进行了颠倒，就像是把白天课堂上的内容移到了晚上的家里。在这个语境下所说的翻转课堂，从本质上讲，强调的是学生课前使用在线视频学习的一种场所，翻转课堂翻转了学习场所，这便是引发这场在线学习风暴的"中心"所在❶。学习场所的改变并不能完全替代真实的师生互动教学过程，也不能从根本上改变教学和学习的关系。翻转课堂的基本目的在于改变教学流程，提前传授知识并优化知识的内化过程。从这个意义上来说，教学流程只是定义翻转课堂的一个重要因素。作为真正的翻转课堂，还需要添加其他两个要素：技术要素和环境要素。技术要素指的是翻转课堂需要微视频来支持学生的自主学习；环境要素指的是翻转课堂需要借助网络学习平台来分析学生学习过程中的问题，从而真正提高课堂互动的质量。因此，翻转课堂的三个基本构成要素包括技术要素（主要是微视频）、流程要素（主要是"课前—课中—课后"的教学活动）以及环境要素（主要是具备智能诊断功能的学习分析系统）❷。可以看出，现在讨论的翻转课堂背景已经发生了变化：翻转课堂从关注学习场所转变为关注教学活动的全过程；从关注单一的学习行为转变为关注包含教师、学生、内容、媒体和环境等多个因素的复杂教育行为；从关注在线视频观看转变为关注以学生为中心、在智能诊断系统支持下的富媒体环境；从关注信息技术的使用转变为关注信息技术与教学全过程的自然融合，甚至是唤醒学生在课堂上精神生命的觉醒。

---

❶ 赵兴龙.翻转课堂中知识内化过程及教学模式设计[J].现代远程教育研究，2014（2）：55-61.

❷ 郭建鹏.翻转课堂教学模式：变式—统一—再变式[J].中国大学教学，2021（6）：77-86.

2. 翻转课堂的理论基础

（1）掌握学习理论。掌握学习理论（Mastery Learning Theory）是由美国教育家布鲁姆（Bloom）提出的，是一种对个体学习差异的强调和尊重，同时，也是对教育过程的新理解。根据这一理论，每个人的学习速度和方式都是独特的，学习的路径并非唯一，而是多元的，教育的过程应当适应这种个体的差异，提供个性化的支持和引导，使每个人都能在自己的节奏中找到学习的最佳方式和路径❶。

当应用在翻转课堂的环境中，这种理论提供了一种强大的理念支持。翻转课堂本身就强调学生的主体性，学生不再是被动接收知识的容器，而是主动参与学习过程的主体。他们可以根据自己的学习速度，选择适合自己的学习内容和方式。教师的角色也随之转变，从原来的知识传授者转变为学生学习的引导者和支持者。他们通过观察、指导和反馈，帮助学生找到学习难题，协助他们解决问题，从而使他们能够有效地掌握所学内容。在实际的教学过程中，这种掌握学习的理念可以体现在诸多细节之中。例如，教师可以根据学生的反馈和表现，为他们提供不同难度和深度的学习材料；教师可以组织小组讨论、项目实践等多种形式的活动，让学生在实践中发现问题，解决问题；教师可以利用在线教育平台提供的数据分析功能，对学生的学习行为进行跟踪和分析，发现他们的学习习惯和问题，然后提供个性化的教学反馈和建议。掌握学习理论的应用，不仅可以帮助学生更好地掌握知识，提高学习效果，还可以增强他们的学习自信心，培养他们的自主学习能力。因为在这个过程中，他们体验到了学习的乐趣，了解到了自己的学习潜力，这对他们未来的学习和生活都有着深远的影响。

（2）建构主义学习理论。建构主义学习理论（Constructivism Learning Theory），是一种强调学习者在学习过程中的主体地位的理论，描绘了知识不是被动地从教师那里接受，而是由学习者通过积极的思考和实践构建出来的理想情境❷。在这样的理论框架下，学习者的每一次思考、每一次尝试，都是对

---

❶ BLOOM B S.Human Characteristics and School Learning[M].New York：Mc Graw-Hill，1976.

❷ 严红烨，吴海燕.以学生为中心——建构主义学习理论在大学英语教学中的运用[J].湖北经济学院学报：人文社会科学版，2012（10）：2.

知识的探索和构建，而教师的角色，是创造有利于这种构建的环境和条件，是引导、鼓励和支持学习者的参与和探索。

翻转课堂的环境与建构主义学习理论的理念有着天然的契合。在翻转课堂中，课前预习让学生有机会自主地接触和理解新的知识，课堂上的讨论和活动让他们有机会深化理解，应用知识，这一切都是他们对知识的主动建构。教师的角色，是设计和组织这样的学习环境和活动，是引导和支持学生的学习，使他们能够在这个过程中深入理解和掌握知识。在实际的教学过程中，教师可以使用各种策略来促进学生的建构式学习❶。例如，他们可以设计和提供富有挑战性的任务和问题，让学生在解决问题的过程中自我学习和进步；他们可以组织和引导学生的小组讨论，让学生在交流和互动中互相学习，共同进步；他们可以利用数字化工具和资源，为学生提供丰富和多样化的学习材料，激发他们的学习兴趣和动力，提供他们自我探索的机会。建构主义学习理论的应用，不仅可以提升学生的学习效果，还可以增强他们的学习动力，培养他们的自主学习能力，以及合作和解决问题的能力。因为在这个过程中，他们体验到了学习的乐趣，发现了自己的学习能力，体验到了与他人合作解决问题的满足感，这对他们的整个学习生涯，甚至是生活都有着深远的影响。

（3）自组织学习理论。自组织学习理论（Self-Organized Learning Theory）在教育领域的应用，侧重于培养学生的自我调节能力和自主学习能力❷。根据这种理论，学习不仅是接受和吸收信息，更是一个需要学生自主参与，通过自我调节来实现的过程。这种理论为学生提供了更多的选择空间，使他们能够在自我调节和自我驱动的基础上，实现个性化和深度化的学习。

在翻转课堂的环境下，自组织学习理论被赋予了更深的内涵。学生在课前预习的过程中，需要自我管理学习时间，自主选择学习资源，自我设定学习目标，自我监控学习进度。这些都需要他们具备自我调节能力，也是对他们自我调节能力的锻炼和提升。而在课堂上，教师以引导者的角色，通过提问、讨论、反馈等方式，帮助学生深化理解，提升思考能力，进一步促进他们的自我学习。此外，自组织学习理论还强调了学习者的社会性，认为学习是在社

---

❶ 王琳，王可帆，李亚伟.基于知识建构的翻转课堂教学方法[J].山西财经大学学报，2022（S1）：130-133.

❷ 姜艳.自组织学习模式在理论与实践中的是与非[J].教育理论与实践，201（10）：4.

会交往和互动中实现的。在翻转课堂的环境下，学生通过小组讨论、合作学习等方式，可以在交流和合作中，分享知识，解决问题，增进理解，这也是他们自我学习的一部分。自组织学习理论为翻转课堂提供了理论依据，它强调了学习者的主动性和自我调节能力，使翻转课堂能够更好地发挥其优势，更好地服务于学生的学习。同时，它也对教师提出了新的要求，即需要他们改变教学方式，从传统的讲授者转变为引导者和支持者，为学生创造一个有利于自我学习的环境，引导他们在学习过程中发挥主体性，提升自我调节能力。

（二）翻转课堂教学模式对商务英语教学的影响

1. 角色的转变和主动性的提升

在商务英语的教学环境中，翻转课堂模式以其特有的方式改变了教师与学生的角色，将教师从传统的"舞台中心"转变为"学习的引导者"，而学生则从被动的知识接收者转变为主动的知识构建者。这样的变化能更好地满足学生的学习需求，提高他们的学习效率和效果。

在传统的教学模式下，教师是知识的传播者和管理者，主导课堂活动。然而在翻转课堂中，教师的角色更倾向于是一个引导者和支持者，而非主导者。教师需要指导学生如何有效地进行自主学习，如何从课前的自主预习中获得所需知识，以及如何将这些知识应用于课堂活动中。教师还需要提供各种学习资源，帮助学生解决学习中的问题，并提供反馈，帮助他们反思和改进学习方法。而学生在翻转课堂中的角色也有了显著的转变。他们不再只是被动地听讲和记忆，而是主动参与到学习过程中。在课前，他们需要自主预习，理解和掌握商务英语的相关知识。在课堂上，他们需要通过讨论、案例分析、问题解决等活动，应用和巩固所学的知识。这不仅有助于提高他们的商务英语技能，还能培养他们的自主学习能力、批判性思考能力和团队协作能力。翻转课堂模式对商务英语教学的这种角色转变，无疑对学生的学习过程和结果产生了积极的影响。学生不再是知识的被动接受者，而是变成了主动的参与者和创造者。他们有更多的机会去理解、探索和应用知识，而不仅仅是记忆知识和重复学习。这样的学习过程更符合商务英语的特性和需求，因为商务英语不仅需要掌握专业知识，更需要解决实际问题的能力。

2. 商务英语实践性的提升

商务英语的学习不仅在于语言本身的掌握，更在于商务场景下的运用。传统的教学模式可能难以满足商务英语的实践需求，而翻转课堂模式为提高商务英语的实践性提供了新的可能性。

在线预习环节，学生可以通过查阅教材、参考资料和观看教学视频等方式，提前理解和掌握商务英语的专业知识❶。在这一过程中，学生有充足的时间去思考、去理解和消化商务英语的专业知识，甚至可以进行深度研究，这是传统课堂所无法比拟的。课堂活动环节，学生将知识运用到实际的商务场景中，通过讨论、案例分析、角色扮演等方式，来提高商务英语的实践性。例如，教师可以设计一些商务场景，让学生在这些场景中扮演商务人士的角色，使用英语进行商务沟通、谈判、报告等活动。这样的实践活动能够让学生直接运用商务英语的专业知识，提高他们解决实际商务问题的能力。这种实践性的提升对于商务英语教学来说，具有重要的意义。商务英语不仅是一种语言，更是一种商务沟通的工具。只有将商务英语的专业知识运用到实际的商务场景中，学生才能真正掌握这种语言，提高他们的商务沟通能力。因此，翻转课堂模式为商务英语教学提供了一种新的、实践性的教学方式。

3. 多元化的学习体验和教学效果的提升

翻转课堂模式的一大特点是能够提供多元化的学习体验，从而提高教学效果。在商务英语教学中，这种多元化的体验表现在几个方面。

其一，翻转课堂模式利用数字化工具和资源，增强了教学内容的表现力和教学方式的多样性。教师可以使用多媒体资源，如视频、音频、图表等，来丰富商务英语的教学内容，让学生在视觉和听觉上都能得到充分的刺激，提高学习的兴趣和效果❷。同时，教师还可以通过互动式的教学工具，如在线测试、讨论板、问答社区等，来引导和监控学生的学习过程，及时了解学生的学习情况，为他们提供必要的帮助和反馈。其二，翻转课堂模式鼓励学生主动参与学习，增强了学生的学习积极性。学生可以根据自己的学习需求和兴趣，自主选择学习资源，自主安排学习时间和进度。这种自主学习的方式可以提高学生的学习效率，让他们在学习过程中享受到更多的乐趣。其三，翻转课堂模式通过互动和合作的方式，提高了学生的沟通和合作能力。在课堂讨论和项目实践等

---

❶ 董江丽，周群，何志巍，等.运用"翻转课堂"教学法 推动教与学系统性改革[J].中国高等教育，2022（9）：56-58.

❷ 李维，陈桦.面向高水平组学生的大学英语翻转课堂教学实证研究[J].外语教育研究前沿，2023（1）：53-59，94.

活动中，学生需要用商务英语进行沟通和协作，这不仅可以提高他们的商务英语实践能力，也可以提高他们的团队合作能力。

二、翻转课堂教学模式在商务英语教学中的应用

（一）借助英语口语App"翻转"商务英语口语技能教学

口语流利度是语言学习的关键，而语言掌握并不仅限于语音、词汇和语法的理解，还涉及听说读写等多重技能的熟练运用。视听法的语言教学强调将语言与情境紧密结合，口头表达的训练和句型的运用尤为重要，以此为基础，以生活化的情境对话为教学重点。在商务英语口语教学中，可以充分借助英语学习App平台中的丰富微课资源，实现口语技能的提升。前置学习、后置学习、巩固和课堂展示，这些步骤构成了一个完整的学习过程。这种教学方式能有效打通课堂内外的学习环境，把线上线下的教学方式完美融合，使学习呈现立体式、多维度的学习，从而提高商务英语口语的教学效果。

1.前置英语学习App内容，夯实基础，增强趣味性

口语学习的一大核心在于发音，这也是商务英语教学的基石。在商务英语教学过程中，学生的英语基础水平差异大，发音教学缺乏趣味性，以及许多学生因羞涩而不愿意开口说英语等问题，都可以通过使用英语学习App得到有效解决。App提供了个性化的一对一发音教程，并配备语音识别功能，可以准确识别并纠正学生的发音。因此，学生可以在课下自主学习和练习发音，以此提升商务英语口语技能的基础。课前热身是另一个重要的环节。例如，学生可以通过五分钟汇报或表演的方式，展示他们在课下的学习成果，从而激发学习积极性。英语学习App中包含海量的新闻、影视、音乐等资源，既有趣味性又具有吸引力。利用这些热身素材，学生可以在课前进行相关内容的学习，进一步增强他们对课堂学习的兴趣和热情。英语学习App中的商务交流和日常生活学习内容丰富多样，而且趣味性强。这些内容完全符合翻转课堂的教学要求，可以满足学生的预先学习需求，也可以在课堂上进行展示、评价、交流和提升。因此，英语学习App不仅可以提高商务英语口语教学的效果，还可以为学生提供丰富、多元化的学习体验。

2.后置英语学习App内容，进行主题式学习，巩固课堂教学内容

一方面，在商务英语教学中，课后利用英语学习App对课堂学习内容进行主题式巩固，具有显著效果。结合课堂进度，学生可以在App中找到与课本内

容相同主题的学习材料，对传统口语作业进行补充或替代。例如，对于课本中的北京奥运内容，学生可以在App中找到有趣且时尚的里约奥运主题的学习内容进行听力和口语练习，以此达到巩固学习效果的目的。另一方面，建立学习小组，进行学习互评，也是一种有效的学习方式。当前，英语俱乐部、商务英语班级小组等学习圈子的发展势头强劲，对学习成效的提升起到了积极推动的作用。教师可以借鉴并组织类似的活动，如评选先进宿舍、优秀团队等，主动设定讨论话题和学习任务。鼓励学生组队利用英语学习App参与话题讨论、完成学习任务，这样不仅可以增强学生的团队合作能力，也有助于实现学生自主学习的良性循环。

3.拓展商务英语口语学习时空，尝试融合线上线下的立体多维教学

对商务英语口语的学习并非只限于课堂，应尝试打破时空限制，融合线上线下的立体多维教学。一种方法是通过课文复述、口头作文、思维导图展示等活动，推动口语教学向提升英语思维能力、培养学生核心素养的方向拓展。这样的教学方式更有助于学生理解并掌握商务英语的实际应用，提升他们的商务英语口语能力。同时，课内课外的学习环境应打通，强调在实际使用中学习和提升。学校可以定期举办职业英语技能大赛、英语演讲比赛等活动，或者鼓励学生参加英语技能社团活动，为学生展示和锻炼商务英语口语提供平台。这些活动使学生有机会在实际场景中使用和提升商务英语口语能力，而这对于商务英语口语的提高是至关重要的。另外，教学评价也应从重结果向重过程转变，从重共性向重个性转变，从重甄别选拔向重发展提高转变。通过这样的评价方式，更有利于学生的个性化发展，更能激发他们的学习热情，提高他们的商务英语口语能力。

（二）翻转课堂在商务英语阅读教学中的具体实施

翻转课堂的教学模式正越来越被广大教育工作者接受和采纳，商务英语阅读教学同样可从这种新型教学模式中受益匪浅。从课前自主学习，课中协作学习，到课后拓展学习，每个环节都深深地嵌入了学生的主动性和协作性。

1.课前自主学习

在翻转课堂模式中，课前自主学习是必不可少的一个环节。在这个阶段，教师会以视频、图文等形式，通过网络平台将某部分学习内容提前提供给学生，旨在让学生自主调配时间，积极探索和学习。这种方式充分考虑到学生的学习自主性，强调的是学生的主体性，而非单纯的被动接受。例如，在商务英

语阅读教学中，教师可能会针对某个特定主题，提前分发相关的商务文章给学生。学生需要在课前进行自主阅读，同时查找并整理相关的资料，以对文章进行深入理解。这种课前的自主学习不仅可以为学生在课堂上的学习做好铺垫，使他们对即将在课堂上学到的内容有一定的预习，也有利于培养学生自主学习和解决问题的能力。

课前自主学习这一环节的设置，有效地将学习的主动权交给了学生。学生在完成阅读和资料收集的过程中，可以根据自身的理解程度和学习节奏来调整学习策略，从而让学习变得更加符合个人的特点。这样的学习模式也有助于提高学生的学习效率，因为他们可以将更多的时间和精力放在自己觉得需要强化的地方。另外，这种课前自主学习的方式也促使学生更加主动地参与到学习中。他们需要对所学内容进行反思和理解，而不仅仅是被动地接受信息。通过自主学习，学生可以更好地理解和掌握知识，也更有可能在此过程中产生新的想法和见解。

2. 课中协作学习

课堂上的协作学习是翻转课堂的核心环节之一。在这一环节中，教师的角色转变为指导者和协调者，而学生则需要通过讨论、研究和合作来分享他们在课前自主学习的成果。这种交流和分享不仅能解决他们在学习过程中遇到的问题，同时能加深他们对商务英语阅读的理解。

在商务英语阅读的课堂教学中，小组讨论、案例分析等活动的设立，有助于学生充分运用课前学习的成果。例如，小组讨论可以让学生在更深层次上理解商务英语阅读材料，不同的观点和看法有助于提升学生的批判性思维。另外，案例分析则可以让学生将理论知识应用到实际情境中，加深对商务英语阅读的理解。此外，协作学习还能培养学生的团队协作能力和社交技巧。在小组讨论或者案例分析中，学生需要学会与他人合作，分配任务，处理团队中的冲突。这样的技能对于他们未来在职场上的表现非常重要。同时，通过协作学习，学生可以从他人的观点和解答中学习，拓宽视野，提高理解力和应用能力。翻转课堂中的协作学习，也更符合现代教育的发展趋势，即强调学生主动性、互动性和合作性。学生不再是被动地接受知识，而是主动参与到学习过程中，他们需要自己探索、提出问题、解决问题。这种学习方式更有利于培养学生的独立思考能力和创新能力。因此，协作学习不仅能提升学生对商务英语阅读的理解，也对培养学生的团队协作能力、社交技巧和独立思考能力起到了至关重要的作用。在未来的教学实践中，应进一步加强课中的协作学习，充分挖掘其在商务英语阅读教学中的潜力。

3. 课后拓展学习

在翻转课堂的教学模式中，课后拓展学习旨在通过实践活动让学生更好地理解和掌握课堂所学知识，从而加深对商务英语阅读的理解和提升相关能力。课后学习也是学生能力提升的重要一环，它强调学生自我探索，自我提升的过程。

对于商务英语阅读教学来说，课后的拓展学习可以以多种形式进行。首先，教师可以布置与课堂所学内容相关的写作任务。这样可以要求学生将所学的知识和技巧运用到实际的写作中，进一步强化商务英语阅读的理解和应用能力。这种写作任务可以是一篇评论文章，对所读的商务文章进行深入的分析和评价；也可以是一篇报告，对某个商务议题进行深入的研究和探讨。其次，教师可以推荐与课堂内容相关的额外阅读材料，如报告、文章、新闻等。通过额外的阅读，学生可以从更宽广的视角理解和掌握商务英语阅读的内容，提高他们的阅读理解能力和批判性思维能力。最后，学生也可以通过制作主题报告或者主题演讲的方式，将所学知识进行整合和总结。在准备报告或者演讲的过程中，学生不仅能够运用和巩固所学知识，也能够提高他们的公众演讲能力和团队合作能力。

4. 翻转课堂双语教学模式的课堂安排

表3-2展示了一个关于国际市场细分与定位主题的翻转课堂双语教学模式的课堂安排。该主题是国际营销的核心概念之一，涉及根据不同国家或地区的客户的需求、偏好和特征，划分和定位不同的市场细分群体，并为产品或服务创建独特而有竞争力的形象或身份。该教学模式遵循了翻转课堂的思想，即让学生在课前通过网络平台掌握相关的理论知识和案例分析，然后在课堂上开展答疑解惑、拓展延伸和讨论交流等活动，以增强学生对主题的理解和应用。整个课程围绕一个案例（IKEA）展开，教师引导学生对案例内容进行讨论，为学生提供更多用外语交流互动、运用外语专业知识解决国际营销问题的机会。最后，通过自主、合作、探讨、交流、展示、反馈等学习活动，使学生真正成为学习的主角，从而实现课堂的翻转。

表3-2 "国际市场细分与定位"翻转课堂双语教学模式的课堂安排

时间	教学环节	教学内容
20分钟	答疑解惑	讲解课前测验中错误率最高的习题
20分钟	延伸拓展	国际市场细分的基础、方法和标准（Basis, Methods and Criteria of International Market Segmentation）
15分钟	课堂讨论	分析案例（IKEA）中关于"国际市场细分"的内容
20分钟	延伸拓展	国际市场定位的过程、策略和要素（Process, Strategies and Elements of International Market Positioning）
15分钟	课堂讨论	分析案例（IKEA）中关于"国际市场定位"的内容
10分钟	休息	—
20分钟	延伸拓展	国际市场细分与定位的优势、挑战和风险（Advantages, Challenges and Risks of International Market Segmentation and Positioning）
15分钟	课堂讨论	分析案例（IKEA）中关于"国际市场细分与定位"的优势、挑战和风险
5分钟	总结本节课程，布置课后测验	—

第三节 信息化背景下BOPPPS教学模式的构建

一、BOPPPS教学模式的理论基础

（一）BOPPPS教学模式的起源与发展

BOPPPS教学模式源于20世纪80年代的美国，是由美国职业和技术教育协会（American Association for Vocational Instructional Materials）发展起来的，这是一种以学生为中心的教学设计模式。BOPPPS是Bridge-In、Objective、Pre-assessment、Participatory Learning、Post-assessment and Summary六个词的首字母缩写，分别代表导入、目标、预评估、参与式学习、后评估和总结[1]。

BOPPPS教学模式的发展并不是孤立的，而是与整个教育领域的发展密切

---

❶ 锺智超，詹为渊，罗希哲.U-BOPPPS教学模式之评估与建构[J].技术及职业教育学报，2016（1）：97-117.

相关。在20世纪80年代，教育领域出现了一些重要的转变，这些转变对BOPPPS教学模式的产生和发展产生了深远的影响。首先，研究者开始关注到传统的以教师为中心的教学模式可能无法满足所有学生的学习需求。传统的教学模式往往假定所有的学生都以相同的方式学习，忽略了学生之间的个体差异。然而，越来越多的研究表明，学生的学习风格和能力存在很大的差异，因此，教学模式需要有足够的灵活性，以适应不同学生的需求。其次，随着社会的发展和变化，人们对教育的期待也在发生改变。以前，教育的主要目标可能是传授知识和技能，然而，现在，越来越多的人开始认识到教育的价值不仅在于传授知识，还在于培养学生的创新能力、批判性思考能力以及终身学习的能力。这就要求教学模式能够鼓励和支持学生的主动学习，而不是仅仅将学生视为被动的知识接受者。在这样的背景下，BOPPPS教学模式应运而生。与传统的教学模式不同，BOPPPS教学模式强调以学生为中心，鼓励学生参与并主导自己的学习过程。在BOPPPS教学模式下，教师的角色从知识的传授者转变为学习的引导者和协助者，而学生则从被动的知识接受者转变为主动的学习者。BOPPPS教学模式的出现，不仅改变了教师和学生的角色，也改变了课堂的氛围和教学活动的组织方式。在BOPPPS教学模式下，课堂更加活跃和互动，学生通过参与各种学习活动，如讨论、合作学习等，以实现学习目标。同时，教师通过预评估和后评估来调整教学策略，以更好地满足学生的学习需求。

技术的进步也在很大程度上推动了BOPPPS教学模式的广泛应用和发展。网络技术的发展，尤其是互联网和移动互联网的快速普及，使信息传递和交流变得更加便捷。教师可以利用网络平台将教学资源和活动分享给学生，学生也可以通过网络平台自主学习、交流和互动。例如，教师可以通过在线学习管理系统发布课程材料，设定学习目标和任务，进行学生评估等。这样，学生可以根据自己的学习节奏和风格进行自我学习，同时，也可以通过在线讨论区、协作工具等与同学和教师交流和互动。这一切都为BOPPPS教学模式的实施提供了可能。教育技术的发展，如智能教学系统、学习分析技术等，也为BOPPPS教学模式的实施提供了支持。例如，通过学习分析技术，教师可以了解学生的学习行为和学习效果，从而进行及时的反馈和调整。通过智能教学系统，教师可以实现个性化教学，更好地满足不同学生的学习需求。技术的发展不仅使BOPPPS模式的实施变得更加便捷，也提高了其教学效果。通过技术手段，BOPPPS模式能够更好地实现以学生为中心的教学理念，提高学生的学习积极性，促进学生的深度学习，从而提高教学效果。在未来，随着教育技术的进一步发展，BOPPPS教学模式有望在更多的教学场景中得到应用，更好地促进教育公平和教学质量的提高。

BOPPPS教学模式的应用已经涵盖了各级各类教育和培训活动。在大学教育中，BOPPPS教学模式可以帮助学生建立清晰的学习目标，进行自我评估，通过参与式学习活动提升理解力和应用能力，然后通过后评估和总结巩固学习效果。这种模式非常符合大学生具有自我驱动、注重深度学习的特点。在职业教育中，BOPPPS教学模式同样可以发挥重要作用。职业教育注重学生的技能学习和实践应用，BOPPPS教学模式的预评估、参与式学习和后评估环节，可以让学生在实践中学习和提升，更好地适应职业角色和工作需要。对于企业内部培训，BOPPPS教学模式也非常适用。企业内部培训往往注重培训效果和效率，BOPPPS教学模式目标明确，评估明确，可以帮助企业更有效地进行员工培训，提升培训效果。

在国际范围内，BOPPPS教学模式也受到了广泛的应用和认可。例如，在欧洲和北美的许多国家，BOPPPS教学模式已经成为教学设计和评估的重要参考模式。许多国际著名的教育机构和专业团体，如国际教育技术协会，都推荐使用BOPPPS教学模式进行教学设计和实施。BOPPPS教学模式的广泛应用，标志着教育领域对以学生为中心的教学理念的接受和实践。以学生为中心的教学理念强调尊重和发挥学生的主体作用，以学生的需求和兴趣为出发点，激发学生的学习积极性，提升学生的学习效果。BOPPPS教学模式正是这种理念的具体实践，其成功的实践经验和效果，为推动全球教育改革提供了有力的支撑。

（二）BOPPPS教学模式的要素及特点

1. BOPPPS教学模式的要素

BOPPPS教学模式是一种基于构建主义和启发式学习理论的教学方法。详见表3-3。

表3-3　BOPPPS教学模式的六个要素

六个要素	步骤要素	教学要素
Bridge-In	导入阶段，调动兴趣	Why and what to learn
Objective	目标阶段，明确目的	What and how to learn
Pre-assessment	前测阶段，心中有数	What to know
Participatory Learning	参与学习，激发兴趣	What and how

续表

六个要素	步骤要素	教学要素
Post-assessment	后测阶段，检查成效	How well
Summary	总结阶段，承前启后	Conclusion and prediction

（1）Bridge-In（导入）。Bridge-In，也就是教学的导入部分，它是引发学生注意力、激发学习兴趣，以及为教学内容做铺垫的重要环节[1]。好的导入可以提高学生的学习动机，使学生在学习一开始就能进入状态，准备接受新的知识和技能。对于商务英语课程而言，这可能涉及通过引用实际商务案例，或者讨论与即将学习的主题相关的新闻或趋势，以使学生对主题产生兴趣和好奇心。

（2）Objective（目标）。明确的学习目标是任何教学活动的基础。教师需要在课程开始时就向学生明确说明本节课的学习目标，这样可以使学生对即将学习的内容有明确的认知，也能帮助学生把握学习的方向。在商务英语教学中，学习目标可能包括理解特定的商务词汇，掌握某种商务谈判技巧，或者理解某个特定国家或地区的商务文化等。

（3）Pre-assessment（预评估）。预评估是为了了解学生对即将学习内容的先验知识和理解程度，以便教师调整教学策略和方法。在商务英语教学中，预评估可以通过问答、小测验或讨论等形式进行。

（4）Participatory Learning（参与式学习）。参与式学习强调学生的积极参与和互动。通过讨论、小组活动、项目设计等形式，让学生在实际操作中学习和提升，这是提升学生学习主动性和学习效果的重要途径。在商务英语教学中，可以设计角色扮演、案例分析、商务谈判模拟等参与式学习活动。

（5）Post-assessment（后评估）。后评估是评估学生学习成果的重要环节。通过测试、作业、报告或表演等方式，让学生展示他们的学习成果，同时让教师了解学生的学习情况，为后续教学提供反馈。在商务英语教学中，后评估可以通过课后作业、课程项目、口头报告等形式进行。

（6）Summary（总结）。总结是对本节课学习内容的回顾和概括，可以帮助学生加深对知识的理解，同时为下节课的学习做准备。在商务英语教学中，教师可以引导学生进行课程反思，或者提出与本节课内容相关的延伸阅读和研

---

[1] 刘进军，陈代春.基于BOPPPS模型的信息素养课程有效教学模式研究[J].图书馆学研究，2021（8）：10-14.

究主题。

2.BOPPPS教学模式的特点

（1）以学生为中心。BOPPPS教学模式中的以学生为中心的理念突破了传统教学模式中以教师为中心的局限❶。在这一理念指导下，学生的地位得到了重塑，他们不再只是教学过程中的旁观者或接受者，而成了教学活动的主要参与者。这种模式鼓励学生主动参与学习、提出问题、参与讨论，并在这个过程中主动寻找和建构知识。在BOPPPS教学模式中，教师的角色也因此发生了转变，他们不再是唯一的知识来源或者是知识的传授者，而是转变成为学生学习的引导者和支持者。他们的任务是激发和维持学生的学习兴趣，提供学习资源和环境，指导学生如何进行有效的学习。同时，BOPPPS教学模式下的以学生为中心的教学还体现在学习过程中的互动和合作学习。学生在学习中被鼓励与他人交流和合作，通过讨论和互相学习，共同解决问题，以此提升学习效果。这种教学方式可以有效地提高学生的主动性、创造性和协作能力，从而更好地适应现代社会的需要。

（2）整体性。BOPPPS教学模式强调教学活动的整体性，通过六个相互关联的阶段构建一个全面的教学流程。这种设计使教师在教学过程中能够全方位考虑到教学活动，包括学习目标的设定、教学内容的引入、学生参与程度的提高、学习效果的评估，以及对整个学习过程的总结。这种教学模式的整体性设计使教学活动成为一个有机的整体，每个环节都紧密相连，互相支持，形成一个连贯、高效的教学过程。这样，无论是对于教师进行教学设计，还是对于学生进行学习，都能够提供明确、系统的指导，使教学效果得到最大限度的提升。

（3）参与式学习。参与式学习是BOPPPS教学模式中的重要环节，强调让学生在实践中学习，在实践中检验和应用知识和技能。这种方式是以学生为主体的活动型学习，可以使学生更深入地理解和掌握知识，也可以培养学生的批判性思考和解决问题的能力。参与式学习能够让学生在真实或仿真的环境中运用所学的理论和技能，通过亲身参与和体验，提高学习的深度和持久性。这种方式可以增强学生的学习兴趣，因为它使学生从被动接受知识变为主动探索和应用知识，学生能够更加主动地参与到学习过程中。此外，参与式学习还有助

---

❶ 刘红梅.基于学习通的BOPPPS模式在《物流学概论》教学中的应用设计[J].科技资讯，2021（21）：3.

于培养学生的合作与交流能力❶。在参与式学习中，学生往往需要与其他学生或教师进行交流和合作，这不仅可以提高学生的沟通能力，也可以培养他们的团队合作精神。参与式学习让学生从被动的学习者变为主动的参与者，这无疑能够大大提高学生的学习积极性，激发他们的学习热情。通过参与式学习，学生可以更加深入地理解和掌握知识，提高他们的问题解决能力，培养他们的创新思维和批判性思考能力，从而提高他们的综合素质。

（4）灵活性。BOPPPS教学模式强调教学流程的整体性，但这并不意味着教学活动的内容和方式必须严格按照模式来进行。事实上，BOPPPS教学模式是极具灵活性的。教师可以根据学生的实际需求、学习进度、个体差异以及课程的特点和目标，灵活地调整和适应各个教学环节。灵活性体现在很多方面。例如，教师可以根据学生的学习需求和兴趣，设计具有吸引力的导入环节。在确定教学目标时，教师可以根据学生的学习水平和能力，设定适当的教学目标。在预评估环节，教师可以采用多种评估方法，如自我评估、同伴评估、小组讨论等，以了解学生的学习情况和需求。在参与式学习环节，教师可以设计各种各样的活动，如小组讨论、角色扮演、案例分析等，让学生在实践中学习和体验。在后评估和总结环节，教师可以根据学生的反馈和学习表现，对教学活动进行反思和改进。灵活性使BOPPPS教学模式可以适应各种教学场景和学生群体，无论是在学校教育、职业教育，还是在企业内部培训，都可以有效地使用BOPPPS教学模式。这种灵活性也可以让教师根据实际情况进行教学设计和实施，以达到最佳的教学效果。

二、信息化背景下BOPPPS教学模式在商务英语教学中的实践应用

（一）结合信息技术构建BOPPPS教学模式下的商务英语教学框架

在信息化背景下，结合信息技术构建BOPPPS教学模式下的商务英语教学框架，意味着需要在教学设计与实施过程中，利用各类信息技术工具以支持教学活动。在每个BOPPPS阶段，信息化技术的运用将深入课堂教学的各个环节。

1."Bridge-In"阶段

在"Bridge-In"阶段，也就是引入阶段，网络资源的丰富性为教师提供了

---

❶ 郑燕林，马芸.基于BOPPPS模型的在线参与式教学实践[J].高教探索，2021（10）：5-9.

极大的便利。新闻网站、社交媒体和在线论坛等平台成为获取最新的、丰富的商务英语素材的重要来源。通过挖掘这些平台，教师可以找到各种各样的案例、实例和素材，把这些现实的、贴近生活的素材融入教学中，使教学内容更加生动和实用。以新闻网站为例，无论是国内的财经新闻，还是国际的商业报道，都能为商务英语教学提供丰富的教学资源。新闻报道通常涵盖了各个行业和领域的最新动态和热点话题，内容更新快，形式多样，可以帮助学生了解最新的商务英语词汇和表达，同时对商务知识和全球经济形势有更深入的了解。例如，一则关于国际贸易争端的新闻，不仅可以帮助学生了解贸易条款和商务谈判的相关词汇，还可以引导他们思考全球化的影响、贸易政策的影响等问题。社交媒体平台则提供了一个全新的获取教学资源的渠道。例如，LinkedIn是一个专门的商务社交平台，上面有大量的商务专业人士分享的经验和见解，这些都可以作为教学素材。此外，还有一些专门的商务英语学习社区。例如，BBC Learning English，提供了大量的商务英语听力和阅读材料，形式多样，且配有专业的解读，可以帮助学生提高听说读写的能力。在线论坛也是一种重要的信息来源。在这些论坛中，用户们就各种商务话题进行讨论和分享，这些讨论和分享既可以作为教学内容，也可以作为引入阶段的讨论话题，激发学生的兴趣和参与欲望。比如在一些大型商务论坛上，常常有关于商务策略、市场分析、领导力等主题的讨论，这些讨论中的观点和信息可以丰富教学内容，使教学更接近商务实践。在信息化背景下，借助网络资源进行教学引入，既可以提高教学的实时性，也可以增强教学的趣味性，更可以让学生对商务英语有更实际、更深入的理解。这种教学方式，无疑为商务英语教学注入了新的活力和可能性。

2. "Objective" 阶段

"Objective" 阶段是BOPPPS教学模式中至关重要的一环。在此阶段，明确、清晰的教学目标被设定和传达，使学生对即将进行的学习有清晰的认知和期待。在信息化环境下，这一阶段的实施方式可以得到极大的优化和提升。通过使用课程管理系统，教师能够更好地管理和分配教学资源。在系统中，每堂课的学习目标、相关的学习资料、作业要求等都可以被提前发布，让学生有足够的时间和信息进行预习和准备。这种方式不仅使教学目标的传达更加直观和清晰，也让学生能够根据自身的学习节奏和习惯，进行个性化的学习。例如，教师在课程管理系统中发布了一堂关于"商务谈判技巧"的课程。教学目标是

"学习并掌握基本的商务谈判技巧，并能在模拟情景中进行实践"。同时，教师还上传了一些关于商务谈判的基础理论资料、实例分析和模拟场景等学习资料。学生可以根据这些信息，提前进行预习，了解商务谈判的基本概念和技巧，以及可能出现的情况和解决方法。这样在课堂上，他们可以更加专注于教师的讲解和指导，以及与同学的讨论和模拟实践，从而更好地达到学习目标。此外，信息化技术还可以支持教学目标的个性化设定。在传统的教学环境中，大多数情况下，所有学生都被赋予相同的教学目标。然而，学生的学习需求和能力各不相同，这就需要更个性化的教学目标。通过课程管理系统，教师可以针对不同的学生或学生群体，设定不同的教学目标。比如，对于商务英语基础较好的学生，教师可以设定更高阶的学习目标，如理解和分析复杂的商务谈判策略；而对于基础较差的学生，教师则可以设定更基础的目标，比如理解商务谈判的基本流程和常用表达。这样，每个学生都可以有自己的学习目标，这无疑可以提高教学效果和学生的学习满意度。

3. "Pre-assessment" 阶段

"Pre-assessment" 阶段，即预评估阶段，目的是评估学生对即将学习的知识和技能的理解程度，为接下来的教学活动提供指导。在信息化环境下，此阶段的执行和管理可以得到极大的提升。使用信息化工具，如在线问卷和小测试，教师可以以更高效和系统的方式收集和分析学生的预学习状态。这些工具可以在短时间内覆盖所有的学生，无须浪费课堂时间进行手动收集和统计。对于学生而言，他们也可以通过这些工具，反馈自己的预习效果，发现和弥补自己的学习盲点。例如，在一堂即将教授"跨文化交际策略"的课程中，教师可以在课程开始前，通过课程管理系统，发布一份包含有关跨文化交际知识和实际案例问题的在线问卷，让学生在规定的时间内完成。教师可以从这个问卷中了解学生对跨文化交际的理解程度，找出他们的学习难点，也可以从学生的回答中，了解他们的思维模式和解决问题的方式，以此为基础，调整和优化教学设计，使教学活动更加符合学生的学习需求。在这个过程中，信息化技术的应用还可以实现更精细化的教学管理。通过数据分析，教师可以了解每一个学生的学习状况，发现他们的学习难点和问题，然后进行针对性的教学设计和指导。这样，教学活动就不再是"一刀切"的，而是可以根据每个学生的具体情况，进行个性化的设计和调整，这对提高教学效果和学生的学习满意度有极大的帮助。

4. "Participatory Learning" 阶段

"Participatory Learning" 阶段的目的是让学生积极参与到学习过程中，通过实践活动，提高理解和应用所学知识的能力。在信息化环境下，此阶段可以借助各种网络工具和平台，开展丰富多样的参与式学习活动，提高学生的学习兴趣和主动性。网络论坛是一种有效的参与式学习工具。在商务英语教学中，教师可以在论坛上发布相关的商务话题，引导学生进行讨论和辩论。例如，在讨论"跨文化交际中的商务礼仪"这一话题时，学生可以从自己的视角，结合自己的实际经验和理解，对商务礼仪进行解读和分析。在这个过程中，学生不仅可以理解和应用所学的商务英语知识，还可以培养批判性思维和创新性思考的能力。在线模拟商务环境是另一种有效的学习工具。借助这种工具，学生可以进行角色扮演，模拟商务谈判等实际情境。例如，可以设置一种场景，学生需要用英语进行商务谈判，解决实际的商务问题。这种情境式学习活动，不仅可以让学生体验到商务活动的实际情境，提高他们的商务英语应用能力，还可以培养他们的商务谈判技巧和跨文化交际能力。此外，还有许多其他的网络工具和平台可以用于参与式学习活动，如在线协作工具、互动白板、虚拟实验室等。这些工具和平台可以让学生在虚拟环境中进行集体合作，共同解决问题，提高团队协作和沟通能力。例如，在一次关于"国际市场营销策略"主题的学习活动中，学生可以通过在线协作工具，分组进行项目设计和执行，实践和运用所学的市场营销知识。

5. "Post-assessment" 阶段

"Post-assessment" 阶段，即后评估阶段，这个阶段的主要任务是对学生的学习成果进行评估。在信息化教学环境下，通过在线测试或者作业提交系统进行评估，既省时省力，又可以获取实时的学习反馈，以便教师及时调整教学策略。在线测试是一种广泛应用的评估工具。借助于信息技术，教师可以设计出多种形式的测试题目，如选择题、填空题、短答题等，以检验学生对商务英语知识的理解和应用能力。另外，在线测试系统通常都配备有自动评分功能，在学生完成测试后立即得出成绩，这对于教师来说，不仅可以节省大量的批改时间，还可以及时了解学生的学习状况，并根据需要及时调整教学计划。作业提交系统是另一种常见的评估工具。学生可以通过系统将完成的作业提交给教师，教师可以在线批改和评论，给出建议和反馈。例如，在商务英语写作教学中，学生可以将写作作业上传到系统，教师可以在线批注，指出学生的错误，给出改进建议，这样不仅让评估工作更为高效，还可以使学生更好地理解和吸收批改意见。信息化技术还可以用于支持形成性评估，这种评估方式可以帮助教师了解学生在学习过程中的进步情况，及时给出反馈和指导。比如，教师可以使用在线学习平台，记录和追踪学生的学习行为和学习成绩，以此来观察学生的学习进度，发现其学习中的困难，给出个性化的指导和帮助。

6．"Summary"阶段

"Summary"阶段，即总结阶段，信息技术的应用不仅可以丰富教学方式，提高教学效率，也可以帮助学生对学习内容进行更有效的回顾和巩固。首先，教师可以利用多媒体工具，制作图文并茂的课堂总结。例如，教师可以通过电子白板，整理和展示课堂上的重要知识点，使知识结构更加清晰；借助于动画制作软件，教师可以把抽象的商务英语语法规则转化为生动有趣的动画，使语法学习变得更加有趣。而且，这些电子版的课堂总结可以随时在线查阅，方便学生进行复习和自我检查。其次，学生也可以通过电子文档或者博客等方式，自我总结学习心得，分享学习体会。例如，学生可以在课后通过博客发布对课堂学习的总结和反思，这不仅可以帮助他们整理思绪，巩固记忆，也可以与同学之间互相学习，互相鼓励。最后，学生还可以借助于各类在线学习社区，发表自己的学习笔记，以此和其他学习者交流经验，互相鼓励，形成良好的学习氛围。除此之外，为了激励学生积极参与总结阶段的学习活动，教师还可以运用一些游戏化的元素，比如在线竞赛，或者在线徽章等，以此提高学生的学习积极性和参与度。

（二）利用信息化手段提高BOPPPS教学模式下商务英语教学的互动性

在BOPPPS教学模式下，通过信息化手段，商务英语教学的互动性得到了显著提升，进一步促进了学生的积极学习和主动参与。

各类在线教学平台提供了丰富的互动工具，如实时聊天、小组讨论、在线提问等，这些工具可以方便地应用于课堂教学，提高课堂的互动性。比如在"Participatory Learning"阶段，学生可以通过在线讨论，就特定的商务话题展开研讨，互相发表见解和意见，进行知识的交流和分享。这种互动方式不仅可以促进学生的思维更活跃，还能够增强他们的语言表达能力和团队协作能力，这对于商务英语的学习和应用是极其重要的。在线教学平台上的小组讨论功能，可以让学生们在学习商务英语的过程中进行更多的团队协作。学生们可以在小组中分享自己的见解和想法，听取他人的意见，从而提高他们的商务英语语言表达能力，同时增强他们在团队中的协作和沟通能力。这一点在商务英语的实际应用中非常重要，因为在商务环境中，团队协作和有效沟通的能力往往是决定其成功与否的关键。此外，教学平台上的在线提问工具，也为学生提供了一个向教师直接提问，获取及时反馈的渠道。教师可以在最短的时间内回答学生的问题，同时可以根据学生的提问，了解他们在学习过程中的困惑和难题，进一步调整教学策略，提高教学效果。

信息技术为教师和学生之间的交流打开了全新的可能性，显著提升了商务英语教学的互动性。特别是在"Pre-assessment"和"Post-assessment"阶段，这种互动性的提升尤为突出。在线测试或问卷调查工具，为教师提供了一种方便快捷的手段，以了解学生对教学内容的掌握程度和理解情况。这种方式的优势在于，它能够收集所有学生的反馈，而非仅限于教室内的口头交流。通过分析这些反馈，教师可以及时发现学生的学习困难和问题，以此为依据，调整教学策略，以更好地满足学生的学习需求。教师也可以利用在线工具收集学生的建议和想法，进一步提升教学质量。例如，可以通过在线问卷调查了解学生对教学方式、教学材料、课堂活动等的反馈，这将为教师改善教学提供宝贵的参考。而对于学生来说，这种互动方式也具有显著的优势。无论是在教室内还是在教室外，只要有网络连接，他们就能随时向教师提问，获取及时的反馈和指导。这大大提高了学习的便捷性，也更有利于激发学生的学习兴趣和主动性。

当今的教学技术已经发展到可以为学生提供近乎真实的模拟环境，其中，虚拟现实（VR）和增强现实（AR）技术在商务英语教学中的应用就是一种极好的例证。例如，在"Participatory Learning"阶段，教师可以利用VR或AR技术创建多元化的商务场景，包括商务会议、面试、产品演示、谈判等。在这些真实感十足的场景中，学生可以通过角色扮演，亲身体验不同的商务环境和交际场合，对话和互动都会丰富学生的语言运用场景，有利于提升学生的语言实用技能和交际能力。情景模拟也能增强学生的参与度和学习动机。通过VR或AR技术，学生可以从学习过程中获得乐趣，从而主动投入学习。在模拟环境中，他们可以放松下来，不再担心犯错误，可以在实践中学习，从错误中成长。使用AR和VR技术进行角色扮演和情景模拟，使商务英语的学习从被动地接受知识，转变为主动地参与和实践。学生在情境中的互动，不仅可以锻炼他们的商务英语技能，还可以提高他们的商务素养，如团队协作、领导力和决策能力等。教师可以在"Post-assessment"阶段，利用VR或AR技术的录制功能，记录学生在模拟环境中的表现，进行反馈和评价。这样的评价方式更加直观，有利于学生了解自己的优点和不足，对于提升学生的自我认知和反思能力具有重要作用。

（三）运用BOPPPS教学模型改进课程教学设计——以某"管理学原理"双语课程为例

本课程运用BOPPPS教学模型改进课程教学设计，深度融合成果导向（OBE）教育理念，以课堂目标达成为中心，组织、实施和评价教学活动关键环节，充分调动学生学习积极性和创造性，引导学生主动式学习、探究式学习，形成师生教学共同体和成长共同体；大力推行基于项目制学习的翻转课堂教学模式，将来自企业的真实项目有机整合到大学课堂，大量利用互联网技术促进学生在线碎片化学习的同时，在线下实行参与式、顾问式、挑战式、实景式的教学模式，打造管理教学的O2O模式，具体见图3-1。

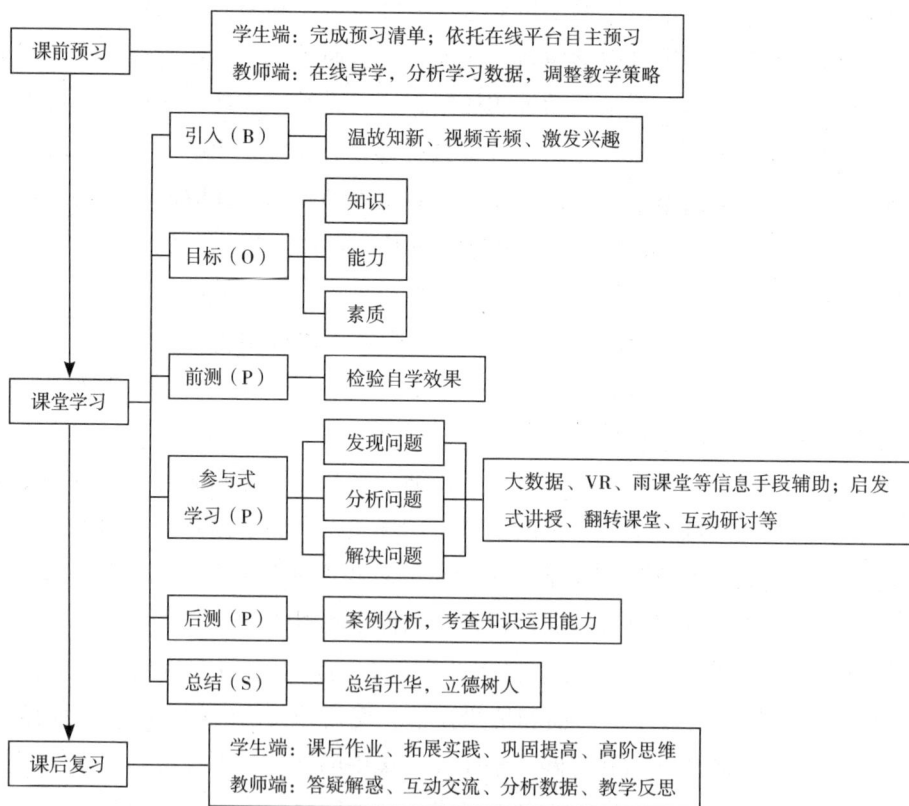

图3-1　运用BOPPPS教学模型改进课程教学设计示意图

　　为了切实提高教育教学效果，主讲教师交替运用中国大学慕课以及国外的Coursera和edX的开放在线课堂平台，为学生提供自主学习路径和海量学习资源，形成课堂教学与在线学习结合的多元互动教学模式；同时在课堂教学中选择适用现代信息技术的重难点内容（如互联网时代的管理、信息管理、管理创新等知识点），深度融合大数据、云计算、VR技术、希沃白板、手机App、雨课堂智慧教学工具等先进手段，提升课堂的鲜活性、时效性、针对性，打造"课内与课外互通、线上与线下互联、虚拟与现实互补"的三维立体教学效果；信息技术与课程的融合还体现在教育教学管理的各个方面。本课教师发挥大数据分析优势，利用移动App和大数据系统进行动态实时观测，追踪记录学生的学习情况和成长轨迹，将阶段性的课程评价转变为全方位的课程改革，进而提升教育实效。

　　本课程还综合运用相应的创新教学方法，实现师生之间思想、情感、观念、态度的交流、完成课程知识传递与知识重构的目标，主要方法列举如下：

　　（1）教师讲授法。适应于理论架构的讲述，具有逻辑性，能把知识贯穿起来，使学生的思路脉络更加清晰流畅。

　　（2）翻转课堂。针对学生可以提前自学的内容设置。

　　（3）项目教学法。以项目为主线、教师为引导、学生为主体。待一个完整的知识单元学完之后，老师布置项目，学生相对独立地完成信息收集、方案设计、项目实施及最终评价。

　　（4）问题导向法。学生主动发现问题、分析问题并最终解决问题。

　　（5）情境模拟法。学生分组成立若干"企业"在市场环境下进行模拟管理活动。

　　（6）案例教学法。大学管理学课堂需要讲好中国故事，符合中国国情和特色。因此本课程中有意加大了本土企业案例的比重，使案例的选择更贴近生活且时效性强。

　　（7）诊断教学法。授课教师针对学生的作业进行诊断分析。

　　（8）实践教学法。鼓励学生参加各类营销实践活动或专业赛事，着力实现课堂教学与学科竞赛的深度融合，完善人才培养体系。虽然目前商务英语专业的学子可参加的学科竞赛种类繁多，但质量却参差不齐，亟须构建科学合理的学科竞赛管理体系：一方面，学校或学院层面应按照教育高质量发展要求以及人才培养实际需求制定相关政策来对学科竞赛进行规范化管理；另一方面，学科竞赛提升人才培养质量的直接路径是与课堂教学相融合。作为教师，要将教学资源与竞赛资源相融合、教学过程与竞赛过程相融合，发挥课堂教学与学科竞赛的耦合协同效应。作为学生，通过参加学科竞赛，能将从课程中学到的专业知识与竞赛内容加以联系、融合，促进自身专业知识和实践水平的综合提升。

第四节 信息化背景下"研讨会"教学模式的构建

一、理解"研讨会"教学模式

（一）"研讨会"教学模式概述

1."研讨会"教学模式的定义和特点

"研讨会"教学模式，源自西方的教育实践，是一种以学生为中心、讨论为载体、共享为目的的教学模式。这种模式可以促进学生的独立思考，发展批判性思维，提高语言运用和表达能力[1]。"研讨会"教学模式着重于学生的主体地位，强调学生的思考和表达，促进学生间的积极互动。在"研讨会"教学模式中，学生不再是知识的被动接受者，而成为积极的学习者。在讨论中，每个学生都有机会表达自己的看法，倾听他人的观点，通过思考、分析和论证，增强对知识的理解和掌握。"研讨会"教学模式不仅鼓励学生发表自己的见解，还强调倾听他人的意见，培养学生的沟通和协作能力。"研讨会"教学模式中的讨论环节，既可以是全班参与的大型讨论，也可以是小组内部的讨论。无论是全班讨论还是小组讨论，都需要学生提前准备，做好充分的研究和思考。在讨论的过程中，教师的角色也从传统的教授者转变为引导者和辅导者，他们通过提问和引导，激发学生的思考，引导讨论的深入。

"研讨会"教学模式具有以下特点。

（1）互动性。"研讨会"教学模式强调师生之间、生生之间的互动。学生不再是被动的知识接受者，而是积极的知识创造者和分享者。他们需要参与到讨论中，发表自己的观点，听取他人的意见，通过交流和讨论，达到深化理解，拓宽视野的目的。

---

❶ 杨全红.浅论研讨式教学模式[J].山东高等教育，2003（1）：59-61.

（2）主动性。"研讨会"教学模式赋予学生主体性，鼓励他们主动参与到教学过程中，提出问题，寻找答案。学生在"研讨会"中的主动性体现在他们需要准备参与讨论的材料，提出自己的观点，并就他人的观点提出质疑或者建议。

（3）实践性。"研讨会"教学模式鼓励学生将理论知识与实际问题结合起来，对问题进行实际操作和解决。这种实践性使学生在理论学习的基础上，增强了问题的解决能力和创新能力。

（4）深度性。"研讨会"教学模式倾向于深入探讨一个主题或问题，而不是涉及面广，点面结合。在深度讨论中，学生需要深入研究问题，理解问题的本质，并提出解决方案。

2. "研讨会"教学模式的起源与演变

"研讨会"教学模式源于古希腊的教育实践，这种教学方式强调的是通过开放的、公开的讨论来探求知识和真理❶。古希腊哲学家苏格拉底便是这种方法的先驱，他提出的"苏格拉底式对话"就是一种通过问答和讨论来引导学生自我发现和自我认知的方法。

随着时间的推移，这种以讨论为主的教学方式逐渐演变成了"研讨会"教学模式。在中世纪的欧洲，"研讨会"形式的教学模式在大学中广泛流传，学者们会聚在一起，就某一主题进行深入的探讨和讨论。进入20世纪以后，随着教育理念的变革和教育技术的发展，"研讨会"教学模式得到了进一步的提升和优化。许多教育家和研究者开始强调学生主体性的重要性，提倡以学生为中心的教学方式，"研讨会"教学模式因此得到了更广泛的应用。

现代"研讨会"教学模式不仅应用于高等教育，也广泛应用于基础教育、职业教育、成人教育等多个领域。在这个过程中，"研讨会"教学模式也不断吸收新的教学理念和技术，例如，利用多媒体技术和网络技术，提高教学的互动性和灵活性❷。通过这些变革和优化，"研讨会"教学模式为学生提供了更多的学习机会，帮助他们发展独立思考的能力，提高解决问题的能力。

---

❶ NYSTRAND M，GAMORAN A. Instructional discourse，student engagement，and literature achievement[J].Research in the Teaching of English，1991（25）：261-290.

❷ NONE. Effective Teaching：Current Research[J].School Effectiveness & School Improvement An International Journal of Research Policy & Practice，1991，2（3）：256-259.

（二）"研讨会"教学模式的基本组成要素

1.教师角色与责任

教师在"研讨会"教学模式中的角色转变为引导者、协调者和评估者，这是由该模式的互动性和学生主导性决定的。在这种模式下，教师的责任是激发学生的积极性，引导他们自主探究，协调讨论的进程，保证讨论的秩序，以及对学生的学习表现进行评价。

作为引导者，教师需要利用自己的专业知识和经验，通过设计有启发性的问题和任务，来激发学生的思考，引导他们从不同角度理解和探讨问题。这要求教师具备广泛的知识视野，以及灵活的教学策略。作为协调者，教师需要在讨论过程中调整自己的角色，时而参与讨论，时而进行引导，时而进行调解，以保证讨论的秩序和效果。这需要教师具备良好的人际交往能力和协调能力。作为评估者，教师不仅需要对学生的学习成果进行评价，还需要对学生的学习过程进行观察和评价，如学生的参与度、思考的深度、表达的清晰度等。这要求教师具备科学的评价观念和有效的评价方法。

2.学生参与机制

"研讨会"教学模式的核心理念在于使学生从被动接受知识的对象转变为积极主动的知识创造者。为此，学生的参与是至关重要的。这种参与并不仅仅是听课、记笔记，而是需要学生积极投入讨论并参与到课程设计和决策中，自我导向式的发现和解决问题。

学生在"研讨会"教学模式中，被鼓励通过讨论、探讨、辩论等形式，积极表达自己的见解，挑战和验证别人的观点，从而提高理解和掌握知识的深度。在这个过程中，学生的批判性思维能力和问题解决能力可以得到锻炼和提升。学生还被鼓励参与到教学决策中。例如，他们可以参与确定讨论的主题、方式和时间，甚至可以参与课程的设计和改进。这种参与不仅可以增加学生的学习动力和归属感，还可以培养他们的自主学习能力和合作精神。为了确保学生的有效参与，需要设计一套明确和公正的规则和评价机制。例如，明确的讨论规则可以帮助学生了解他们在讨论中的角色和责任，知道他们应该如何表达自己的观点，如何尊重别人的观点。公正的评价机制可以保证每个学生的努力都能得到认可，激励他们更加积极地参与讨论。

3.研讨内容的确定与组织

研讨内容的确定与组织在"研讨会"教学模式中起着决定性的作用。教师应根据学生的学习需求、兴趣和课程目标来选择合适的研讨主题，进而设计出吸引人的研讨活动，以此激发学生的思维和学习兴趣。

首先，选择合适的研讨主题。研讨主题应与课程目标和学生的学习需求相符合，既要能涵盖课程内容，也要能引发学生的思考和讨论。一个好的主题不仅需要具有一定的深度，使学生有足够的内容可以讨论和探究，而且应具有一定的广度，以便吸引各种背景的学生参与讨论。选择研讨主题时，教师可以参考课程大纲，也可以考虑学生的兴趣和需求，甚至可以让学生参与主题的选择。其次，设计有趣的研讨活动。研讨活动的目标是激发学生的思考，促进他们的交流和合作。因此，研讨活动应以问题为中心，让学生通过讨论来发现和解决问题。研讨活动可以包括小组讨论、角色扮演、案例分析等多种形式，这些形式既可以帮助学生理解和掌握知识，也可以训练他们的批判性思维和沟通能力。最后，教师还需要合理安排研讨的时间和流程。研讨的时间应充足，以便让学生有足够的时间来思考、讨论和反思。研讨的流程应清晰，包括讨论的准备、进行和总结等环节，每个环节的任务和目标都应明确，以确保研讨的顺利进行。

4. 评价与反馈机制

评价与反馈机制在"研讨会"教学模式的重要性在于，教师通过对学生学习表现的评价，以及对学生学习成果的及时、有效反馈，能促使学生在学习中取得积极的进步。

（1）在"研讨会"教学模式中，教师对学生的学习表现进行全面、公正的评价。这包括但不仅限于学生在讨论中的发言、参与，以及表现出的思考能力和解决问题的能力。而评价应基于清晰、明确的评价标准，既包括对学生所掌握知识的评价，也包括对学生参与讨论、合作学习、解决问题等能力的评价。这些评价的目的并非简单地给学生打分，而是帮助学生了解自己的学习情况，引导他们对自己的学习进行反思和调整❶。

（2）教师应对学生的学习成果进行及时、有效的反馈。这种反馈既可以是对学生在讨论中表现出的知识和能力的正面肯定，也可以是对学生学习存在问题的指出和建议。这种反馈应尽可能具体、明确，使学生能明白自己在哪些

---

❶ PARKER W C, Hess D. Teaching with and for discussion[J]. Teaching & Teacher Education, 2001, 17（3）: 273-289.

方面做得好，在哪些方面需要改进。通过这种反馈，学生可以明确自己的学习目标，了解自己的学习进度，调整自己的学习策略，提高自己的学习效果。同时，教师也需要收集学生的反馈，以此为依据对教学进行调整，提高教学的效果。这种反馈可以来自学生的表现，也可以通过问卷、访谈等方式直接获取。收集到的反馈可以帮助教师了解学生的学习需求，了解"研讨会"的组织和实施是否满足这些需求，进而调整教学设计，优化教学环节，提高教学效果。

二、信息化时代"研讨会"教学模式在商务英语教学中的落地实现

（一）商务英语教学中"研讨会"教学模式的优势

商务英语教学的核心目标是培养学生在商务环境中进行有效英语沟通的能力。为此，学生需要具备丰富的商务知识、精准的语言运用能力，以及敏锐的跨文化交际意识。"研讨会"教学模式以其独特的优势，为实现这一目标提供了有效的路径。

1.以学生为中心，强调学生的主动性与参与性

"研讨会"教学模式以学生为中心，强调学生的主动性与参与性，这恰恰符合商务英语教学的需求。商务英语教学的目标是为学生提供一种广泛的商务词汇，以及为商务沟通提供的一种专业语境。商务环境中的沟通多种多样，可能是小组讨论，可能是正式的商务会议，可能是电话或电子邮件交流，甚至可能是一次商务报告的呈现。但无论哪种情况，都需要学生有能力清晰、准确、有信心地表达自己的观点。

"研讨会"教学模式因其以学生为中心的特性，为其提供了一个理想的环境，让学生可以实践和提升这些语言技能。在这种模式下，学生不再是传统课堂上的听众，而是知识的创造者，他们需要对讨论主题进行深入研究，准备自己的观点，然后在课堂上与同学们分享和辩论。这种主动参与的过程不仅有助于学生更深入地理解商务主题，同时有助于他们提高语言表达能力和沟通技巧。此外，"研讨会"教学模式强调对问题的深入讨论和对不同观点的理解。这就要求学生在听取同学的观点时，不仅要理解其意思，还要学会如何以有建设性的方式反馈自己的思考。这种互动式的学习过程有助于学生形成更为全面和深入的理解，同时锻炼了他们的批判性思维能力。"研讨会"教学模式也促进了学生之间的合作。在讨论过程中，学生需要学习如何和他人一起工作，以

共同达成讨论目标。这种合作的经历不仅有助于培养学生的团队合作精神，同时有助于他们在实际的商务环境中成功应对各种挑战。

2. 深度学习与批判性思维

深度学习与批判性思维的培养是"研讨会"教学模式的重要目标。在商务环境中，人们面临一系列复杂多变的问题，需要有深厚的专业知识、敏锐的洞察力以及强大的解决问题的能力。而"研讨会"教学模式正好为学生提供了这样一个培养这些能力的平台。

深度学习的概念超越了传统教育对知识的理解。在这种模式下，学生需要对一个主题进行深入的研究，从不同的角度去理解问题，而不仅仅是记住事实。这种方式鼓励学生去寻找关联，发现新的观点，探索更深层次的理解。对于商务英语学习者来说，这意味着他们不仅需要理解商务词汇和表达，而且要理解其背后的商务环境和理论知识。批判性思维的培养是"研讨会"教学模式的另一个核心。这种模式鼓励学生对不同的观点进行批判性的思考，评估其优点和缺点，从而形成自己的观点。在商务环境中，面对复杂的问题和挑战，能够做出独立的判断，提出有效的解决方案，这是非常宝贵的能力。"研讨会"教学模式的讨论环节为深度学习和批判性思维的培养提供了理想的环境。在讨论过程中，学生可以从其他人那里获得新的观点和信息，与他们的观点进行对比和对话，这种过程有助于他们形成更深入、更全面的理解。而在这个过程中，学生也在实践中提高了他们的商务英语交际能力。这种以深度学习和批判性思维为核心的"研讨会"教学模式，使学生有机会培养和提升在真实商务环境中解决问题的能力，从而更好地适应并成功应对商务领域的挑战。

3. 跨文化交际的敏感性和适应性

"研讨会"教学模式强调跨文化交际的敏感性和适应性，这对商务英语教学而言极为重要。在全球化日益加深的今天，商务活动日趋国际化，涉及的语言和文化背景也越来越丰富多元。商务英语学习者不仅需要掌握专业知识，更需要具备良好的跨文化交际能力。而"研讨会"教学模式所强调的跨文化交际敏感性和适应性，正好符合这些需求❶。

跨文化交际敏感性是指能够敏锐地察觉并理解不同文化背景下的行为和观

---

❶ 刘妍，李粉粉.探究高职英语教学中跨文化教学的实施策略[J].国际公关，2020（2）：1.

念，理解其背后的文化逻辑和规律。在"研讨会"模式的教学中，可以通过引导学生进行跨文化的主题讨论，使他们有机会接触并理解不同文化背景下的商务现象和问题，培养他们的跨文化敏感性。跨文化交际适应性则是指在跨文化交际中，能够灵活地调整自己的言语和行为，以适应不同的文化环境，有效地进行交际。在"研讨会"教学模式下，通过让学生模拟真实的商务环境，参与到角色扮演或情景模拟中，他们可以在实际的交际场景中磨炼自己的跨文化交际能力，提高自己的适应性。跨文化交际意识的提高是一个持续的过程，需要在多元的文化环境中不断学习和实践。而"研讨会"教学模式的学习环境，正好为学生提供了这样一个学习和实践的平台，让他们有机会从不同的文化视角出发，理解和解读商务问题，提高自己的跨文化交际能力。这种跨文化交际能力的提高，尤疑将为他们的未来商务职业生涯增添更多的可能性和机会。

（二）落地实现"研讨会"教学模式的具体操作步骤

1. 课前准备

课前准备是"研讨会"教学模式落地实现的第一步，也是所有步骤中最为关键的环节。充足而周全的课前准备直接决定了研讨课程能否顺利进行，能否激发出学生的学习兴趣，能否引导学生形成深度的学习和批判性的思考。

课前准备的首要任务是确定适合的讨论主题。在信息化时代的商务环境中，瞬息万变的商业现象、跨文化交际的挑战、全球化经济的变革，都可以成为商务英语研讨课的主题。教师需要深入了解学生的兴趣和需求，根据学生的学习水平和课程目标，从海量的网络资源中挑选出恰当的主题，使其既具有学术价值，又具有实际意义，既能引发学生的思考，又能激发学生的探索兴趣。之后，教师需要收集并整理相关的学习资源。这些资源既可以是商务新闻，又可以是公司案例；既可以是行业报告，又可以是研究论文。这些资源不仅为学生提供了丰富的学习素材，也为学生提供了丰富的知识背景和多元的观点来源，帮助学生构建全面的知识视野，形成自己的见解。最后，教师需要设计一系列的引导性问题，这些问题是引导学生深入思考、积极参与讨论的关键。这些问题应当具有开放性，让学生有足够的自由度去探索和表达，同时具有针对性，使学生能够围绕主题进行深入的思考。这些问题可以涉及商务实践中的具体问题，如产品定价、市场策略等，也可以涉及商务环境中的深层次问题，如商务伦理、商务文化等。

2. 课程实施阶段

课程实施阶段是"研讨会"教学模式落地实现的核心环节。在这一阶段，学生通过互动讨论，对课前准备的材料进行深度研究，以达到更好的学习效果。教师的角色则转变为指导者和协助者，引导和鼓励学生自主探索，积极表达，并充分利用信息化工具进行高效学习。

教师应安排学生自主研读课前准备的材料，包括商务新闻、公司案例、研究报告等。学生通过独立研读，对商务问题有了初步的理解和认识。然后，教师组织学生进行小组讨论，每个小组就引导性问题进行深度探讨，分享不同的见解和观点。信息化工具在此过程中发挥了重要的作用，学生可以通过在线论坛、社交媒体、协作软件等进行线上讨论，打破了时间和空间的限制，提高了讨论的效率。教师在讨论过程中的作用是引导和激励。他们需要引导学生进行有深度的思考，提出有见地的观点，挖掘问题的多个层面。同时，教师也要鼓励学生积极发言，表达自己的观点，而不只是倾听。学生在这个过程中，通过表达自己的观点，提升了英语表达能力；通过倾听他人观点，提升了英语听力理解能力，并且在比较和对接不同的观点中，也锻炼了批判性思考能力。此外，教师还可以利用多媒体工具，如视频、动画、演示等，丰富课堂内容，增强学生的学习兴趣。例如，教师可以展示一段商务新闻视频，让学生分析视频中的商务问题，或者展示一个商务案例的动画，让学生探讨案例中的商务策略。这样不仅能提高学生的学习兴趣，还能帮助学生更好地理解和掌握商务知识。在信息化时代，"研讨会"教学模式在课程实施阶段，充分利用了信息化工具，提高了教学效率，丰富了教学内容，提升了学生的学习体验。而学生则在教师的引导和鼓励下，通过积极的互动和深度的思考，提升了自己的商务英语能力。

3. 总结反馈阶段

在此阶段，教师需要对学生的讨论结果进行总结归纳，并根据学生的表现给出具有针对性的反馈。

在课堂讨论结束后，教师需要对学生的讨论进行总结。这个过程同样可以借助信息化工具，如使用在线协作工具，教师可以整理出每个小组的主要观点，并将这些观点进行系统地整合，以形成一个全面、客观的讨论结果。这个结果可以作为课堂的结论，也可以作为学生进一步学习和研究的基础。同时，教师还需要对学生的参与度、表达能力、思考深度等进行评价。评价的方式也可以采用信息化手段，如使用在线评价系统，教师可以对每个学生的表现进行量化评价，并将评价结果及时反馈给学生。这样，学生可以了解自己在讨论中的表现，及时调整学习策略，提高学习效果。此外，教师还可以利用信息化工具，如在线问卷调查，收集学生对课堂讨论的反馈。学生可以在问卷中表达对课堂讨论的看法，提出改进的建议，这样教师可以了解学生的需求，调整教学策略，进一步提升教学效果。在信息化时代，利用信息化工具进行总结反馈，不仅提高了教学效率，也使教学更具针对性，更能满足学生的个性化需求。在商务英语教学中，"研讨会"教学模式的总结反馈环节，通过信息化手段，让教学更为科学、系统、高效。

4.课后延伸阶段

课后延伸阶段在"研讨会"教学模式中起到承上启下的作用，是学生主动学习和深化理解的重要阶段。在这一阶段，学生可以通过完成课后任务，反思自己在讨论中的表现，深化对讨论主题的理解。而信息化手段可以使这一阶段的学习更有效率和深度。

学生可以通过在线学习平台提交自己的反思报告，教师也可以通过平台对报告进行批注和反馈。这样，学生不仅可以反思自己在讨论中的表现，还可以收到教师的即时反馈，提高自己的思考和表达能力。教师还可以利用信息化手段，提供与讨论主题相关的在线阅读材料。例如，教师可以在在线学习平台上分享相关的文章、报告、研究，甚至是视频和音频资料，帮助学生扩大知识视野，深化对讨论主题的理解。学生可以在自己的节奏和时间内阅读这些材料，同时可以通过在线评论或讨论区与其他学生和教师交流自己的观点和问题。另外，教师可以通过信息化工具，如在线测验系统，设计一些与讨论主题相关的练习题或小测验，这不仅可以帮助学生巩固所学知识，还可以进一步提高学生的商务英语能力。

第四章

信息化时代商务英语教学策略研究

第一节　商务英语教学中信息化教学工具的有效利用

一、网络平台在商务英语教学中的角色

（一）促进学生间的交流与合作

网络平台在商务英语教学中起到了促进学生间交流与合作的重要角色。通过使用各种在线交流工具和平台，学生可以方便地与同学、教师以及其他专业人士进行实时交流和合作❶。

1.学生论坛和社交媒体

学生论坛和社交媒体在商务英语教学中起到了促进学生间交流与合作的重要作用。这些平台提供了学生之间交流的便利性和实时性，使他们能够积极参与讨论、分享学习经验，并互相支持和激励。

学生论坛是一种常见的网络平台，通常与在线课程或学校的学习平台相关联。学生可以在论坛上发帖提问、回答问题、分享学习心得和经验。商务英语学生可以在论坛上讨论与商务相关的话题，如商务沟通技巧、国际商务实践等。他们可以共享学习资源、推荐商务英语学习资料、分享实践经验，从而丰富彼此的商务英语知识。此外，社交媒体平台也是学生交流与合作的重要场所。学生可以利用微信群、Facebook群组等社交媒体群组，在虚拟空间中与同学进行交流。他们还可以讨论商务英语学习中的难题，分享学习资源和技巧，互相答疑解惑。这种形式的交流不受时间和地域限制，学生可以随时随地参与讨论，增加了学习的灵活性和互动性。

2.在线协作工具

在线协作工具的使用让学生能够实时协作、共享资源和互动交流，提高团队合作和商务英语的实际应用能力。学生可以分工合作、共同完成商务英语写作任务，并通过实时编辑和评论提供反馈和改进意见。这种实践性的学习方式

---

❶ 熊有生.基于微信公众号的商务英语函电混合式教学设计研究[J].广西民族师范学院学报，2020，37（6）：141–144.

培养了学生的团队合作意识、沟通能力和时间管理能力，为将来的商务环境和职业发展做好准备。教师可以鼓励学生充分利用在线协作工具，指导学生在团队协作和商务英语写作过程中发挥合力量，并为学生提供必要的指导和支持。

Google文档是一种在线协作工具，学生可以同时编辑文档、表格和演示文稿。在商务英语教学中，学生可以利用Google文档共同完成商务英语的写作任务，如商务报告、市场调研报告等。学生可以在同一文档中实时编辑和评论，提供反馈和修改意见。这种实时协作的方式促进了学生之间的合作和互动，提高了团队合作能力和商务英语写作技巧。Microsoft Teams是一个团队协作平台，它为用户提供了文档共享、聊天和视频会议等功能。学生可以利用Teams创建商务英语学习小组，共享学习资料、讨论商务英语话题，并进行在线会议和协作。通过Teams，学生可以随时交流、协作和讨论，提高团队协作和沟通能力。Trello是一个项目管理工具，学生可以利用它进行商务英语项目的组织和协作。学生可以创建项目板、任务列表和任务卡片，分配任务和设置截止日期。通过Trello，学生可以清晰地了解项目进展程度和任务分工，提高时间管理和团队协作能力。

（二）扩大教学资源的获取与分享

网络平台在商务英语教学中还起到了扩大教学资源获取与分享的作用。通过网络平台，学生和教师可以轻松地获取各种商务英语教学资源，并与他人分享自己的学习成果和教学经验。

1.在线图书馆和电子期刊

学生可以利用在线图书馆和电子期刊平台，如Google Scholar、JSTOR、EBSCO等，获取商务英语相关的学术论文、研究报告和商业书籍。这些资源为学生提供了广泛的学术和实践性的商务英语知识，帮助他们深入学习和理解商务英语的专业领域。

Google Scholar是一个广泛的学术搜索引擎，提供了大量的学术论文和研究报告资源[1]。学生可以利用Google Scholar搜索与商务英语相关的学术文献，如商务沟通、国际贸易、市场营销等领域的研究论文。这些学术资源提供了深入的理论知识和实践经验，可以帮助学生了解商务英语的专业领域和最新研究进

---

[1]　许新巧，刘华，詹华清.学术搜索引擎Primo和Google Scholar的比较分析[J].图书馆学研究，2013（18）：7.

展。JSTOR是一个数字化图书馆平台，拥有大量的学术期刊和学术出版物。学生可以通过JSTOR获取商务英语领域的期刊文章和专业书籍。这些资源涵盖了商务管理、市场营销、国际商务等多个商务领域，为学生提供了更广泛的学术视角和深入的专业知识。EBSCO是一个全球性的学术数据库提供商，提供了广泛的学术期刊、报纸和电子书等资源。学生可以通过EBSCO平台检索与商务英语相关的期刊文章、行业报告和商务书籍。这些资源覆盖了商业环境、商务沟通、国际贸易等方面，能帮助学生深入了解商务英语的实际运用和商业领域的最新动态。

2.教学资源共享平台

教师可以利用教学资源共享平台，如SlideShare、Teachers Pay Teachers等，分享自己的商务英语教案、课件和教学活动。这种资源共享的形式促进了教师间的互相借鉴和交流，丰富了商务英语教学的内容和方法。

SlideShare是一个在线分享平台，教师可以将自己创建的商务英语教学资料，如PPT课件、教案和教学笔记等，上传至SlideShare平台并进行分享。其他教师和学生可以浏览和下载这些资源，从中获得灵感和借鉴。通过SlideShare，教师可以向其他教师展示自己的教学成果和创新教学方法，促进教师之间的交流和合作。Teachers Pay Teachers是一个教学资源市场平台，教师可以在该平台上出售或分享自己创建的商务英语教学资源。这些资源可以包括教案、课件、活动材料等。教师可以通过销售自己的教学资源获得收益，同时可以从其他教师那里购买高质量的商务英语教学资源。这种资源共享的形式促进了教师之间的互相学习和借鉴，丰富了商务英语教学的内容和方法。通过教学资源共享平台，教师可以将自己丰富的商务英语教学经验和创意分享给其他教师，也能够从其他教师的经验和创意中获益。这种资源共享的模式促进了教师之间的交流和合作，提供了丰富多样的商务英语教学资源，丰富了商务英语教学的内容和方法。

（三）实现商务英语的在线学习与辅导

网络平台还实现了商务英语的在线学习和辅导功能，为学生提供了便利性。学生可以利用各种在线学习平台和资源，根据自己的学习进度和需求进行自主学习，并通过在线辅导获得指导和反馈。

1.在线学习平台

学生可以使用在线学习平台，如Coursera、edX、Udemy等，选择与商务英语相关的课程进行学习。这些平台提供了丰富的商务英语学习资源，包括视频课程、练习和测验，可以帮助学生系统地学习商务英语的知识和技能。

Coursera是一个知名的在线学习平台，合作伙伴包括许多世界知名大学和教育机构。学生可以在Coursera上找到众多与商务英语相关的课程，如商务沟通、国际商务、市场营销等。这些课程由资深教授或业界专家授课，结合视频讲座、案例分析和实践项目等教学资源，帮助学生深入学习商务英语知识和技能。edX是另一个知名的在线学习平台，合作伙伴包括世界各地的大学和教育机构。学生可以在edX上找到与商务英语相关的课程，涵盖商务沟通、商务写作、商务谈判等领域。这些课程通过视频课程、在线讨论和测验等形式，帮助学生掌握商务英语的专业知识和实践技能。Udemy是一个开放的在线学习平台，提供了丰富多样的商务英语课程。学生可以在Udemy上选择适合自己需求的商务英语课程，如商务英语口语、商务演讲、跨文化沟通等。这些课程由各领域的专业人士或教育机构提供，通过视频教学、练习和作业等方式，帮助学生提升商务英语的听说读写能力。

通过在线学习平台，学生可以根据自己的兴趣和学习需求选择适合的商务英语课程，并根据自己的学习进度进行学习。这些平台提供了丰富的学习资源和学习工具，如在线讨论、练习题和测验，帮助学生巩固所学知识，并提供实时反馈和指导。学生可以随时随地进行学习，并根据自己的学习节奏进行安排，提高学习的灵活性和个性化。同时，学生还可以通过与其他学生和教师的互动交流，扩大学习网络，分享学习经验和资源，丰富学习的体验和成果。

2. 虚拟辅导和在线答疑

学生可以通过这些平台，如Zoom、Skype、QQ、微信等，与教师进行实时的个别辅导和问题解答。这种形式的在线辅导提供了学生与教师之间直接的互动和反馈，帮助学生解决困惑、提高学习效果。

Zoom和Skype是常用的在线会议工具，学生可以通过这些平台与教师进行一对一或小组的虚拟辅导。学生可以与教师实时进行语音或视频通话，就商务英语学习中的问题进行讨论和解答。教师可以通过屏幕共享功能展示相关内容，帮助学生理解和掌握商务英语知识和技能。这种形式的虚拟辅导提供了直接的交流和反馈，使学生能够获得个性化的指导和解答。QQ和微信是常用的即时通信工具，学生可以通过这些平台与教师进行在线答疑和交流。学生可以通过文本聊天的方式向教师提问，并获得及时的回复和解答。教师可以通过文字、链接、图片等方式向学生传递商务英语相关的信息和资料。这种形式的在线答疑提供了便捷和高效的交流方式，学生可以在需要的时候随时向教师寻求帮助和解答问题。通过虚拟辅导和在线答疑平台，学生可以直接与教师进行交流，解决学习中的问题和困惑。这种形式的交流不受时间和地域限制，学生可以根据自己的学习进度和需求随时与教师进行互动。同时，教师可以根据学生的具体情况和需求，提供个性化的指导和解答。这种实时的交流和互动有助于学生及时纠正错误、消除困惑，并提高商务英语的学习效果。

二、移动设备在商务英语教学中的利用

（一）实现随时随地的学习

实现随时随地的学习是移动设备在商务英语教学中的重要角色之一[1]。学生可以利用智能手机和平板电脑上的商务英语学习应用和在线课程平台，如Duolingo、Rosetta Stone、Coursera等，随时随地进行商务英语学习。这些学习应用和平台提供了丰富的商务英语学习资源，包括课程内容、练习题、单词记忆和语法教学等。学生可以根据自己的时间安排和学习进度，在公交车、咖啡馆或家中等不同场所利用碎片化的时间进行学习。移动设备的便携性使学生可以随时打开学习应用，进行商务英语的听、说、读、写等练习，提高了学习的灵活性和便捷性。

除了课程内容外，移动设备还提供了丰富的多媒体资源，如商务英语学习视频、商务英语听力材料和商务英语电子书。学生可以通过在线视频平台、学习应用或电子书阅读器等获取这些资源，随时随地观看商务英语教学视频、进行听力训练，或阅读与商务英语相关的电子书。这种学习方式叮以充分利用碎片化时间，加强对商务英语知识和技能的学习和理解。

（二）提供丰富的互动学习方式

移动设备提供了丰富的互动学习方式，为商务英语教学带来了更多的活力和参与度。

移动设备上有许多商务英语单词游戏应用，如WordUp Business、Business English Vocabulary Quiz等。学生可以通过这些应用进行商务英语词汇的学习和复习，通过游戏的方式理解和记忆商务英语词汇。这些应用通常可以提供不同

---

[1]　张莉.移动微学习在商务英语教学中的实践探索[J].天津电大学报，2019（2）：7.

难度级别的题型，可以满足不同水平学生的学习需求。通过商务英语学习社区，如在线论坛、学习平台的讨论区或社交媒体群组，学生可以与其他学习者进行交流和合作。他们可以分享学习心得、讨论商务英语话题、提问和回答问题，共同学习和进步。学生可以互相激励，共同解决学习中的难题，并通过交流和合作提高商务英语的学习效果。除此之外，利用移动设备上的一些应用，如Skype、Zoom、微信等，学生可以与教师和其他学生进行实时的商务英语口语练习和交流。教师可以设计商务英语口语任务，学生可以通过语音或视频通话的方式进行口语练习，模拟商务场景，提高口语表达能力和沟通技巧。同时，学生之间也可以进行语音或视频交流，共同练习商务英语对话和讨论。许多在线学习平台，如Coursera、edX等，也提供了讨论和互动功能，学生可以在课程论坛或讨论区与教师和其他同学进行交流和讨论。他们可以分享自己的学习体验、提出问题、回答问题，共同探讨商务英语的相关话题和知识。教师可以引导学生参与讨论，促进学生之间的互动和学习合作。

通过以上的互动学习方式，学生可以积极参与到商务英语的学习中，提高学习的兴趣和动力。这些互动学习方式能够激发学生的学习热情，加强他们与教师和其他学生的互动和交流，促进知识的共享和学习效果的提升。教师可以结合这些网络平台，设计各种互动活动和任务，引导学生积极参与，实现更有效的商务英语教学。

第二节　商务英语教学中的信息化互动式教学策略

一、互动式软件在商务英语教学的运用

（一）利用互动式软件进行语言技能训练

互动式软件为学生提供了一个动态的平台，它为学生创造了一个真实、丰富和高度互动的学习环境，能够让他们接触到大量的语言学习材料和实践机会。以Duolingo和Rosetta Stone等互动式软件为例，这些软件通过集成各种语言学习任务，不断地挑战并激发学生的学习兴趣和动力。这些互动学习任务通常设计得既丰富又形式多样，包括配对游戏、听力理解练习、口语模仿等，旨在让学生全方位地提升他们的听说读写技能。以听力理解练习为例，学生可能需要听一段商务电话对话，然后回答相关问题。这样的练习不仅能够让学生熟悉

商务英语的实际语境，也能提高他们的听力理解能力。再如，口语模仿练习可能会要求学生模仿一段商务演讲的录音，然后对比自己的发音和录音，这既能提高他们的发音准确性，又能让他们对商务演讲有更深入的理解。

除了丰富的学习任务，这些互动式软件还具有即时反馈系统。学生完成任务后，系统会立即给出反馈，比如指出发音的不准确之处，或是给出正确答案和解析。这样，学生可以及时了解自己的学习状况，找出自己的不足之处，然后调整学习策略。这种实时的、个性化的反馈对于学生的学习进步至关重要，有助于他们有效地提升自己的商务英语能力。在听说读写技能训练方面，互动式软件也为学生提供了大量的词汇和语法学习材料。这些软件通常都有强大的词汇和语法数据库，包括各种常用的商务英语词汇和表达。学生可以根据自己的学习需要，选择相应的词汇或语法进行学习。此外，很多软件还提供了各种学习工具，如词卡、记忆游戏等，帮助学生更有效地记忆和掌握这些词汇和语法。

（二）利用互动式软件模拟商务场景

当涉及模拟商务场景时，互动式软件是一个非常有用的工具。以下是一个示例，展示了如何利用互动式软件来模拟商务场景。

假设正在模拟一个销售会议，其中销售团队需要向潜在客户推销产品。可以使用一个互动式软件，如在线会议平台或虚拟现实软件，来模拟这个场景。以下是具体步骤。

（1）选择互动式软件。选择一个适合的互动式软件来模拟销售会议。如果你希望模拟在线会议，可以选择Zoom、Microsoft Teams或Google Meet等平台。如果想要更加沉浸式的体验，可以选择虚拟现实软件，如Oculus Rift或HTC Vive。

（2）创建场景。在软件中创建一个商务会议场景。可以设置会议室的布局、参与者的位置以及其他细节。确保场景尽可能真实，以提供更好的模拟体验。

（3）角色扮演。邀请销售团队成员和潜在客户参与角色扮演。每个成员可以扮演不同的角色，如销售代表、销售经理、潜在客户等。这样可以模拟真实的销售场景，让参与者更好地了解他们在不同角色下的表现。

（4）设置目标。确保为每个角色设置明确的目标和任务。例如，销售代表的目标可以是成功推销产品，销售经理的目标可以是指导销售代表，而潜在客户的目标可以是评估产品的价值。

（5）开始模拟。在互动式软件中开始模拟销售会议。参与者可以通过虚拟头显、摄像头或语音进行交流。销售团队成员可以展示产品演示，回答潜在客户的问题，并努力实现销售目标。

（6）分析和反馈。在模拟结束后，进行分析和反馈。讨论销售团队在会议中的表现，评估达成的目标以及潜在客户的反应。这将帮助团队发现改进的机会，并提高他们在真实销售场景中的表现。

通过利用互动式软件模拟商务场景，销售团队可以在一个安全的环境中进行实践和训练，提高他们的销售技巧和表现。这种模拟还可以帮助团队成员更好地理解客户的需求，并学习如何在现实场景中处理各种挑战。

（三）利用互动式软件进行商务文化教育

商务文化是商务交际中不可或缺的一环，对各国商务文化的理解有助于更有效的交流和合作。利用互动式软件，教育工作者能够创造出丰富多样的跨文化教学场景，让学生在模拟的商务环境中理解和体验不同的商务文化。例如，模拟软件可以设计一个虚拟的国际商业会议，来自不同文化背景的参与者需要就一个商业议题进行讨论，学生在此过程中需要使用英语进行沟通，并尝试理解和适应不同文化背景下的商业行为规范。对于具体的商务礼仪的学习，互动式软件可以提供各种形式的任务，让学生了解并练习不同文化背景下的商务礼仪。例如，软件中可以设定一场商务餐会，学生需要根据不同国家的餐桌礼仪规则来进行互动。他们需要在实际操作中了解到，不同文化下的餐桌礼仪有着显著的差异，如美国人可能更倾向于"商务和餐饮"同时进行，而日本人则可能更尊重餐饮环节本身，商务谈判常在餐后进行。

除了商务礼仪的学习，互动式软件还可以用来模拟跨文化交际。例如，软件中可以设定一个跨文化谈判的任务，学生需要理解和应对来自不同文化背景的谈判者的行为。在这种任务中，学生不仅需要用英语进行沟通，而且需要理解不同文化背景下的沟通方式和价值观，这对提升他们的跨文化交际能力具有重要意义。

二、网络协作学习在商务英语教学中的推广

（一）设计合作学习的任务与目标

在商务英语教学的环境中，网络协作学习的任务设计在于挑战学生的实际应用能力并鼓励他们进行合作。任务的设计通常围绕着商业场景进行，比如要

求学生以小组的形式编写商业计划或进行市场调研。这样的任务不仅要求学生具备一定的商务英语水平，也需要他们进行有效的协作，以便完成任务。

以一个具体的任务为例，假设是以小组的形式进行市场调研。这个任务首先要求学生能够用英语进行有效的沟通，因为他们需要以英语作为工作语言，共同完成任务。此外，学生还需要了解市场调研的基本原理和方法，因为他们需要设计调研问卷，分析数据，最后以报告的形式呈现调研结果。此外，这个任务还会涉及一些商务概念，如目标市场、消费者行为等，这些都是学生在完成任务的过程中需要了解和应用的知识。同时，任务的设计还需要设定清晰的目标。目标不仅要明确任务的预期结果，也要明确学生通过完成任务能够得到的学习效果。在这个市场调研的任务中，目标可能包括：①提高学生的英语沟通能力，特别是在商务环境中的沟通能力；②让学生理解市场调研的原理和方法，能够独立进行市场调研；③通过实际的商务环境，让学生了解商务概念和商务环境。这些目标既明确了任务的完成标准，也为学生提供了学习的动力和方向。通过这样的任务设计，学生不仅可以提高他们的商务英语水平，也可以增强他们的实际应用能力，同时能够培养他们的团队协作能力和解决问题的能力，这对他们未来的职业生涯有着重要的影响。

（二）建立合作学习的小组与角色

在网络协作学习中，小组的组成和角色分配是关键的组成部分。小组学习的目标在于让学生能够通过团队合作来解决问题，共享知识，以达到学习的目标。

小组的组成需要根据学生的能力、学习风格、性格等因素进行考虑，以确保小组的多样性和互补性。例如，可以将英语水平较高的学生与水平较低的学生分在同一组，这样可以促进他们之间的互助学习，共同提高。同样，也可以考虑将善于表达的学生和善于思考的学生分在同一组，这样可以让他们在小组学习中发挥各自的优势，实现优势互补。每个小组成员都应分配特定的角色，这样可以确保每个学生都能参与到学习过程中，共享责任和成果。例如，可以设置以下角色：组长（负责组织和协调小组的工作）、研究员（负责查找和分析相关信息）、记录员（负责记录小组的讨论和决定）、报告员（负责向全班报告小组的工作）。这样的角色分配可以让每个学生都有自己的任务和责任，也可以让他们在不同的角色中学习和成长。在实施网络协作学习时，也需要考虑到学生的学习情况和反馈，对小组和角色进行调整。例如，如果发现某个小组的成员之间合作不顺畅，可以考虑调整小组的组成，或者调整角色分配，以确保小组学习的有效性。通过有效的小组组成和角色分配，网络协作学习可以激发学生的学习兴趣，提高他们的参与度，帮助他们更好地理解和掌握商务英语知识。

（三）评估与反馈网络协作学习的效果

评估和反馈在网络协作学习中占据着重要地位，它们可以反映学生的学习效果，提供优化学习策略的信息，也可以激发学生的学习动力和积极性。

在网络协作学习的评估中，任务成果的质量是评价的重要依据。例如，对于一个商业计划的编写任务，教师可以根据计划的完整性、创新性、实用性等方面来评估学生的学习效果。此外，教师还可以通过学生在协作过程中的参与度、团队合作能力、问题解决能力等方面来评价他们的学习进展。互评也是评估网络协作学习效果的重要方式。通过互评，学生不仅可以了解同伴的学习情况，也可以从中反思自己的学习，进一步深化对知识的理解。例如，学生可以通过评价同伴的商业计划，来检查自己的计划是否有遗漏或需要改进的地方。教师的反馈是网络协作学习过程中必不可少的部分。无论是对学生的任务成果，还是对学生的团队合作表现，教师都应给予及时、具体、积极的反馈，以指导学生改进学习方法，强化正确的知识点，进一步提高学习效果。同时，教师的反馈也可以让学生了解自己的优点和不足，激励他们继续努力，改进学习方法。

第三节　利用信息化技术进行商务英语教学评估的策略

一、在线测评在商务英语教学中的应用

（一）利用在线测评进行商务英语知识点的测验

商务英语的知识点包括专业词汇、短语、商务文化、商务写作格式和风格等，这些都是商务英语教学中的重要组成部分。通过在线测评平台，教师可以有效地评估学生对这些知识点的掌握情况，同时，学生也能通过这种方式了解自己的学习效果。

Quizlet、Kahoot或Google Forms等在线测评工具，因其各自的特性为商务英语知识点测评提供了多样性和全面性。以Quizlet为例，它主要针对词汇和短语

的记忆和理解提供支持。在商务英语的教学中，Quizlet的"学习模式"可以帮助学生熟悉新的商务词汇和短语，而"拼写模式"则可以测试学生对词汇拼写的准确度❶。此外，Quizlet的"测试模式"则可以通过多选题、配对题、填空题等形式，全方位地检验学生对商务英语词汇和短语的掌握程度。Kahoot作为一款在线游戏化的学习工具，可以用于创建多选题，测试学生对商务文化知识的理解。在商务英语的教学中，可以通过Kahoot设计一些有关商务礼仪、商务职业文化、国际商务礼仪等主题的测验，以此检验学生对商务文化的理解和认识。同时，Kahoot的游戏化特性也能提高学生的学习积极性和参与度。Google Forms则提供了一种简单而直接的方式来创建填空题和翻译题，测试学生对商务英语语法和句型的掌握。在Google Forms中，教师可以轻松地创建包含多个问题的问卷，每个问题都可以设定为填空题或翻译题。例如，教师可以设计一些涉及商务邮件写作、商务报告撰写、商务会议表述等实际场景的问题，通过这些问题来测试学生对商务英语的实际应用能力。

同时，这些在线测评工具还提供了自动评分功能，教师可以在短时间内了解学生的测试结果，从而了解学生在某个知识点上的掌握情况。例如，Quizlet的自动评分系统可以迅速反馈学生的词汇和短语测试成果。它会列出学生的得分以及所有的错误答案，从而帮助教师清晰地了解学生在词汇和短语掌握方面存在的问题。在分析了这些反馈后，教师可以针对性地调整教学策略，如增加特定词汇和短语的教学时间，或者采用不同的教学方法来加强记忆。Kahoot也提供了丰富的数据反馈。在完成一轮商务文化知识的多选题测试后，Kahoot会为每个问题提供详细的回答统计，让教师了解哪些知识点是学生普遍理解不透彻的。借助这些信息，教师可以在后续的教学中，加强这些知识点的讲解，确保学生能够全面理解和掌握商务文化知识。Google Forms的自动数据分析功能，可以为教师提供一份详细且直观的测试报告。这份报告中包含了所有问题的正确率统计，让教师一目了然地知道学生在商务英语语法和句型方面的掌握状况。在这之后，教师可以根据报告的结果，对教学内容进行进一步的优化和调整，如增加对困难语法点的讲解，或者提供更多的句型实战练习。通过这些在

---

❶ DIZON，GILBERT. Quizlet in the EFL classroom： Enhancing academic vocabulary acquisition of Japanese university students [J].Teaching English with Technology，2016 （16）： 40-56.

线测评工具，教师不仅能迅速地获取学生的学习反馈，还能根据反馈结果，进行精细化的教学调整，从而提升教学质量和效果。

（二）利用在线测评进行商务英语能力的评估

在线测评的强大功能，使教师可以全方位、多角度地评估学生的商务英语能力。为了更准确地评估学生的听力和阅读能力，教师可以设置含有音频和阅读材料的测评题目。例如，通过使用TED Talks或BBC News的音频片段，教师可以测试学生的听力理解能力；通过使用与经济、商业相关的英语文章，教师可以测试学生的阅读理解能力。

对于写作和口语能力的评估，教师可以让学生通过在线平台提交写作或录音作品。例如，教师可以设置一个商务报告写作的任务，然后对学生提交完成的报告进行评分；或者，教师可以让学生录制一段商务演讲的视频，然后对其语言表达、逻辑结构、内容深度等方面进行评估。这样不仅能评估学生的语言能力，也能培养学生的实际应用能力。为了模拟真实的商务环境，教师可以设置各种商务场景的任务。例如，教师可以创建一个模拟会议的任务，让学生准备议程、撰写会议记录、提出商业提案等；或者，教师可以创建一个模拟商务谈判的任务，让学生扮演商业代表，进行商务洽谈。在这些任务中，学生需要使用商务英语进行沟通和协作，这不仅能提高他们的商务英语能力，也能锻炼他们的商务沟通和协作能力。

此外，通过在线平台，学生可以方便地与同伴进行交流，这也为评估学生的商务沟通能力提供了可能。例如，教师可以通过查看学生在讨论区的发言，了解他们是否能有效地使用商务英语进行沟通。或者，教师可以让学生进行在线的角色扮演活动，例如，扮演公司CEO和员工，进行商务沟通的模拟。这样既能评估学生的语言能力，也能培养他们的沟通技巧。

（三）利用在线测评提供即时反馈与调整教学策略

在线测评工具和平台，如Quizlet、Kahoot、Google Forms，以及更多专门用于语言学习的平台如Duolingo，都对商务英语教学有着重要的帮助。他们不仅提供多样化的测评方式，还能为教师和学生提供实时反馈，进一步优化教学策略。

Quizlet是一个广泛应用的学习工具，它提供了多种形式的学习和测试模式。在商务英语教学中，Quizlet的实时反馈系统能让学生及时了解自己的学习状况，对于错误的答案，Quizlet会为学生提供正确答案，并在后续的学习中重点复习。对于教师来说，可以通过查看学生的学习记录和测试成绩，了解学生在各个知识点上的掌握程度，以此作为调整教学内容和方式的参考。Kahoot则是一款鼓励互动的在线测评工具，适合用于课堂或小组学习。教师可以创建多选题进行测试，学生可以实时参与答题，答题结果将即时显示在屏幕上。这样的设计让学习变得更具趣味性，同时，学生可以立即了解自己的答题情况，提高学习的积极性。对于教师而言，可以通过查看每个问题的回答情况，得知哪些问题学生普遍答错，从而精准地针对这些问题进行再教学。Google Forms作为一款表单和调查工具，可以方便地创建各种测评题目，如选择题、填空题、简答题等。提交后的答案可以自动统计，形成图表，让数据分析变得更为直观。在商务英语教学中，教师可以使用Google Forms来进行学生的能力评估，例如，可以设计商务报告写作的任务，学生在完成后提交到Google Forms上，教师可以通过查看提交的报告，了解学生的写作水平，并给出反馈。以上这些工具和平台，既可以用来评估学生对商务英语知识的掌握情况，也可以用来评估他们的商务英语实际应用能力。更重要的是，它们可以提供实时的反馈，让教师和学生都能及时了解学习的状况，有针对性地调整学习和教学策略，从而提高商务英语教学的效果。

二、利用学习分析工具进行商务英语教学的反馈与优化

（一）利用学习分析工具收集学生学习数据

在商务英语教学中，利用学习分析工具收集学生学习数据已经成为一种常见的做法。这不仅提供了一种高效的方式来评估学生的学习进度和效果，也为教师调整和优化教学策略提供了有力的支持。

以Blackboard、Moodle和Canvas这三个教育平台为例，它们都具有内置的学习分析工具，可以自动收集学生的学习行为数据。这些数据包括但不限于学生的登录时间、在线时长、参与的学习任务以及完成的学习资源等。这样的功能可以帮助教师轻松了解学生的学习状态和进度。例如，Blackboard的学习分析功能可以展示学生在课程中的参与情况，如访问的课程资源、发表的论坛帖子以及完成的作业等。它还可以显示学生的学习活动与成绩之间的关系，以便教师了解哪些活动对学生的学习成绩有积极的影响。与此同时，Moodle平台通过其"报告"功能提供了多种类型的学习分析报告，如活动报告、参与报告、成绩报告等。这些报告可以帮助教师了解学生的学习活动，如何与课程内容进行互动，以及他们的学习成果。Canvas平台则提供了一种名为"课程分析"的功能，这个功能可以向教师展示学生的学习活动概述，包括页面浏览次数、讨论

参与度、提交作业的次数等❶。同时，它也可以显示学生的成绩趋势，以便教师了解学生的学习进展。以上所有功能，都可以帮助教师及时掌握学生的学习状态，了解他们在哪些方面可能需要帮助，从而能够提供及时的支持和指导。另外，这些学习行为数据也为教师提供了改进教学方法和策略的依据，使教学过程更有针对性，更能满足学生的个别化学习需求。

此外，还可以利用学习分析工具收集学生的测评数据，如测验成绩、答题时间、错误答案等。这些数据可以从在线测评工具中获取，如之前提到的Quizlet、Kahoot和Google Forms等。通过收集这些数据，教师可以了解学生的学习进度和效果，并为后续的教学提供参考。

（二）利用学习分析工具分析学生学习行为和成绩

收集到学生的学习数据后，教师可以利用学习分析工具进行分析，以了解学生的学习行为和成绩。许多学习分析工具都提供了数据分析和可视化功能，能帮助教师从大量数据中提取有价值的信息。

以上文提到的Blackboard、Moodle和Canvas这三个教育平台为例，分析学生学习行为和成绩的功能也是这些平台的重要组成部分。Blackboard的"Retention Center"功能可以帮助教师从四个维度分析学生的学习行为：课程活动、课程评估、课程访问和互动。通过这些数据，教师可以清楚地看到哪些学生需要关注，哪些学生的参与度低，甚至可以预测哪些学生可能会在课程中落后。这对于教师来说，是非常重要的信息，因为这样他们可以在问题变得严重之前及时介入。而Moodle平台的"Learning Analytics"功能则可以预测学生的表现，包括他们是否可能落后，以及他们的成绩是否可能低于预期。它甚至可以提供关于如何改善学生表现的建议。此外，通过"Gradebook"功能，教师可以轻松地跟踪和分析学生的成绩，找出哪些学生在某些任务中表现出色，哪些学生可能需要额外的帮助。而Canvas平台提供的"New Analytics"功能则允许教师查看和比较学生的参与数据和成绩数据。通过这个功能，教师可以看到学生在课程中的活动概览，包括他们的讨论参与度、作业提交情况和测验表现等。这可以帮助教师了解哪些学生在课程中表现活跃，哪些学生可能需要额外的关注和支持。

---

❶ 赵静.基于Canvas平台与钉钉直播的大学英语教学模式探讨[J].英语广场（下旬刊），2020（9）：116-118.

（三）利用学习分析工具调整教学策略与提升教学效果

基于学习分析工具对学生学习数据的分析，教师可以根据学生的实际需要和学习效果，调整教学策略，以提升教学效果。

1. 确定教学策略的调整方向

在教学策略的调整方向确定的过程中，教师可以充分利用学习分析工具的各种功能。首先，教师可以通过学习分析工具追踪学生的学习进度。例如，可以监控学生在在线课程中的活动，如完成的学习任务、访问的课程资源、参与的在线讨论等。这些信息可以帮助教师了解学生的学习进度和参与程度，从而确定教学策略的调整方向。其次，教师可以利用学习分析工具分析学生的测评成绩，找出学生在哪些知识点或技能上存在困难。例如，通过对多次测评成绩的分析，教师可以发现学生在商务英语的哪些方面存在问题，需要增加教学的重点和深度。最后，教师还可以通过学习分析工具了解学生的学习习惯和偏好。例如，分析学生在一天中的哪些时段在线学习时间最长，或者学生更倾向于使用哪种学习资源（如视频、文本、讨论区等）。这些信息可以帮助教师了解学生的学习风格和需求，以便更好地满足他们的学习需求。

综合以上信息，教师可以确定教学策略的调整方向。如果数据显示学生在某些知识点的理解不深，教师可以增加这些知识点的教学时间和深度，或者使用不同的教学方法来帮助学生理解。如果数据显示学生的在线学习活跃度低，教师可以尝试引入更多的互动性和趣味性的学习活动，以提高学生的学习兴趣和积极性。这样，教师就能根据学生的实际情况和需求，科学地确定教学策略的调整方向，以提高商务英语教学效果。

2. 设计和实施改进措施

设计和实施改进措施是提升商务英语教学效果的重要环节。根据学生的学习数据和需要改进的方面，教师可以有针对性地设计教学策略和活动。

对于学生在商务英语写作方面存在的困难，教师可以从多个角度设计改进措施。首先，可以设计更多的写作任务，涵盖商务报告、电子邮件、提案等各种类型的商务文本，以提供更多的实践机会。其次，可以提供详细的写作指导和反馈，帮助学生理解商务英语写作的规范和要求，并改进写作技巧。最后，可以利用在线写作工具，如Grammarly，帮助学生自我修正语法和拼写错误，提升写作质量。在提高学生的在线学习积极性方面，教师可以设计更多的互动性和趣味性的学习活动。例如，可以设置在线讨论区，让学生在完成学习任务后，就相关话题进行讨论和分享，提高学生的参与度。另外，可以组织小组项目，让学生合作完成实际的商务任务，如市场调查、商业计划书编写等，提高学生的实践能力和团队协作能力。还可以设计一些游戏化学习活动，如知识竞赛、角色扮演等，通过游戏的形式，增加学习的趣味性，激发学生的学习兴趣和积极性。以上的设计和实施改进措施，都可以根据学习分析工具的反馈数据进行调整和优化。这样，教师就可以实时了解教学改进措施的效果，进一步完善教学策略，提高商务英语的教学质量和效果。

3.评估改进措施的效果

评估改进措施的效果是教学过程中至关重要的环节，这可以确保教学策略的有效性并针对性地进行进一步优化。

教师可以通过学习分析工具持续收集学生的学习数据，这些数据包括但不限于学生的成绩变化、在线活动参与度、互动情况、课程完成情况等。这些数据可以清晰反映出改进措施是否带来了预期的教学效果提升。对于商务英语写作的教学改进措施，教师可以通过对比学生写作任务的完成质量和速度、写作错误的数量和种类，以及利用在线写作工具进行自我修正的情况等，来评估改进措施的效果。例如，如果数据显示学生的写作质量提高了，写作错误减少了，那么就可以认为写作教学的改进措施是有效的。对于提高在线学习积极性的教学改进措施，教师可以通过分析学生的在线活动参与度、课程完成情况、小组项目的完成情况、游戏化学习活动的参与情况等，来评估改进措施的效果。例如，如果数据显示学生的在线活动参与度提高了，小组项目的完成质量和效率也有所提升，那么就可以认为这些改进措施是有效的。

三、利用信息化技术进行商务英语教学的长期跟踪评估

（一）利用学习管理系统进行学习过程的追踪与记录

学习管理系统（learning management system， LMS）如Canvas、Moodle、Blackboard等，为商务英语教学长期跟踪学生学习过程提供了便利。通过这些平台，教师可以实时记录并管理学生的学习活动，例如，通过查看在LMS中生成的详细学习报告，学生可以清楚地看到自己的学习进度、学习时间以及课程参与度等情况，从而可以自我调整学习节奏和方法，提高学习效率。LMS中的讨论区功能也是一种重要的学习追踪工具。教师可以查看学生在讨论区中的发言和互动情况，了解他们对课程内容的理解和思考，也可以通过学生的发言和问

题，发现他们在学习中遇到的困难和问题，以便及时给予帮助和指导。同时，通过参与讨论区的互动，学生也可以提高他们的思辨能力和交流能力，这对商务英语的学习也是非常有帮助的。

对于教师而言，学习管理系统还可以帮助他们进行教学评估。通过比较学生的学习数据和学习成果，教师可以评估他们的教学效果和教学方法，进一步优化教学设计。同时，LMS还具有定制化的功能，可以根据每个学生的学习情况和需要，提供个性化的学习路径和学习资源。比如，对于在商务英语写作上表现出困难的学生，教师可以通过LMS为他们提供更多的写作练习和指导资源；对于在听力理解上需要提高的学生，教师可以通过LMS为他们提供更多的听力训练材料。

（二）利用在线问卷调查进行教学反馈的收集与分析

在线问卷调查的具体运用在商务英语教学中，是一种有效的信息收集方式，其结果直接影响教学策略的决定和优化。在商务英语教学中，教师可以通过在线问卷调查收集学生对课程内容、教学方法、学习资源等方面的意见和建议。例如，问卷中可能会询问学生对最新一周课程内容的理解程度，或者他们在某个特定任务或项目中遇到的困难。通过这些调查问题，教师可以获得及时而细致的反馈，以便调整教学计划。在线问卷调查的另一个优点是其便于对数据的整理和分析。与传统的纸质问卷不同，大部分在线问卷工具可以自动统计和分析数据，帮助教师快速、准确地了解学生的反馈情况。例如，教师可以很容易地看出大部分学生是否认同某种教学方法，或者哪种教学资源的使用情况最好，从而为改进教学提供依据。

在线问卷调查也是建立教师与学生沟通的一个渠道。由于其匿名性的特点，学生往往更愿意在问卷中直接、坦诚地表达他们的观点和感受。此外，通过定期的在线问卷调查，学生可以感受到他们的声音被听到，他们的需求和困难得到关注，从而提高他们的学习积极性和满意度。

（三）利用电子作品集记录学生的学习成果和成长历程

电子作品集作为一种现代化的教育工具，在商务英语教学中的应用非常广泛。电子作品集可以包含文本、音频、视频、图片等各种类型的内容，非常适合记录商务英语的各项学习成果。例如，学生可以上传他们的商务英语写作作品、录制的商务英语演讲、完成的商务英语项目报告等。这些作品不仅展示了学生的学习成果，也反映了他们的学习过程和进步。

电子作品集的最大优点之一是能帮助学生进行自我反思。当学生将自己的学习成果收集到电子作品集中，他们就有机会对自己的学习过程进行反思和评估。他们可以看到自己在商务英语学习中的进步，也可以找出自己的不足。这种自我反思和评估的过程对于学生的学习非常重要，可以帮助他们建立自主学习的能力，提高学习效率。对于教师来说，电子作品集是了解和评估学生学习情况的重要工具。教师可以通过查看学生的电子作品集，详细了解学生的学习进度、学习方法、学习兴趣，以及他们在学习过程中遇到的困难。这些信息对于教师设计教学策略，提供个性化的教学指导都是非常有价值的。例如，如果教师发现某个学生的商务英语写作作品中经常出现语法错误，那么他就可以针对性地指导这个学生进行语法学习。或者，如果教师发现大部分学生在某个商务英语项目中都遇到了类似的困难，那么他就可以在接下来的教学中重点解决这个问题。

第五章

信息化时代商务英语核心课程建设

第一节　信息化时代商务英语教学的词汇教学

一、利用在线词汇学习平台进行教学

（一）使用在线词汇数据库建立个性化学习路径

在信息化时代，商务英语教学借助在线词汇数据库，可以更加精准地适应学生的学习需求，推动其快速并准确掌握专业词汇。在线词汇数据库如Quizlet、Anki等提供的优势不仅是词汇的覆盖面广和更新速度快，更重要的是它们能够为每一个学生创建个性化的学习路径。

这种路径可以根据学生的学习进度和能力进行定制。在商务英语学习的初级阶段，教师可以在词汇数据库中挑选出频繁出现在商务交流中的基础词汇，如"contract"（合同）、"negotiation"（谈判）、"marketing"（市场营销）等，然后将这些词汇整理成卡片，通过平台推送给学生。学生在学习这些基础词汇的同时，也能通过卡片上的例句和图片，了解词汇的实际应用场景和语境。对于进阶阶段的学习者，词汇的难度和专业性可以适当提升。例如，教师可以选择"subsidiary"（子公司）、"merger"（合并）、"arbitration"（仲裁）等具有商务背景的专业词汇。这些词汇的含义更加具体，使用场景也更为专业。为了帮助学生更好地理解和记忆这些词汇，教师还可以在词汇卡片上添加相关的新闻报道或案例分析，让学生在实际的商务语境中，学习和应用这些词汇。

随着学习的深入，学生可能会遇到一些具有特定行业特色的词汇，如"underwriting"（承销）在金融行业中的使用，或者"supply chain"（供应链）在物流行业中的应用。这时，教师可以利用词汇数据库的高度定制化功能，为学生提供更有针对性的学习资源。例如，教师可以将这些行业特色词汇整理成专题，然后配合相关的行业报告或研究文章，进行深入的教学。借助在线词汇数据库，商务英语教学可以实现从基础到专业，从普遍到特定的个性化词汇学习。无论学生的英语水平如何，他们都可以在自己的学习路径上，以自己的节奏，学习和掌握商务英语词汇。

（二）利用互动性强的在线词汇游戏增加学习兴趣

在商务英语教学中，互动性强的在线词汇游戏已经成为一种重要的教学方式❶。这些游戏如Memrise、Babbel等，不仅包含了丰富的词汇资源，还设计了各种有趣的学习任务，通过互动和挑战，帮助学生在轻松的游戏环境中学习和记忆词汇。

在这些词汇游戏中，词汇的学习通常不是孤立的，而是结合了具体的上下文和情景。比如，一款名为"商务聚会"的词汇游戏，可能需要学生在虚拟的商务聚会场景中，找出与"networking"（社交）或"presentation"（演讲）等词汇相关的物品或人物。在这个过程中，学生不仅要记住词汇本身，还要理解词汇在特定情景中的应用和含义。此外，一些词汇游戏还设计了模拟商务场景的任务，如谈判、销售演讲等，学生需要在任务中正确使用学过的词汇。比如，在一款名为"商务谈判"的游戏中，学生需要运用"proposal"（提议）、"counteroffer"（还价）等词汇，进行模拟谈判。这种真实的情景模拟，不仅能让学生在实践中巩固和运用词汇，也能帮助他们更好地理解商务环境中的语言交流规则。

与传统的教学方式相比，互动词汇游戏的最大优势在于其极高的学习动力。诸如积分、排行榜、徽章等游戏机制，都能激发学生的竞争欲望和成就感。当学生在游戏中成功记忆词汇，或在模拟任务中获得胜利时，他们会得到即时的反馈和奖励。这种奖励感可以增强学生的学习动力，让他们在学习过程中获得乐趣，从而更愿意投入词汇学习中。互动词汇游戏将学习与游戏结合，让商务英语的词汇学习变得更加有趣和有效。这是一种完全符合信息化时代特征的教学方式，有力地推动了商务英语教学的发展。

（三）运用在线词汇测试工具进行词汇学习效果的评估

在线词汇测试工具提供了一种便捷的方式来评估学生的词汇学习效果。它们不仅包含了丰富的测试题库，还支持实时的数据分析，让教师能够了解到学生的学习情况。这些在线词汇测试工具的使用，极大地提升了商务英语词汇教学的效率和效果。例如，在教学商务英语中经常使用的词汇如"contract"（合同）、"investment"（投资）等，教师可以设置相关的在线测试，让学生在完成学习后立即进行自我检验。测试的结果能让教师迅速把握学生的掌握情况，比如，哪些学生已经完全掌握了这些词汇，哪些学生还存在理解或记忆上的困

---

❶ 黄笑菡.教学互动在高职商务英语教学中的应用[J].新课程：下，2013（11）：2.

难，需要进行额外的辅导或复习。

此外，这些在线词汇测试工具通常都支持自适应学习。也就是说，它们可以根据学生的实际表现，自动调整测试的难度和内容。比如，对于已经掌握了基础词汇的学生，测试系统会逐步提供更难的词汇和更复杂的题目，以提高他们的词汇应用能力；对于还在学习基础词汇的学生，则会给予更多的练习机会，帮助他们逐步掌握这些词汇。这种自适应的学习方式，既能保证所有学生都能在适合自己的水平上进行学习，又能让教师更准确地评估每个学生的学习进度和效果。因此，借助在线词汇测试工具，教师可以更有效地评估学生的词汇学习效果，也可以为学生提供更有针对性的学习建议。这种以数据为基础的教学评估和反馈，无疑是商务英语词汇教学向信息化转型的一个重要步骤。

二、结合商务情景的词汇学习方法

（一）设计商务英语情景模拟活动进行词汇应用练习

在教学商务英语的过程中，设计商务情景的模拟活动已被广泛应用于词汇学习[1]。这些活动的设计，旨在将理论知识与实际情景相结合，使学生能够在模拟的商务环境中应用所学词汇。例如，教师可以设计一个模拟会议的活动，让学生使用相关词汇，如"agenda"（议程）、"minutes"（会议记录）等，进行商务英语的对话。在现代商务活动中，电子邮件是最常见的沟通方式之一。教师可以设计商务邮件写作的任务，让学生应用商务英语词汇，如"inquiry"（询问）、"quotation"（报价）、"invoice"（发票）等。学生可以通过写作实际的商务邮件，实践使用这些词汇的能力。面试是商务活动中不可或缺的一环。教师可以设计模拟面试的活动，让学生使用如"qualifications"（资格）、"competencies"（能力）、"referrals"（推荐人）等词汇，模拟真实的面试对话。电话是商务沟通的重要手段，尤其是在疫情等特殊情况下，电话会议更加常见。教师可以设计商务电话模拟活动，让学生使用如"conference-call"（电话会议）、"hold on"（稍等）、"transfer"（转接）等词汇，模拟真实的电话对话。这种情景模拟不仅能提高学生的语言应用能力，还能加深他们对商务英语词汇的理解。同时，为了使这种情景模拟活动更

---

[1] 姚小娟，周天楠.从言语行为理论角度探讨商务英语教学中情景模拟教学模式的应用[J].语文学刊：外语教育与教学，2013（9）：3.

加符合实际情况，许多教师会使用如Zoom、Microsoft Teams等在线会议工具进行教学。这些工具能够让学生在虚拟的商务环境中进行互动，就像在真实的商务场景中一样。因此，借助这些工具，教师可以设计更为丰富和逼真的商务情景模拟活动，帮助学生更好地学习和应用商务英语词汇。

（二）运用商务英语专业内容资源进行词汇学习

商务英语专业内容资源，如在线商务英语杂志、商务英语电子书，以及各种在线商务英语讲座和研讨会，都是学习商务英语词汇的重要资源。教师可以引导学生利用这些资源进行自主学习，同时，也可以将这些资源融入教学活动中，让学生在实际的商务语境中学习和使用词汇。

1. 使用在线商务英语杂志

一些知名的商务英语杂志如*The Economist*、*Business Insider*、*Forbes*等，经常会发布一些关于经济、贸易、市场等商务活动的文章。在阅读这些文章的过程中，学生不仅可以学习到新的商务英语词汇，如"merger"（并购）、"acquisition"（收购）、"stakeholder"（利益相关者）等，也可以通过实际的商务情景，了解到这些词汇的实际应用和含义。

例如，教师可以选择"The Economist"中的一篇文章作为课堂教学材料，该文章可能涉及全球经济动态、公司并购案例、股市分析等。在文章中，学生可能会遇到一些新的词汇，如"consolidation"（整合）、"equity"（股权）、"portfolio"（投资组合）等。首先，教师可以让学生先自行阅读文章，遇到不认识的词汇，可以鼓励他们通过查词典或者在线翻译工具自行理解。这种自主探索的过程，可以培养学生的自学能力和解决问题的能力。其次，教师可以组织课堂讨论，让学生分享他们在阅读过程中遇到的新词汇，以及他们理解的词义。这种讨论的过程，不仅可以检验学生的学习效果，还可以促进他们之间的交流和合作。再次，教师可以解释和讲解这些新词汇的意义和用法，以及这些词汇在文章中的具体应用。例如，对于"consolidation"这个词，教师可以讲解它在商务英语中的含义，即公司合并或重组以实现更大的规模和效率，并给出一些实际的例子，如某两家公司为了扩大市场份额和优化资源配置而进行的整合。最后，教师可以设计一些练习，让学生在实际的商务情景中使用这些新词汇。例如，可以让学生模拟编写一份关于公司整合的新闻报道或者分析报告，这样他们就可以在真实的语境中运用所学的词汇，从而加深记忆。这种通过阅读商务英语杂志进行词汇学习的方法，能够让学生在了解全球商务动态的同时，学习和应用商务英语词汇，从而提高他们的商务英语水平。

2. 采用商务英语电子书

一些在线图书馆，如"Project Gutenberg""Google Books"等，提供了大量的商务英语电子书，涵盖了各种商务主题，如营销、管理、财务等。采用商务英语电子书进行词汇学习，是一个能够将学习与实践紧密结合的有效方式。商务英语电子书不仅涵盖了各种商务主题，提供了丰富的词汇学习资源，而且可以帮助学生理解和应用这些词汇于实际的商务环境中。

首先，教师可以先从在线图书馆选择一本适合学生水平和兴趣的商务英语电子书，比如关于营销策略的书籍。这样的书籍可能包含一些专业的商务英语词汇，如"market penetration"（市场渗透）、"consumer behavior"（消费者行为）、"pricing strategy"（定价策略）等。其次，教师可以让学生自行阅读电子书的一部分，尝试理解并记忆其中的新词汇。鼓励学生在阅读过程中标记不熟悉的词汇，并尝试根据上下文或者查阅在线词典来理解它们。这个阶段可以训练学生的自主学习能力和词汇理解能力。再次，教师可以组织课堂活动，让学生分享他们在阅读过程中遇到的新词汇，以及他们对这些词汇的理解。教师可以纠正学生对词汇理解的误区，并解释词汇在具体商务环境中的用法和含义。例如，对于"market penetration"，教师可以解释它指的是一个公司的产品或服务在特定市场中的销售占比，并举例说明这个词在商务策划中的实际应用。最后，教师可以设计一些实践活动，让学生在模拟的商务环境中使用这些新学的词汇。例如，可以让学生模拟制定一个新产品的市场渗透策略，要求他们在策划中使用到"market penetration""consumer behavior"等词汇。

3. 观看在线商务英语讲座和研讨会

在线商务英语讲座和研讨会的运用，将课堂学习与实际的商务环境巧妙地连接在一起。这样的活动不仅提供了最新的商务信息和实践案例，也为学习者提供了一个理解和运用新词汇的机会。许多在线学习平台，如"Coursera""EdX"等，提供了大量的商务英语讲座和研讨会。在观看这些讲座和研讨会的过程中，学生可以接触到最新的商务理论和实践，学习到专业的商务英语词汇，如"venture capital"（风险资本）、"equity"（股权）、"revenue"（收入）等，并通过实际的商务情境，深化对这些词汇的理解和应用。

首先，教师可以引导学生选择合适的在线讲座和研讨会，如关于风险投资或企业股权结构的讲座。这些讲座通常由专业的商务人士主讲，他们会使用大量的专业词汇，如"angel investor"（天使投资人）、"initial public offering"（首次公开发行）、"debt financing"（债务融资）等。其次，在学生观看讲座和研讨会的过程中，他们可以尝试记下新的词汇，并在听讲的过程中理解词汇的含义。再次，教师还可以建议学生使用笔记软件，如Evernote，记录重要的观点和新词汇，便于他们在之后的学习中回顾和复习。课后，教师可以组织一次课堂讨论，让学生分享他们在观看讲座和研讨会的过程中所学到的新词汇，以及这些词汇在讲座和研讨会中的应用。在此过程中，教师可以纠正学生对词汇含义的误解，并解释这些词汇在商务环境中的实际应用。最后，教师可以设计模拟商务活动，让学生应用这些新词汇。例如，教师可以让学生模拟一次风险投资的筹备过程，学生在活动中要使用"angel investor""initial public offering"等词汇。

（三）搭建商务英语社区进行词汇交流与分享

在信息化教学环境下，搭建商务英语学习社区已经成为一种越来越普遍的做法。

1. 使用社交媒体平台进行词汇交流与分享

社交媒体平台，如Facebook和LinkedIn，为学习者提供了一个展示、交流和分享商务英语词汇的平台。例如，教师可以创建一个Facebook的学习小组，学生可以在小组中分享他们在阅读商务英语杂志或观看商务英语讲座时遇到的新词汇，如"blue-chip stocks"（蓝筹股）、"asset allocation"（资产配置）等。此外，他们还可以分享自己如何在模拟商务活动中运用这些词汇，或者在实际的商务环境中遇到这些词汇时的运用经验。同时，教师也可以在小组中发布新的词汇学习资源，或者定期组织在线的词汇讨论活动，促进学生对商务英语词汇的学习和应用。

2. 利用学习管理系统（LMS）搭建商务英语学习社区

学习管理系统（LMS），如Moodle和Canvas，提供了一个系统化的平台，方便教师和学生进行在线的课程管理和学习。在商务英语的词汇学习中，教师可以利用LMS搭建一个商务英语学习社区。在这个社区中，教师可以发布课程的课程计划、词汇学习的任务，以及商务英语的在线讲座和研讨会的信息。同时，学生也可以在社区中提交他们的词汇学习作业，发布他们在商务英语学习中的问题和困惑，或者分享他们的学习心得和经验。这样，教师不仅可以方便地管理课程和监控学生的学习进度，学生也可以在社区中互相学习和交流，提高他们的商务英语词汇学习效果。

三、运用数据分析提升词汇学习效果

（一）运用学习分析工具跟踪词汇学习情况

在信息化教学环境下，学习分析工具，如Google Analytics、Learning Record Store（LRS）等，能够有效地跟踪和记录学生的学习活动。通过对学习数据的收集和分析，教师可以了解学生的词汇学习情况，包括他们学习的词汇量、词汇学习的进度，以及他们在词汇学习中遇到的困难和挑战。例如，教师可以通过Google Analytics查看学生在商务英语学习社区的活动数据，了解学生在社区中学习和使用词汇的频率，以及他们对特定词汇的查询和使用情况❶。通过这种方式，教师可以跟踪学生的词汇学习情况，及时了解他们的学习需求和困惑，为他们提供个性化的词汇学习支持。

（二）通过数据分析调整词汇教学策略

数据分析在商务英语词汇教学中，更多地被用来调整教学策略。数据的收集和分析为教师提供了更深入、更个性化的理解，有助于发现学生的学习习惯、困难和优势。特别是对于商务英语词汇的学习，数据可以揭示哪些词汇对学生来说更困难，哪些词汇对他们来说相对容易。例如，如果一组数据显示，学生在理解和应用涉及金融和会计术语，如"balance sheet"（资产负债表）、"cash flow"（现金流）等词汇时存在困难，教师可以针对性地调整教学策略。这可能包括在课堂上提供更多的关于这些术语的实际应用示例，或者提供更多相关的实战练习机会。数据分析还可以揭示学生参与度的情况。参与度高的学生通常对学习更有热情，更有可能达到学习目标。如果数据显示某些学生在课堂讨论或在线学习社区中的参与度较低，教师可以寻找方式提高他们的参与度。这可能包括组织一些词汇挑战或游戏，鼓励学生积极参与，或者提供更多与他们兴趣相关的课堂内容。

除此之外，教师还可以根据学习数据进行一些创新的教学尝试。例如，如果数据显示学生在学习商务英语法律词汇，如"contract"（合同）、

---

❶ 张成龙，李丽娇.GoogleAnalytics在校园网站数据分析中的应用[J].现代教育技术，2013（9）：52-55.

"litigation"（诉讼）等时存在困难，教师可以尝试与实践经验丰富的法律专业人士合作，组织一场关于这些词汇的在线研讨会，让学生有机会听到这些词汇在实际商务环境中的应用，提升他们对这些词汇的理解和记忆。总的来说，通过数据分析，教师可以更有针对性地调整教学策略，使商务英语词汇教学更加高效和富有成效。

（三）通过数据反馈形成词汇学习报告，指导学习改进

在词汇学习过程中，及时的反馈是非常重要的。通过学习分析工具，教师可以定期生成学生的词汇学习报告，包括他们的学习进度、学习成效，以及他们在词汇学习中的困难和挑战。例如，教师可以通过Learning Record Store（LRS）生成每个学生的词汇学习报告，并在报告中提供对他们词汇学习的建议和指导。同时，教师也可以将这些报告分享给学生，让他们了解自己的学习情况，反思自己的学习方法，以及调整自己的学习策略。通过这种方式，教师可以使用数据反馈指导学生的词汇学习，帮助他们改进学习方法，提高词汇学习效果。

第二节　信息化时代商务英语教学的语法教学

一、线上语法学习工具的应用

（一）应用在线语法学习平台提高学习效率

在线语法学习平台的实用性并不止于课程的个性化设置和语法练习，其实它还能为商务英语学习者提供真实的语境模拟，以便更好地掌握和应用语法知识。对于商务英语学习者来说，语法不仅是书本上的规则，更是实际应用中的工具。因此，如何在真实的商务场景中运用语法规则，对他们的学习效果有着至关重要的影响。例如，在线语法学习平台Duolingo中，不仅有传统的语法练习，还有一系列与商务相关的情境对话。这些对话涵盖了商务英语的各个主题，如商务谈判、项目管理、市场营销等。在这些对话中，学生可以学习到如何在不同的商务场景中使用"conditional sentences"（条件句）、"modal verbs"（情态动词）等语法知识。他们可以看到这些语法规则如何被应用到商务谈判或者市场营销的语境中，从而更好地理解和掌握这些规则。

此外，这些在线语法学习平台也为学生提供了大量的练习机会。在每次语法课程后，都有相关的练习题供学生复习和巩固所学知识。这些练习题以与商务相关的语境为背景，例如，学生可能需要用正确的"reported speech"（间接引语）完成一份商务会议的记录，或者用合适的"tense"（时态）描述一个市场营销计划的进展。这样的练习，既能让学生在实际的语境中应用所学的语法知识，也能让他们更好地理解这些知识在商务英语中的实际应用。

（二）运用语法检查工具提升语言准确度

语法检查工具的实际应用范围远超过了在写作过程中的错误纠正。以Grammarly为例，其高级版本不仅可以纠正语法错误，还可以提供语义清晰度、文体恰当性和语调正确性的反馈，这对于商务英语学习者在写作过程中掌握和改进商务写作技巧非常有帮助。

在商务英语的写作中，如何使用正确的"tense"（时态）来描述事件的发生，或者如何使用正确的"voice"（主动语态或被动语态）来强调事情的主体，是非常重要的。例如，当撰写商务计划书时，如何使用"future tense"（未来时）来描述计划的实施和预期结果，或者在撰写商务分析报告时，如何使用"past tense"（过去时）和"present perfect tense"（现在完成时）来描述过去的业务情况和当前的业务进展，是学习者需要注意的问题。此时，Grammarly可以作为一种强大的辅助工具。它能在学习者写作的过程中，即时指出时态和语态的使用错误，并提供修正建议。例如，如果学习者在描述未来的商务计划时错误地使用了"past tense"，Grammarly会即时指出错误，并建议使用"future tense"。如果学习者在描述过去的业务情况时错误地使用了"present tense"，Grammarly也会提供相应的修正建议。更重要的是，Grammarly还能为学习者提供错误的解释和修正建议的详细理由，帮助他们理解为什么他们的原始写作是错误的，以及为什么建议的修正是正确的。这对于学习者理解和掌握商务英语的语法规则，提升商务英语的写作技巧有着巨大的帮助。另外，Grammarly还能帮助学习者在写作过程中注意到一些在商务英语中常见但是经常被忽视的语法问题，如平行结构、词汇连贯性等。例如，如果在写作过程中，学习者使用了不一致的平行结构，Grammarly会指出错误，并提供修正建议。如果学习者在描述一系列的商务活动时，没有保持词汇的连贯性，Grammarly也会给出相应的提醒。

（三）使用互动式语法学习软件增强学习体验

在商务英语学习中，理解和运用复杂的语法结构是非常重要的，特别是像"modal verbs"（情态动词）、"conditional sentences"（条件句）等在商务沟通中频繁使用的语法知识。而互动式语法学习软件如Rosetta Stone等，就能以生动有趣的方式帮助学生掌握这些复杂的语法知识。

以Rosetta Stone为例，它的教学内容不仅包括传统的语法讲解和练习，还包括大量的互动活动。在这些活动中，学生需要根据给定的商务情境，选择合适的语法结构进行沟通。比如，在模拟商务会议的角色扮演活动中，学生可能需要选择合适的"modal verb"来表达请求、建议或者责任。在模拟商务计划讨论的活动中，学生可能需要选择合适的"conditional sentence"来表达假设和可能的结果。此外，Rosetta Stone还有一些设计巧妙的语法游戏，如"fill in the blanks""match the pairs"等，让学生在游戏中练习和复习语法知识。例如，"fill in the blanks"游戏中，学生需要选择合适的词或短语来完成句子，如选择合适的"modal verbs"来完成请求或建议的表达，选择合适的"tense"（时态）来完成事件的描述等。这些互动式的学习活动，不仅能让学生在轻松愉快的环境中学习语法，也能提供他们实际运用语法知识的机会，让他们在实践中巩固和深化对语法知识的理解。同时，通过参与这些活动，学生也可以体验到商务沟通的实际情境，理解语法知识在商务沟通中的重要作用，增强他们的学习动机。

二、结合商务情境的语法教学模式

（一）设计商务英语语法情景模拟活动进行语法应用实战

教师可以根据学生的学习水平和商务需求，设计各种复杂程度不同的商务英语语法情景模拟活动[1]。例如，对于初级学生，可以设计一些简单的商务情境，如预约会议、询价等，让他们应用"present simple tense"（一般现在时）和"present continuous tense"（现在进行时）等基本语法知识。对于中高级学生，可以设计一些更复杂的商务情境，如商务谈判、撰写商务报告等，让他们应用"future perfect tense"（将来完成时）、"past perfect tense"（过去完成时）和"conditional sentences"（条件句）等高级语法知识。

在进行商务英语语法情景模拟活动时，教师还可以引导学生结合他们的商务经验和知识，进行深入的讨论和交流。例如，在模拟商务谈判的活动中，教师可以引导学生探讨各种商务谈判策略，如"win-win strategy"（双赢策略）、"BATNA"（最佳替代谈判协议）等，并让他们用相关的语法知识来表达这些

---

[1] 林渊.浅谈"模拟公司"情景教学法在国际商务英语课程中的应用[J].科教文汇，2008（15）：2.

策略。这样，学生不仅能在实战中运用语法知识，也能增强他们的商务理论知识和实战能力。商务英语语法情景模拟活动，还可以帮助学生提高他们的商务英语听说能力和交际能力。在模拟活动中，学生需要听懂其他学生和教师的发言，用英语进行思考和回答，这对他们的听说能力和思维速度是一种很好的锻炼。同时，学生还需要用英语进行商务沟通、提出观点、回应问题，这对他们的交际能力也是一种很好的锻炼。

（二）运用商务英语真实材料进行语法学习

商务英语真实材料是一种宝贵的教学资源。通过使用这些真实材料，学生可以观察并学习如何在真实的商务环境中使用和理解语法。这种方法可以增强学生的参与感和实用性，因为他们在学习中不仅了解了语法规则，也了解了这些规则在实际的商务环境中如何应用。

对于教师来说，可以挑选涵盖各种语法点的真实材料。比如，可以使用一篇商务报告来让学生学习和理解"past perfect tense"（过去完成时）。这篇报告可能详细描述了一个项目的进展，包括在特定时间之前完成的任务。通过阅读和分析这篇报告，学生可以理解"past perfect tense"如何用于描述在过去某个时间点之前已经完成的行动或事件。同样，教师也可以使用一封商务邮件，让学生学习和理解"conditional sentences"（条件句）。这封邮件可能涉及一些商务决策，需要在某些条件满足的情况下才能进行。通过阅读和分析这封邮件，学生可以理解"conditional sentences"如何用于表达这些条件和可能的结果。使用真实的商务材料学习语法不仅可以增强学生的学习动机，还可以提高他们的语言理解和应用能力。他们不仅学习了语法知识，还学习了如何在真实的商务环境中有效地使用语法。这种方法将语法学习与商务实践紧密地结合在一起，使学习更加有意义和实用。

（三）通过在线商务英语论坛讨论进行语法学习与分享

在线商务英语论坛是一个优秀的资源，它为学生提供了一个平台，他们可以互相学习、分享他们的知识和经验，以及解答彼此的问题。在论坛上，学生不仅可以发布他们对商务英语语法的疑问，还可以分享他们在研究和学习过程中的发现。

以某一特定的商务英语语法主题为例，比如"indirect speech"（间接引语）。在商务交流中，间接引语的运用非常频繁，尤其是在需要引用他人的说话或观点时。教师可以指导学生发布有关间接引语的帖子，探讨在商务环境中使用间接引语的具体例子和最佳实践。此外，论坛上的讨论可以进一步扩展到语法知识在商务写作方面的应用，如制订商业计划、撰写市场研究报告、编写商务电子邮件等方面的应用。学生可以分享他们在这些实践中使用和理解复杂语法结构的经验，如使用"past perfect tense"（过去完成时）来描述一个已经完成的项目，或者使用"conditional sentences"（条件句）来描述不同商业策略的不同结果。同时，论坛上的互动也可以激发学生的学习兴趣，通过他人的经验和建议，他们可能会发现新的学习策略或者理解某个语法概念的新方法。更重要的是，这个过程可以帮助他们建立一个积极的学习社区，促进他们的协作和交流能力，同时提升他们对商务英语语法知识的理解和应用。

三、运用大数据分析进行个性化语法教学

（一）通过数据分析跟踪学生语法学习进度

在教学过程中，数据分析工具可以被用于跟踪学生的学习进度。在商务英语语法教学中，教师可以通过数据分析软件，如Kahoot！或者ClassDojo等，收集和分析学生的学习数据。这些数据可以包括学生在各种语法练习和测试中的得分，学生对特定语法知识的掌握程度，以及他们在商务写作和口语交际中的语法应用情况等。例如，如果在一个商务英语写作项目中，大多数学生都对使用"past perfect tense"（过去完成时）表示过去的动作已经完成有困难，那么这一数据就表明教师需要对这一语法点进行更深入的教学。这样的数据分析可以帮助教师了解学生的学习进度和疑难点，以便于他们及时调整教学方法和策略，提升学生的语法学习效率。

（二）根据数据分析调整和优化语法教学策略

利用数据分析工具，教师不仅可以跟踪学生的学习进度，还可以根据收集到的数据调整和优化教学策略。例如，如果数据显示学生在学习"conditional sentences"（条件句）时遇到了困难，教师就可以设计更多的条件句练习，或者运用不同的教学方法，如分组讨论、角色扮演等，帮助学生理解和掌握条件句。另外，数据分析还可以帮助教师发现哪些教学方法和活动最有效。例如，如果数据显示学生在参加了商务情景模拟活动后，他们的语法应用能力有明显的提升，那么教师就可以在教学中增加更多这样的活动。

（三）运用数据反馈生成个性化语法学习报告

数据反馈是个性化学习的重要部分。通过数据分析工具，教师可以生成个

性化的语法学习报告，提供给每个学生。这些报告可以包括学生的学习进度，他们的强项和弱项，以及他们需要提高和练习的语法知识等。比如，如果一个学生在理解和使用"modal verbs"（情态动词）方面有困难，那么教师就可以在报告中为这个学生提供更多关于情态动词的学习资源和练习。这样的个性化反馈可以帮助学生了解他们的学习情况，明确他们的学习目标，提高他们的学习动机。同时，也可以帮助教师更好地理解学生的学习需求，提供更具针对性的教学支持。

第三节　信息化时代商务英语教学的口语教学

一、线上语言实践平台的利用

（一）利用在线口语练习平台进行实时语言实践

在商务英语学习中，口语能力的提升至关重要。在线口语练习平台，如Rosetta Stone、Duolingo、Babbel等，为学生提供了一个实时应用和练习口语的场所。这些平台通常提供各种互动功能，如视频聊天、音频对话和文字聊天，帮助学生在接近真实环境的情况下练习商务英语口语。此外，这些平台还提供了各种主题和情境的对话和角色扮演，如产品演示、商业谈判、客户服务等，让学生有机会在模拟的商务环境中实际使用和练习商务英语。

通过在线口语练习平台的使用，学生可以获得大量的实践机会，以便在安全和支持的环境中使用和熟练掌握商务英语的口语。例如，学生可以使用"past tense"（过去时）来叙述一件发生的商业事件，或使用"conditional sentences"（条件句）来表达一个商业提案。他们也可以使用"active voice"（主动语态）和"passive voice"（被动语态）来描述商业活动，理解这两种语态在商业沟通中的应用和差异。同时，在线口语练习平台还能够收集学生的语言使用数据，为教师提供反馈，帮助他们了解学生的学习进度，发现他们在口语表达上的困难和挑战，从而调整教学策略，提供更有效的指导和支持。

（二）通过在线社交媒体平台进行跨文化交流

跨文化交流是一项重要的能力，特别是在现代商务环境中。通过在线社交媒体平台进行跨文化交流可以为学生提供与来自世界各地商务人士交流的机会，并了解不同文化背景下的商务礼仪和交际习惯。

1. 微信

微信是一个多功能的社交媒体平台，它不仅提供即时通信服务，还包括朋友圈、微信支付等功能。在商务英语口语教学中，教师可以利用微信的群聊功能，创建一个多元文化的交流环境。学生可以在这个环境中与来自不同文化背景的人进行交流，提高他们的跨文化沟通能力。此外，通过分享朋友圈，学生可以用英语表达自己的想法和生活点滴，以此来提高他们的英语表达能力。

2. 抖音

抖音作为一个短视频平台，为商务英语口语教学提供了一个创新的途径。教师可以鼓励学生制作和分享短视频，这些视频可以是关于商务场景的模拟对话、文化交流的体验分享，或者是对商务英语知识点的解释。通过这种方式，学生能够锻炼他们的口语表达能力，还能学习如何在数字媒体环境中有效地传达信息。同时，观看和分析其他用户的视频也能够帮助学生了解不同文化背景下的商务交流方式。

（三）运用语言交换网站提升口语实用性

语言交换网站，如 Tandem、HelloTalk 等，是提升口语实用性的有效工具。在这些网站上，学生可以找到与他们学习语言水平相当，同时希望学习他们母语的语言伙伴。他们可以通过语言交换活动，用实际的语言交流来练习和提高他们的商务英语口语。

以商务电话为例，使用语言交换网站，学生可以模拟与非母语的商业伙伴进行电话会议，练习使用商务英语进行电话沟通。他们可以练习如何礼貌地接听电话，如何清晰、准确地传达信息，以及如何有效地处理电话中可能出现的语言难题。这种练习旨在模拟真实的商务环境，帮助学生熟悉并掌握在商务电话中可能用到的各种语言表达方式，如 "Could you hold on a moment？"（您能稍等一下吗？）或 "Could you repeat that, please？"（您能重复一下吗？）等。此外，语言交换网站也提供了一种独特的文化交流机会。在语言交换过程中，学生可以从他们的语言伙伴那里了解到不同的商务文化和习俗。例如，学生可以了解到在不同的文化背景下，商务沟通的方式和风格可能会有所不同，这些知识对于商务英语学习者来说是非常宝贵的。

二、模拟商务场景的口语训练

（一）在线模拟商务场景进行实战口语训练

在线模拟商务场景让学生能在实际的商务环境中使用和提高他们的英语口语技能。而在线学习平台的使用，不仅提供了一个便利和灵活的学习环境，还使学习更具参与感和互动性。

1. 角色扮演

角色扮演在商务英语口语教学中占有重要的地位，因为它可以帮助学生将理论知识转化为实践技能，提高他们在真实商务环境中的口语应用能力。

在在线模拟商务场景中，学生可以根据不同的场景选择扮演不同的角色。例如，扮演项目经理的角色，学生需要有效地向团队成员传达项目目标，处理可能出现的冲突和问题。扮演销售代表的角色，学生则需要掌握说服和谈判的技巧，向模拟客户销售产品或服务。通过扮演不同角色，学生可以体验并理解各个角色在商务活动中所需要的口语技巧和表达方式。在线模拟商务场景提供的环境非常安全，学生不用担心在犯错误的情况下会有实际的损失。这让他们可以在模拟的商务场景中大胆尝试、大胆表达，通过实践来提高他们的口语能力。例如，学生可以模拟一个商务会议，讨论关于新的市场推广计划。他们可以通过模拟会议来训练如何更有效地表达自己的观点，如何进行有效的沟通，如何做到既礼貌又能明确表达自己的意思。同时，他们还可以模拟商务谈判，与模拟的"客户"讨论合同条款。这样的训练可以帮助他们在真实的商务环境中进行谈判，掌握如何在保护自身利益的同时达成共识的技巧。因此，角色扮演不仅让学生了解到商务英语的各种用法，还可以让他们在模拟真实场景中学习如何运用这些知识。这对于他们提升在真实商务环境中的表达能力和应变能力具有重要的作用。

2. 案例分析

案例分析在商务英语口语教学中扮演了重要的角色❶。分析具体的商务案例可以帮助学生从实际的角度理解商务英语的运用，提升他们的语言精准度和专业性。例如，教师可以选择商务报告作为案例，引导学生分析报告中的语言表达方式。商务报告中的语言往往要求精确、准确地传达信息，避免误解。在

---

❶ 林菁.运用案例促进商务英语口语教学[J].湖北广播电视大学学报，2006（2）3：123-124.

分析过程中，学生可以了解到如何用商务英语来表达数据、解释趋势、提出建议等。同样地，电子邮件也是一个常见的商务英语表达场景。教师可以提供电子邮件样本，让学生分析其中的礼貌用语、请求方式，甚至是如何处理商务冲突等问题。这样的分析可以帮助学生了解商务电子邮件的基本格式，学习如何写出专业且有礼貌的商务邮件。公司公告则可以帮助学生了解组织内部的沟通方式。公告中的语言要求清晰、简洁，并可以有效地向员工传达重要的信息。学生可以学习如何将复杂的信息简化为易于理解的公告。

在线学习环境为案例分析提供了便利。教师可以在线分享各种商务文档，学生可以在任何地方访问这些文档。在线讨论区可以方便地记录学生的分析和讨论，教师也可以对学生的表现进行及时的反馈。学生可以在讨论区中分享他们的分析结果，学习如何在商务场景中更准确地表达自己的观点。在商务英语的学习中，理论知识和实践技能同样重要。案例分析方法将这两者结合起来，使学生在理解理论知识的同时，也能得到实际的口语表达训练。这无疑对学生在未来的商务环境中进行口语交流有着重要的帮助。

3. 商务语言挑战

商务语言挑战是另一种有效的商务英语口语教学方法。这种活动模拟真实的商务环境，让学生在实战中提高他们的口语表达能力和自信心。例如，模拟商务演讲可以让学生尝试在众人面前用英语进行公开演讲。这不仅需要扎实的英语基础和广泛的词汇量，也需要良好的组织结构和逻辑清晰的思维方式。通过模拟商务演讲，学生可以磨炼他们的口语技巧，同时提高他们的公开演讲技巧和信心。另一种活动是商务英语辩论。辩论要求学生有能力快速地思考和反应，能够在压力下准确、清晰地表达观点。在商务英语辩论中，学生需要讨论与商务相关的主题，如企业战略，市场趋势等。这样的讨论可以让学生在实际的商务场景中更熟练地使用英语，以提高他们的口语实用性。

在线商务语言挑战活动具有很大的灵活性。教师可以根据学生的水平和需要设计不同的挑战，使每个学生都能在挑战中找到适合自己的学习机会。同时，这种活动可以进行录像，让学生可以在事后回顾自己的表现，从自己的错误中得到学习和进步。

（二）运用虚拟现实技术进行沉浸式口语学习

虚拟现实技术的应用为商务英语口语教学提供了一种创新的方式。通过虚拟现实，教育者可以创造逼真的商务环境，如虚拟会议室、虚拟办公室等，让学生在沉浸式环境中进行口语实践。这种真实感的环境可以帮助学生更好地理解和模仿商务环境中的英语交流。例如，在虚拟会议室中，学生可以参与到模拟的商务会议中，进行项目介绍、商务汇报等，让他们有机会体验到真实的商务交流场景。这种沉浸式的学习体验可以提高学生的口语实践能力，帮助他们更好地掌握商务英语口语。

在虚拟环境中，学生可以与虚拟角色进行互动，如商务谈判、项目汇报等实际的语言使用。这种交互式的语言练习方式可以模拟真实的语言交流环境，提高学生的口语交际能力。例如，学生可以在虚拟环境中模拟商务谈判的过程，与虚拟角色进行对话、提出建议、反驳对方的观点等。这种实际的语言交流可以帮助学生提高他们的口语交际技巧，提升他们在商务环境中使用英语的能力。

通过虚拟现实技术，学生可以获取实时的语言学习反馈，包括语音识别、语音质量评估等。这些反馈信息可以帮助学生了解和改善自己的语言表达技巧。例如，通过语音识别技术，虚拟环境可以实时评估学生的发音准确性和语言流畅度，提供有针对性的改进建议。通过这种方式，学生可以了解自己的口语水平，了解自己的弱点，从而更有效地提高自己的商务英语口语技巧。

（三）利用数字故事讲述进行口语表达训练

1. 创作商务故事

数字工具的使用，如动画制作、视频剪辑等，可以帮助学生以创新的方式讲述他们的商务故事，比如他们曾经参与的项目或完成的任务。这种故事讲述方式不仅能提高他们的口语表达能力，也能帮助他们更好地理解和应用商务英语。例如，学生可以用动画制作工具，创造一个关于他们曾经的商务项目的故事，其中包括他们如何解决项目中的问题，如何与团队成员沟通等。在这个过程中，他们需要用英语写出故事剧本，然后用口语讲述这个故事，以此来锻炼他们的口语表达能力。此外，学生还可以利用视频剪辑工具，制作一个关于他们商务经历的短片。在这个短片中，他们可以讲述他们在商务环境中的经历，如他们是如何进行商务谈判、如何处理商务冲突等。通过这样的实践活动，学生可以在讲述自己的商务故事的同时，锻炼他们的口语表达能力。

2. 分享和评论

将自己的商务故事分享到在线学习社区是一种有效的提升口语表达能力的方式。在这个过程中，学生不仅可以接收到来自同伴和教师的反馈和评论，而且可以通过观看和分析其他同学的作品，以此提高自己的语言表达和沟通技巧。在线社区提供了一个平台，让学生能够在一个真实、交互的环境中展示和练习他们的口语技能。例如，学生可以将自己用英语讲述的商务故事上传到社区，并邀请他人对其进行评论和反馈。他们也可以参与到其他同学的故事中，提供自己的观点和建议。这样的交流和互动，不仅能提高学生的口语表达能力，而且能提高他们的批判性思考能力和团队协作能力。此外，教师也可以利用这个平台，对学生的口语表达进行评估和指导。他们可以观看学生的作品，分析其语言表达的准确性、流畅性和专业性，并提供具体的改进建议。这样的实时反馈，能让学生更好地了解自己的优点和不足，从而针对性地进行改进。

3. 竞赛和评奖

线上数字故事讲述竞赛是商务英语口语教学的一个重要环节。这种竞赛能够激发学生的学习积极性和创新精神，并通过评选最佳的商务故事，让学生更好地理解和掌握商务英语的口语表达。在这样的竞赛中，学生需要将自己的商务故事用英语讲述出来，并通过视频或音频的方式提交到线上平台。评委会根据学生的语言准确性、表达流畅性、故事内容等因素进行评分，并最终选出最佳的商务故事。这种形式的竞赛可以极大地提高学生的学习积极性。一方面，通过竞赛，学生可以看到自己的努力和进步，这对于提高他们的学习动力和自信心非常重要。另一方面，竞赛也激发了学生的创新精神。他们需要创作自己独特的商务故事，并用最佳的语言表达方式将其呈现出来。这不仅让学生有机会在实际的商务场景中应用他们学到的知识，而且能帮助他们提高创新思维和解决问题的能力。此外，竞赛的评奖环节也是学生学习的一个重要过程。通过评奖，学生可以看到自己的优点和不足，并从"评委"（教师、学生）的反馈中了解到如何改进自己的口语表达。这对于他们改善英语口语技能，提高语言表达的准确性和专业性非常有帮助。

三、基于人工智能的口语评估与反馈

（一）利用AI口语评测系统进行口语能力评估

AI口语评测系统在商务英语口语教学中的具体应用非常广泛，其最大的优势在于能够对学生的口语进行即时和准确的评估，以便提供针对性的学习建议。以下将详细描述如何利用具体的AI口语评测系统进行商务英语教学中的口语能力评估。

一个著名的AI口语评测系统是ETS的"SpeechRater"。这种系统利用机器学习算法和自然语言处理技术，对学生的口语进行深度分析。它不仅可以评估学生的发音准确性、语调和语流，还可以分析他们的词汇丰富性、句子结构复杂性等方面，为他们的口语能力给出全面的评价。例如，一个学生正在进行商务报告的口语表述，"SpeechRater"可以实时分析他的发音、语调和语流，检查他是否正确使用了商务英语的专业词汇和表达方式，以及他的报告是否结构清晰、条理分明。在分析完成后，"SpeechRater"会给出一个详细的评价报告，指出学生的优点和不足，以及需要改进的地方。除了"SpeechRater"，还有许多其他的AI口语评测系统，如"Rosetta Stone""Duolingo"等，都可以在商务英语口语教学中发挥重要的作用。这些系统通常会有一个大型的语音数据库，包含了各种各样的商务英语口语素材。通过比对学生的发音和数据库中的标准发音，它们可以精确地识别出学生的发音误差，并给出具体的纠正建议。在实际的教学案例中，教师可以利用这些AI口语评测系统对学生进行定期的口语测试。例如，让学生模拟商务场合进行英语演讲，然后用系统对他们的表述进行分析和评价。通过这种方式，教师不仅可以了解学生的口语水平，也可以帮助他们找出需要改进的地方。

（二）基于AI技术进行口音纠正

AI技术在商务英语口音纠正中的应用已经变得日益重要。许多AI口语评测工具和软件已经被广泛应用于商务英语口语教学中，为学生提供及时、精确的反馈，以帮助他们改正发音错误和提高口语水平❶。例如，"ELSA Speak"是一款应用了AI技术的口语学习应用程序，它通过对比学生的发音和标准发音，为学生提供具体、可操作的口音纠正方法。"ELSA Speak"首先通过识别学生的发音差异，包括音素发音、声调、语音节奏等方面，对学生的发音水平进行详细的评估。然后，它会通过音频和视觉反馈，展示正确的发音方式，帮助学生理解和模仿标准发音。以一个常见的商务英语口语错误为例，很多学生在说"negotiation"这个词时，可能会在重音的位置和音节划分上出错。通过"ELSA Speak"，他们可以听到正确的发音，看到口腔动作的模拟，从而了解如何正确发音。在练习中，AI工具会实时评估学生的发音，并给出改进的建议。另一款强大的AI口音纠正工具是"Rosetta Stone"。它的TruAccent语

---

❶ 石燕萍.基于AI技术的英语口语教学系统在高职英语教学中的应用[J].考试周刊，2019（5）：1.

音识别引擎可以精确捕捉和分析学生的口音，并与目标口音进行比较，给出即时的反馈。如果学生在发音"pitch"时将/i/发成了/I/，系统会即时提醒并示范正确发音。通过持续的实践和反馈，学生能够逐步改正发音错误，提高口语水平。

（三）通过AI智能教练进行个性化反馈

AI智能教练的运用，已经开始在商务英语口语教学中产生影响。它们能够为每个学生提供个性化的学习计划和反馈，助力他们提升口语能力。以下是AI智能教练在商务英语口语教学中的两个具体应用。

首先，AI智能教练能够根据学生的学习行为和口语表现，提供针对性的训练和指导。以Speakly为例，这款应用程序使用了机器学习算法来分析学生的学习进度和口语表现。当学生在某个口语任务中遇到困难时，如在商务会议场景的模拟中遇到了发音方面的难题，Speakly可以根据学生的情况，提供相应的语料和训练，帮助他们提升在商务交流中的表达能力。其次，AI智能教练也能在学生的学习过程中，提供即时的反馈和建议。以FluentU为例，这款工具通过AI技术分析学生在学习过程中的弱点，如在对某个商务英语词汇的发音或用法理解不准确时，FluentU会根据学生的情况提供即时反馈，通过实例演示正确的发音或用法，并且给出相关的视频和文章进行辅助学习，帮助学生克服难点，提升他们的口语表达能力。除此之外，AI智能教练还可以提供更细致的服务，如"Mondly"，这款应用程序可以根据学生的学习进度，安排个性化的复习计划，保证学生能够在复习过程中重点关注自己的弱点，从而更加有效地提升口语能力。

通过这些具体的AI运用，可以看出AI智能教练在商务英语口语教学中的重要作用，它们不仅能提供个性化的学习计划，还能提供即时的反馈和纠正，帮助学生更好地提升自己的口语表达能力。随着AI技术的不断发展和进步，AI智能教练在商务英语口语教学中的作用将越来越重要。

第四节 信息化时代商务英语教学的阅读教学

一、数字化阅读材料的使用

（一）运用电子书进行灵活自主的阅读学习

电子书在商务英语的阅读教学中，提供了一种灵活和自主的学习方式。电子书相较于传统纸质书籍，更加便携，可以在任何时间、任何地点进行学习。在电子阅读平台，如Amazon Kindle和Apple Books等，学生可以获取丰富的电子书资源，其中包括商务英语教材、案例集、商务文化研究等。这一多元化的资源为学习者带来了丰富的选择，从而满足了不同学生的需求。

电子书的使用可以显著提高商务英语阅读的效率和效果。利用Amazon、Kindle等电子书阅读器的内置词典功能，学生可以在阅读过程中遇到生词时立即查阅，这将加深对新词汇的理解和记忆。同时，搜索功能也使学生能够快速查找和复习资料，大大提高了学习的效率。此外，标记和笔记功能使学生能够记录他们在阅读过程中的思考，从而更好地理解和记忆阅读材料，加深对商务英语知识的掌握。例如，当学习者在阅读一篇商务文章时，可能会遇到诸如"mergers and acquisitions"（并购）、"fiduciary duty"（信托责任）、"due diligence"（尽职调查）等商务词汇。在传统的阅读方式中，学生可能需要查阅纸质词典或者分散注意力去在线查找。而使用电子书，则可以在阅读的过程中立即查阅这些词汇的定义，理解其在具体语境中的含义，然后立即返回到阅读过程中，这种连贯性的阅读体验有利于理解和记忆。而且，对于某些复杂的商务概念和句式，例如"non-disclosure agreement"（保密协议）或者条件句的使用，学生可以利用电子书的标记和笔记功能，在阅读过程中标记并记录下自己的理解和思考，以帮助记忆和掌握这些知识。

（二）使用在线新闻网站获取实时商务资讯

在线新闻网站在商务英语阅读学习中发挥着重要的作用。通过阅读BBC Business、CNBC、Bloomberg等在线新闻网站的实时商务资讯和深度分析文章，学生可以及时了解全球商务环境的最新动态，从而提高他们的商务知识和英语阅读能力。

在实际的学习过程中，学生可以通过在线新闻网站上的新闻报道来学习商务英语的实际用法和商业术语。例如，在一篇关于全球股市动态的新闻报道中，学生可能会遇到"bear market"（熊市）、"bull market"（牛市）等专业术语。通过阅读这些新闻报道，学生可以了解这些术语在实际语境中的具体含义和用法，从而更好地理解商业事件的背景和影响。很多在线新闻网站提供的多媒体材料，如音频、视频和图表等，可以帮助学生更全面地理解商务英语和商务环境。例如，学生可以通过观看新闻网站提供的商务英语视频，来听到商务英语的实际发音和语调，提升听力理解能力。同时，图表和数据可以帮助学生理解复杂的商业问题和趋势，如股市走势、经济增长率等。

（三）通过学术数据库阅读专业商务论文

学术数据库是获取专业商务英语阅读材料的重要来源。例如，JSTOR、EBSCO、ScienceDirect等数据库，提供了丰富的与商务相关的学术论文和研究报告。这些材料对学生来说是获取商务英语专业知识和最新研究信息的重要渠道。

在实际的学习过程中，学生可以通过阅读这些论文，了解商务领域的最新研究成果和趋势。例如，如果学生正在研究全球供应链的变化，他们可以在这些数据库中找到相关的研究论文，了解最新的研究发现和理论观点，从而丰富他们的专业知识。同时，通过阅读学术论文，学生还可以学习商务英语的专业用法和学术语言。学术论文通常使用的是精确和规范的语言，这对学生来说是学习商务英语的一个重要渠道。例如，学生可能会在论文中遇到如"quantitative analysis"（定量分析）、"strategic alignment"（战略对齐）等专业术语。通过理解这些术语在实际语境中的用法，学生可以提升他们的商务英语水平。除此之外，学术论文通常包含复杂的数据和逻辑论证。通过解读这些数据和论证，学生可以提高自己的逻辑思维和批判性思考能力。这不仅有助于他们理解和评估商务问题，也为他们未来在商务英语的应用和研究打下了坚实的基础。

二、线上互动式的阅读理解练习

（一）在线阅读理解测试的应用

在商务英语阅读学习中，线上阅读理解测试的应用有着深远的影响。互联网提供的各种测试平台，例如IELTS、TOEFL的官方网站，以及ReadingIQ、ReadTheory等针对英语阅读理解的在线测试网站，都能让学生在不同难度、类型的阅读材料中进行练习和自我评估。其中，有商务新闻报告、行业分析、公司案例研究等丰富多样的阅读材料，这些内容的多样性，使学生在提高商务英语阅读技巧的同时，也能了解各行业的最新动态和专业知识。

这些平台的在线测试通常都配有自动评分和反馈功能，学生在完成阅读理解测试后，不仅能及时了解自己的阅读理解能力和答题准确率，还能得到系统的反馈，从而了解自己在阅读理解、词汇运用等方面的不足，这对于指导学生有针对性地提升商务英语阅读能力十分重要。例如，当学生在阅读一篇关于"全球供应链管理"的文章时，可能会遇到"Just in time delivery""Inventory turnover"等商务英语专业术语，这时他们可以利用在线测试平台的即时查词功能，了解这些词汇的含义和用法。同时，一些平台还会提供与文章相关的阅读理解问题，让学生在理解文章大意的同时，能更深入地掌握和应用这些专业术语。另外，很多在线测试平台还提供了各种学习资源，如解题技巧、词汇列表、语法解析等。这些资源不仅有助于学生提高阅读理解能力，还能帮助他们扩大词汇量，理解和掌握商务英语的语法规则。例如，当学生在阅读理解测试中遇到难以理解的长复合句时，他们可以参考平台提供的语法解析，学习如何分析句子结构，理解句子含义。

（二）利用互动电子书进行深度阅读

互动电子书为商务英语阅读学习提供了一种新的方式。这种媒介以其独特的特性，将文字、图像、音频和视频等多种信息载体融为一体，赋予读者更丰富、更生动的阅读体验。特别是在商务英语阅读教学中，互动电子书的使用更是大有裨益。比如，有一些专门针对商务英语阅读的互动电子书，它们集成了大量与商务相关的阅读材料，包括商业新闻、公司案例、市场报告等，这些内容不仅可以提供给学生海量的实际语境，帮助他们更好地理解和掌握商务术语和表达，同时可以拓宽他们的商务知识视野。此外，很多互动电子书还具有各种互动功能，如点击查词、音频播放、阅读注释等。当学生在阅读过程中遇到生词或难句时，他们可以直接点击查词或查看注释，而无须打断阅读进程。这样的设计既方便了学生的阅读，也能有效提高他们的阅读效率。例如，当学生在阅读一篇关于"并购"的文章时，他们可能会遇到"due diligence""synergy"等商务英语专业术语，通过互动电子书的点击查词功能，学生可以快速理解这些词汇的含义和用法，而无须离开阅读页面去查字典。而且，互动电子书的音频播放功能也为商务英语阅读教学带来了新的可能性。在阅读过程中，学生可以同时听到文章的音频，这不仅可以帮助他们更好地理解文本内容，同时能提高他们的听力技能，让他们能听懂商务场合的英语对话。而对于一些复杂的商务概念，如"供应链管理""企业风险管理"等，互动电子书则可以通过图像、动画等多媒体形式，帮助学生更直观、更深入地理解这些概念。例如，当解释"供应链管理"的时候，一本互动电子书可能会配以一幅供应链流程图，让学生可以直观地看到每个环节的作用和关系，从而更好地理解"供应链管理"的含义。

（三）通过在线讨论区进行阅读感悟分享

在线讨论区为商务英语的学习者提供了一个平台，使他们可以在阅读后分享自己的见解，提出疑问，对别人的观点进行反馈，并从他人的观点中汲取新的知识。这是一种能够推动学习者深度阅读，提升阅读理解能力，培养批判性思维的重要工具。以一篇关于国际市场营销策略的文章为例，学生在阅读后，可能对于其中的某个观点产生疑惑或者持有不同看法，他们可以在在线讨论区内发表自己的问题或见解，这个过程实际上就是对阅读内容的反思和复述，有助于巩固和深化对文本的理解。其他学生的回应和反馈也会使他们重新考虑自己的观点，进行进一步的思考和探索。同时，教师也可以利用在线讨论区来引导学生进行深度讨论和思考。例如，教师可以提出一些开放性的问题，如"你认为这篇文章中的营销策略适用于所有的国际市场吗？为什么？"这样的问题无固定答案，需要学生根据自己的理解和分析，结合实际的商务环境来回答。这不仅能够锻炼学生的批判性思考能力，也可以提高他们的商务英语写作能力。

在线讨论区还可以用于词汇和语法的讨论。例如，当学生在阅读过程中遇到不熟悉的商务英语词汇或复杂的句型时，他们可以将问题发布在讨论区，寻求他人的帮助。这样既可以解决他们的实际问题，也有利于他们在实际语境中学习和掌握新的词汇和句型。

三、运用人工智能提高阅读理解能力

（一）运用AI技术进行阅读理解能力评估

人工智能在商务英语阅读理解能力的评估中发挥了重要作用。AI技术可以进行快速、准确地评估，为学习者提供及时、有效的反馈。例如，常见的AI技术之一就是自然语言处理（NLP）。自然语言处理技术能够分析学生在回答问题时使用的语言，识别出学生的理解水平以及可能存在的问题。在商务英语阅读理解评估中，该技术可以用来分析学生对文章中的商务术语和句式结构的理解。例如，如果学生在回答关于"市场分析"或"商业模式"的问题时，使用了错误的词汇或者句子结构，AI评估系统就能够检测出这个问题，并给出相应的反馈。除此之外，机器学习也是AI评估系统中的重要技术。机器学习技术可以让AI系统"学习"学生的答题模式，以及他们在理解不同类型的文章时可能出现的困难。例如，如果系统发现某个学生在阅读包含大量财务数据的文章时，总是无法正确回答问题，那么系统就会"学习"到这个学生可能对财务数据的理解有困难。因此，教师就可以根据这个反馈，为这个学生提供更多关于财务数据阅读理解的练习和指导。

在商务英语阅读教学中，学生需要理解和使用的词汇和句式十分独特。例如，学生需要理解商务术语，如"股东价值""利润率""收益增长"等，并能够在回答问题时准确使用。此外，商务英语的句式结构也相对复杂，学生需要理解和使用的句式包括被动句、条件句、比较句等。AI评估系统可以通过自然语言处理和机器学习技术，对学生的词汇和句式使用进行分析和评估，从而帮助教师和学生发现问题，提高商务英语阅读理解能力。

（二）通过AI推荐系统获取个性化阅读材料

在AI推荐系统的领域，应用如协同过滤和基于内容的过滤等机器学习算法可以产生显著影响。例如，协同过滤基于类似用户的偏好预测学生的兴趣。如果一群学生对与"战略管理"相关的阅读材料显示出兴趣，并且他们对此类内容的理解分数很高，那么系统可能会向表现出类似阅读习惯或偏好的新学生推荐同样的材料。而基于内容的过滤则根据内容的相似性推荐阅读材料。例如，如果一个学生经常阅读有关"市场细分"的文章，那么系统可能会推荐更多关于这个主题或与之密切相关的主题的阅读，比如"目标市场分析"或"消费者行为"。

此外，强化学习在AI推荐系统中的应用提供了一个有希望的途径。强化学习使系统能够从其以前的推荐中学习。如果一个推荐被证明是成功的，如通过参与度指标或改善的理解分数来衡量，那么系统会将其视为积极的强化，未来更有可能做出类似的推荐。在商务英语词汇和句子结构的语境中，这些系统发挥了重要的作用。他们可以推荐复杂商务术语的材料，如"acquisition"（收购）、"merger"（合并）、"divestiture"（剥离）、"synergy"（协同效应）、"cost-efficiency"（成本效率）或"stakeholder"（利益相关者）。也可以关注在商务英语中普遍存在的句子结构，如被动语态（A was purchased by B）或条件句（If we increase our market share, our profits will rise）。因此，AI推荐系统通过理解和适应每个学生独特的学习路径，可以为提高商务英语阅读理解技能提供个性化和有效的途径。

（三）利用AI阅读辅助工具提升阅读效率

AI阅读辅助工具的种类繁多，且每种工具都以其独特的方式改善学生的阅读体验。这些工具旨在简化阅读过程，使学生能够更快地理解和消化内容。例如，智能词典和翻译工具，如Google Translate和DeepL等，能够提供即时翻译和词义解释。这对理解商务术语，如"share acquisition"（股份收购）、"mergers and acquisitions"（并购）、"financial leverage"（财务杠杆）等，尤其有帮助。学生只需选中不理解的单词或短语，工具就会提供准确的解释或翻译。

语音合成软件，如Google Text-to-Speech或Amazon Polly，能够将文本转化为语音，使学生在阅读的同时能听到文章的朗读。这样，学生可以通过听觉接收信息，进一步提高他们的听力理解能力。这对于理解包含多个成分的复杂句子，如条件状语从句（If a company increases its market share, then its profits will rise.）、被动语态（The contract was signed by the CEO.）等，尤其有帮助。此外，AI阅读辅助工具还包括个性化学习助手，如Quizlet和Duolingo。这些工具通过分析学生的学习习惯为学生提供定制化的学习路径。例如，如果一个学生在理解"equity financing"（股权融资）的概念上遇到困难，这些工具会推荐更多相关的阅读材料，或者创建一系列的练习和闪卡，帮助学生更好地理解和记忆这个概念。

第五节　信息化时代商务英语教学的翻译教学

一、电子翻译工具在教学中的应用

（一）应用电子词典进行快速词汇翻译

电子词典是现代商务英语教学中的关键辅助工具，其便捷性、即时性和互动性为学生提供了无与伦比的学习体验。与传统的纸质词典相比，电子词典的轻便、易用和实时更新等优点使其在词汇翻译中的价值越来越被认可。

商务英语涵盖了广泛的专业术语和概念。以"due diligence"为例，这是一个在商务环境中常见的术语，通常用于指企业在进行重大决策（如并购）之前进行的全面审查。在电子词典中，学生可以迅速找到这个词的释义，了解它在不同的上下文中的用法，并听取其发音。这不仅比翻阅纸质词典更快，而且可以避免对词汇发音的误解，帮助学生更准确地理解和使用这一词汇。同样，"stakeholder"（利益相关者）这一词汇在商务英语中也非常常见。这个词通常用于指与企业有直接或间接利益关系的人或组织，如股东、员工、客户、供应商等。通过电子词典，学生可以获得这个词的详细解释，并了解到它在商务环境中的多元用法。这为学生提供了一个更为全面和深入的词汇理解框架。

电子词典还有一个优势就是能够提供丰富的例句。例如，对于"merger and acquisition"（并购）这一复杂的商务术语，学生可以在电子词典中找到相关的例句，如"The merger and acquisition deal was finalized after months of negotiation."（经过几个月的谈判，该并购交易终于完成了。）这些例句可以帮助学生理解这个术语在实际商务语境中是如何使用的，从而更好地理解并掌握这一词汇。此外，电子词典还具有搜索历史记录功能，这使学生可以随时回顾和复习他们查询过的词汇，这一功能对于帮助学生记忆新词汇非常有帮助。

（二）利用在线翻译平台进行整段文本翻译

在线翻译平台在提高商务英语学生的阅读理解和翻译能力方面发挥了巨大的作用。在处理大段的商务文本时，如商务报告、合同或电子邮件，Google Translate和DeepL等工具可以为学生提供一个总体的理解，为其深入研究提供基础。例如，学生在阅读一份商业报告时，可能会遇到一些难以理解的商务术语或复杂的句子结构。在这种情况下，他们可以选择将整个段落输入在线翻译平台，获取翻译结果作为参考。例如，"The company aims to leverage its competitive advantages to expand its market share in the growing industry."（公司旨在利用其竞争优势扩大在增长行业中的市场份额。）通过在线翻译，学生可以快速理解这句话的主旨，为接下来的深入学习做好准备。之后，学生可以将这段文本中的关键词汇，如"leverage""competitive advantages""expand"和"market share"等进行详细研究，利用电子词典寻找它们的定义、用法和相应的中文翻译。这种组合使用在线翻译平台和电子词典的方法，可以帮助学生更全面地理解和翻译商务文本。另外，学生还可以通过比较在线翻译的结果和原文，来理解和学习文章的结构和语义。例如，如何使用恰当的转折词，如"however""therefore""despite"等来连接句子，如何使用定语从句来描述复杂的概念等。这不仅可以提高他们的翻译能力，还可以提高他们的写作能力。

（三）运用专业翻译软件进行文本对照和修改

在商务英语翻译教学中，运用专业的翻译软件如SDL Trados Studio或者MemoQ等工具，能够极大地提高学生的翻译效率和质量。这些工具具有多种强大的功能，使翻译过程更加高效和精准[1]。

Trados这一类专业翻译软件的核心功能就是文本对照。它可以在同一个屏幕上展示原文和译文，这使学生在进行翻译时可以直接参照原文，防止理解偏差。例如，对于一份含有复杂条款的商务合同，学生可以将合同的原文和已有的译文一同输入Trados中，这样就能清晰地看到原文中的每一个条款和对应的译文，便于学生进行对比、理解和修改。除了文本对照功能，专业翻译软件还具有记忆翻译（translation memory，TM）功能。这是一个数据库，可以储存学生之前翻译过的句子或段落。当学生在翻译新的文本时，如果遇到了与TM库中相似的句子或表达，软件会自动提供参考译文。这样，学生就能够避免重复工作，提高翻译效率，也能在不断的复习和应用中，加深对商务英语表达的记忆和理解。此外，专业的翻译软件还通常具有术语管理功能。学生可以在软件中建立自己的术语库，包括商务英语中常用的术语、缩写以及他们的译文。在翻译新的文本时，如果遇到了术语库中的词汇，软件会自动标注出来并提供参考译文，从而保证翻译的准确性和统一性。

二、线上商务英语翻译实践活动

（一）在线翻译实践活动的设计和实施

在商务英语翻译教学中，有效的实践活动设计和实施是提升学生翻译能力的重要手段。一种常见的在线实践活动就是模拟翻译项目，这样的项目通常包括原文分析、目标文撰写、审稿和修订等环节。具体步骤如下。

1. 选择原文

教师选择一份真实的商务合同作为原文，这份合同涉及的内容可能包括物品交易、价格、交付日期、质量保证等各种具有商务性质的信息。

2. 分析原文

学生需要阅读并理解原文的每一个部分，尤其是那些具有法律和商业含义的

---

[1] 唐阿妍.计算机辅助翻译技术在商务英语翻译中的有效运用研究[J].现代英语，2022（24）：4.

专业术语和短语，例如，"违约金""商业秘密""知识产权"等。为了更好地理解这些术语，学生可能需要利用诸如Google Scholar或其他学术资源的在线工具。

3. 翻译原文

学生开始翻译原文，为了保证准确性，他们可能需要参考已有的翻译，例如，查找类似合同的英文版本，或者利用在线的专业词典或翻译工具如DeepL等。在翻译过程中，学生要尽可能保持原文的语义，同时，也要注意译文的流畅性和可读性。

4. 审稿和修改

完成初稿后，学生需要自我审稿，对照原文检查是否有遗漏、误译等问题，同时要检查译文是否符合目标语言的语法和表达习惯。这个环节也可以引入同行评审的方式，即学生相互交换译文进行审稿，这样既能从别人的角度发现自己未曾注意到的问题，同时有助于学生了解别人的翻译策略。

5. 提交和反馈

学生将最终的译文提交给教师，教师根据翻译的质量和学生在翻译过程中的表现，给出评分和反馈，反馈可能包括译文的优点、缺点，以及可以改进的地方。

通过这个活动，学生不仅能够在实践中提升自己的翻译技能，而且能够更深入地理解商务英语和商业合同，为他们在未来的商务环境中使用英语打下坚实的基础。

（二）基于线上平台的翻译项目协作

在现代的翻译实践中，协同翻译是一种常见的工作模式。在商务英语翻译教学中，基于线上平台的翻译项目协作活动能够有效地模拟这种工作模式，提升学生的协作能力。

例如，使用在线协作工具如Google Docs或Trello来设计一个基于线上平台的商务英语翻译项目协作，具体步骤如下。

1. 分组和分配任务

教师根据学生的语言水平和特长进行分组，每组包含三至四名学生。然后，教师为每个小组分配同一份具有一定难度和复杂性的商务英语文本，这可能是一篇市场分析报告、一份商业提案或一项合同。

2. 在线协作翻译

每个小组的学生需要在Google Docs等在线协作平台上一起完成文本的翻

译。他们可以根据自己的特长和翻译步骤分工,例如,一部分学生负责初步的翻译,另一部分学生负责审稿和修改,还有一部分学生负责最后的润色。所有的翻译工作都需要在线进行,所有组员可以实时看到他人的修改和建议。

3. 团队讨论和决策

在翻译过程中,如果遇到对某个词语或句子的翻译有争议,或者对整体的翻译风格有不同的看法,学生需要在线进行讨论并做出决策。他们可以利用在线会议工具如Zoom或Teams,也可以利用即时通信工具如WhatsApp或WeChat进行沟通。

4. 提交和评价

完成翻译后,每个小组需要将翻译文本提交给教师。教师会评价每个小组的翻译质量和协作过程,反馈他们的优点和需要改进的地方。

这种基于线上平台的翻译项目协作活动,不仅能让学生在真实的环境中提升自己的翻译能力,同时能锻炼他们的团队合作和在线沟通技巧,为他们未来的职业生涯打下坚实的基础。

（三）利用网络资源进行翻译素材的查找和收集

在商务英语翻译教学中,互联网资源的利用是提升翻译质量的一个重要手段。教师可以设计一些活动,让学生学习如何利用网络资源进行翻译素材的查找和收集。

教师可以指导学生如何使用搜索引擎,查找和学习相关的商务英语词汇和表达。例如,学生可以通过搜索引擎,找到各种商务英语词典和词汇库,这些资源可以帮助学生理解和翻译商务英语中的专业术语。然后,教师可以教学生如何使用在线语料库,查找和学习商务英语的实例。例如,学生可以使用英国国家语料库（BNC）或者美国国家语料库（COCA）等语料库,找到商务英语中的实际用例,学习和模仿其语言表达。此外,学生还可以利用网络资源,查找和收集商务英语的各种文本,如商务报告、商务信函、商务合同等,用作翻译实践的素材。

这样的活动不仅能让学生掌握如何有效利用网络资源进行翻译素材的查找和收集,也能让学生有更多的机会接触到实际的商务英语文本,提升他们的翻译水平。

三、基于技术的翻译质量评估和反馈

（一）运用翻译质量评估软件进行翻译质量检测

在商务英语翻译教学中，对学生的翻译成果进行质量评估是十分重要的环节。有了准确的评估，教师和学生才能清楚地了解学生的翻译水平和进步情况，从而指导学生进行针对性的学习。在信息化教学中，可以运用翻译质量评估软件来提高评估的效率和准确性。这种软件可以自动对翻译文本进行分析，从一致性、语义准确性、语法正确性等多个方面进行评估，并给出评分。教师可以根据软件的评估结果，对学生的翻译成果进行更加准确和客观的评价。例如，TAUS（Translation Automation User Society）提供了一种名为"Dynamic Quality Framework"（DQF）的翻译质量评估工具。这个工具可以自动分析翻译文本的质量，并给出详细的评估报告。教师只需将学生的翻译文本输入DQF，就可以获取详细的评估结果，而无须手动进行复杂的分析和计算。

运用这样的翻译质量评估软件，可以大大提高翻译评估的效率，节省教师的时间和精力。同时，也能提供更加公正和客观的评估结果，帮助学生更好地了解自己的翻译能力和提高空间。

（二）利用人工智能进行翻译错误识别和修正

利用人工智能进行翻译错误识别和修正已成为当下的教学趋势。这不仅提高了翻译效率，也有助于学生更好地理解和掌握翻译中的错误类型，以及如何避免这些错误。在这方面，一些先进的AI技术，如自然语言处理（NLP）和深度学习，已经被广泛地应用到翻译软件中。这些技术能够深入理解源语言和目标语言的语义和语法规则，从而能够更准确地识别和修正翻译错误。例如，AI能够通过学习大量的语料库，理解特定语境下词汇的使用习惯和规律，从而对译文进行更加准确地词义匹配和词序调整。同时，AI也能够根据语法规则，检测译文中的语法错误，并给出修正建议。

在商务英语翻译教学中，利用这些AI工具进行翻译实践活动，不仅可以有效地提高学生的翻译质量，也能让学生对翻译错误有更深的认识。学生可以通过观察AI对翻译错误的识别和修正过程，理解并学习到如何更准确地使用语言和避免常见的翻译错误。这样的学习过程，实际上也是对自身翻译技能的持续反思和提升的过程。此外，由于AI工具提供了即时的错误识别和修正反馈，学生可以在翻译过程中及时调整自己的译文，不必等到译文完成后才进行错误检查和修改。这种及时的反馈和调整过程，有助于学生实时了解自己的翻译能力和进步情况，同时有助于提升学生的自主学习能力和问题解决能力。

（三）通过在线反馈系统获取翻译反馈和建议

在信息化教学环境下，在线反馈系统是获取学生学习反馈的重要工具。在商务英语翻译教学中，可以利用在线反馈系统，对学生的翻译成果进行评价，并给出改进建议。一些学习管理系统（LMS）如Moodle、Canvas等，教师可以设置在线的评价和反馈功能。学生提交翻译任务后，教师可以在线进行评分，并写下反馈和建议。学生可以在任何时间、任何地点查看这些反馈，从而理解自己的优点和需要改进的地方。此外，一些专门的翻译反馈工具如Lilt、Smartling等，也提供了在线的评价和反馈功能。这些工具能够自动分析翻译文本，给出评分和反馈。这样，教师可以更快、更系统地评价学生的翻译成果，学生也可以更快、更全面地了解自己的表现。

第六章

商务英语人才培养研究

第一节　商务英语人才培养的概述和目标

一、商务英语人才培养的概述

（一）商务英语人才培养的定义及内涵

1.商务英语人才培养的定义

商务英语人才培养是一项重要的教育活动，其定义可以从多个维度来展开解读。

从本质上讲，商务英语人才培养是一个系统的过程，它涉及从知识的传授，到技能的培训，再到实践经验的积累。在这个过程中，教育者需要设计出合理的教学计划，制定出明确的教学目标，运用有效的教学方法，创建良好的教学环境，以此来指导学生学习商务英语，掌握商务英语的知识和技能。商务英语人才培养并不只是单纯的语言学习，它是一种职业技能的训练。学生不仅需要掌握商务英语的语法、词汇、句型等基础知识，还需要熟悉商务环境下的专业术语，了解商务活动的流程和规则，学习商务谈判、商务文化等相关知识，以便在实际的商务场景中进行有效的沟通。

商务英语人才培养是为了满足国际商务活动的语言需求。在全球化的背景下，英语已经成为商务活动的通用语言，国际商务人才需要掌握良好的商务英语能力，才能在全球范围内进行无障碍的交流和合作。因此，商务英语人才培养不仅要注重语言能力的提升，还要关注跨文化交际能力的培养，使学生能够理解并尊重不同文化背景下的商务习俗，避免文化冲突，促进商务交流。此外，商务英语人才培养是为了服务社会和经济的发展。商务英语人才是连接国内外市场、推动经济全球化的重要力量。他们通过语言的桥梁，促进国内外企业的交流和合作，推动产品和服务的国际交易，从而带动经济的发展和社会的进步。因此，商务英语人才培养也是为了社会的需求，需要紧密结合社会的实际，不断调整和优化培养模式和培养方向，以培养出适应社会发展需求的高素质商务英语人才。

本书认为，商务英语人才培养是一项系统的、实践性的、国际化的、社会化的教育活动。它以提供国际商务活动所需的语言服务和支持为目标，通过教学活动和实践经验，使学生掌握商务英语的知识和技能，以及商务谈判、商务文化等相关知识，培养出能够在国际商务环境中胜任工作的商务英语人才。

2. 商务英语人才培养的内涵

商务英语人才培养的内涵是多层面的，涉及课程设置、教学方式、能力培养和全面发展等多个方面。这种多元化的内涵设计，旨在培养出既具有扎实的商务英语知识和技能，又具有良好的个人能力和全面素质的商务英语人才，以满足现代社会的需求。

（1）提供丰富、多元的商务英语课程。课程的丰富性和多元性是保证学生全面、深入学习商务英语知识的基础。这种课程设置不仅包括基础的语言学习，如语法、词汇、听说读写等方面，也包括商务领域的专业知识学习，如商务谈判、市场营销、跨文化交流等方面。通过多元化的课程设置，可以满足学生不同的学习需求和兴趣，激发他们的学习积极性，提高他们的学习效果。

（2）结合真实的商务场景，进行实践性的教学活动。实践性教学是提升学生实际操作能力的重要途径。通过模拟真实的商务环境和场景，使学生在实际的情境中学习和使用商务英语，可以提高他们的应用能力和实践能力。例如，通过角色扮演、案例分析、项目实践等方式，让学生在实际的商务活动中使用英语，解决实际问题。

（3）注重学生个人能力的发展。在商务活动中，除了专业知识和技能，个人能力的发展也十分重要。这包括团队协作能力、沟通能力、解决问题的能力、决策能力等。教学活动应当通过合作学习、小组讨论、项目合作等方式，培养学生的团队协作能力和沟通能力；通过问题解决、案例分析等方式，培养学生的问题解决能力和决策能力。

（4）关注学生的全面发展。全面发展包括道德素养、文化素养和创新能力等方面。在商务活动中，道德素养和文化素养是建立良好商业关系的基础，而创新能力是推动商业发展的重要动力。因此，教学活动应当通过道德教育、文化交流、创新训练等方式，培养学生的道德素养、文化素养和创新能力。

（二）商务英语人才培养的重要性

1. 提升国际商务活动的效率和效果

在商务交流中，精准和有效的沟通是极其关键的，这可以在国际商务活动中节省宝贵的时间。在商务活动中，时间就是金钱。如果能够快速并准确地传递信息，无论是产品展示、谈判还是其他形式的商务活动，都可以大大提高效率。商务英语人才的存在就是为了弥补因语言差异引起的沟通鸿沟，他们的语言技能使他们可以精确地理解和传达商务信息，从而避免误解和冲突，这对于提高国际商务活动的效率至关重要。商务英语人才除了需要有优秀的语言沟通技巧之外，还需要对商务环境和问题有深入的理解和分析能力。这包括对商务策略、法律法规、市场环境等方面的理解。他们需要具备将这些商务知识翻译成可操作的建议和行动的能力。商务英语人才能够在商务决策中提供有效的支持和建议，他们的存在可以帮助商务团队更好地理解和应对复杂的商务问题，从而提高商务活动的效果。同时，商务英语人才还需要具备一定的技术技能。在数字化、信息化的今天，数据已经成为商务决策的关键。商务英语人才需要能够理解和分析数据，将数据转化为有价值的信息，为商务决策提供支持。他们也需要熟悉最新的科技趋势，如人工智能、大数据等，这些技术在商务活动中的应用越来越广泛，对提高商务活动的效率和效果有重要的影响。

在全球化的今天，商务英语人才的角色变得越来越重要。他们是国际商务活动中的关键角色，他们的存在可以提高商务活动的效率和效果，是推动全球经济发展的重要力量。

2. 增强全球经济中的竞争力

在全球化的经济环境中，商务英语人才成为推动国际贸易、促进跨国投资和推动全球经济发展的关键力量。他们掌握精练的商务英语语言技能，理解和遵循商务活动的国际规则，同时能适应和应对各种复杂的商务环境和问题。具备这些能力的商务英语人才，是提升一个国家在全球经济中的竞争力的重要支持。首先，商务英语人才通过他们的语言能力，可以为本国企业提供在国际市场上成功运营所需的语言支持。他们能理解和遵循国际贸易的规则和惯例，为企业提供在全球范围内进行商务活动的必要知识和技能。这种语言和文化的优势使本国企业可以更有效地与国际伙伴进行交流，获得更多的商务机会，从而增强在全球经济中的竞争力。其次，商务英语人才对各种商务环境和问题具有深入的理解和应对能力。他们能够根据不同的商务环境和问题，提供适当的策略和解决方案。他们的存在，可以帮助企业更好地应对商务风险，抓住商务机会，进一步增强在全球经济中的竞争力。最后，商务英语人才还能够对国家的经济发展起到推动作用。他们的存在，可以帮助吸引外国投资，促进国际贸易，推动国家经济的发展。通过他们的努力，可以帮助国家获得更多的外汇收入，提升国际贸易的平衡，推动国家经济的稳定和发展。

3.促进跨文化交流和理解

在全球化的今天，跨文化交流变得越来越重要。商务英语人才扮演着消除文化障碍，促进不同文化理解和交流的重要角色。他们的存在，对于构建和谐的全球社会，推动全球经济的健康发展具有深远的影响。

其一，商务英语人才通过他们的语言能力，可以帮助消除文化差异带来的障碍。在跨国商务活动中，文化差异是不可避免的。这些差异可能会导致误解，甚至可能阻碍商务活动的进行。然而，商务英语人才通常具有高度的文化敏感性和适应性，他们可以通过使用适当的语言和行为，来适应不同的文化环境，帮助消除文化差异带来的障碍。其二，商务英语人才通过他们的专业知识和技能，可以促进不同文化背景的人们之间的理解和交流。他们了解不同国家的商务文化和习惯，可以提供不同文化差异下的解释和建议，帮助商务人员更好地理解和适应不同的商务环境。这不仅有助于提高商务活动的效率，也有助于建立良好的商务关系，促进商务合作。其三，商务英语人才的存在，也有助于提高全球社会的文化多元性。他们在跨文化交流中起着桥梁的作用，帮助不同文化背景的人们相互理解、相互尊重，共同构建和谐的全球社会。这对于促进全球经济的健康发展，构建一个和平的世界具有重要的意义。因此，商务英语人才在促进跨文化交流和理解方面的重要性不容忽视，对他们的培养，不仅有助于提高国际商务活动的效率，也对全球社会的和谐和经济的健康发展有着重要的作用。

（三）商务英语人才培养的核心要素

在商务英语人才培养中，需要考虑多个核心要素。这些要素共同决定了学生是否能够有效地掌握和使用商务英语，以及他们在商务领域的表现和成功。这些要素对于培养出具有高级技能和广阔视野的商务英语人才至关重要。详见图6-1。

1.商务知识和技能

商务英语人才培养的首要要素是商务知识和技能。学生不仅需要掌握语言本身的知识，还需要了解商务环境和实践，包括商务法规、营销策略、财务管理等。对于语言的熟练掌握，包括商务词汇、语法、口语及书面表达能力，同时对商业文档、商务谈判、报告演讲等具备有效的应用技能。为此，教育机构需要设计全面且深入的课程，让学生从理论和实践两个方面全面了解和掌握商务英语。

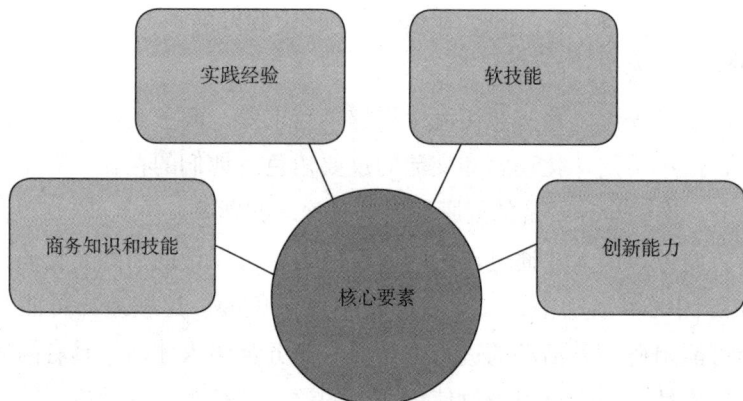

图6-1 商务英语人才培养的核心要素

2. 实践经验

实践经验是商务英语人才培养中的另一个关键要素。理论知识固然重要，但只有在实践中，学生才能真正理解并应用这些知识。通过参与商务实战演练，模拟商务场景，甚至实习、参与真实商务项目等方式，学生能将所学的商务知识和技能转化为实际操作能力，这对他们未来的商务职业生涯有着重大的帮助。

3. 软技能

除了专业知识和技能外，商务英语人才还需要具备一系列的软技能。这些包括但不限于团队协作能力、沟通技巧、决策能力和问题解决能力等。这些技能对于在复杂的商务环境中建立有效的人际关系、解决实际问题，以及做出明智的决策都非常关键。这也意味着商务英语人才培养不仅需要关注学生的知识技能的提升，还需要重视他们的个人品质和社会能力的培养。

4. 创新能力

在快速变化的商务环境中，创新能力是商务英语人才保持竞争力的关键因素。创新能力不仅包括思维创新，更包括对新情况、新问题的敏锐洞察和独立思考能力。学生需要学会利用已有的商务知识和技能，针对特定的商务问题进行创新思考和解决。这需要教育机构在教学中鼓励学生进行创新思维，并提供支持他们创新的环境和机会。

二、商务英语人才培养的目标设定

（一）语言能力的目标设定

语言能力是学生学习商务英语的基础，也是他们在商务活动中的重要工具。因此，语言能力的培养是商务英语教育的首要目标。

1. 商务英语听说读写能力的提高

在全球化的商务环境中，英语已经成为国际商务交流的通用语言。商务英语中包含了丰富的商务词汇，具有特定的语言结构和表达方式，而听说读写四项基本技能，无论是对商务英语的接收，还是输出，都至关重要。

其一，商务英语听力的提高，能够让学生在真实的商务环境中，如商务会议、谈判、报告等场合，准确理解和获取信息。听力能力的提高，需要对商务英语的词汇、语法有深入的理解，并需要通过大量的实践，来适应商务英语的语速、语调和口音等。其二，商务英语口语的提高，是商务英语人才必须掌握的技能。他们需要能够流利、准确、得体地表达自己的观点和想法，提出问题，并与他人进行有效的商务交流。商务英语口语的提高，需要通过大量的实践，如角色扮演、商务情景模拟、商务谈判练习等。其三，商务英语阅读能力的提高，能够帮助学生从商务文档、报告、邮件等文字信息中，有效获取和理解信息。阅读能力的提高，需要对商务英语的词汇、语法和文本结构有深入的理解，并需要通过大量的阅读实践，来提高阅读速度和理解力。其四，商务英语写作能力的提高，是商务英语人才在商务交流中必不可少的技能。他们需要能够编写商务信函、报告、提案等商务文档，准确、清晰、有逻辑地表达自己的观点和建议。商务英语写作的提高，需要对商务英语的词汇、语法和文本结构有深入的理解，并需要通过大量的写作实践，来提高写作的准确性和清晰度。

听说读写四项技能，是商务英语人才在商务活动中有效沟通的基础，是他们成为优秀商务英语人才的重要条件。商务英语教育应该对这四项技能给予充分的重视，通过科学的教学方法和大量的实践活动，来提高学生的听说读写能力。

2. 商务英语词汇和语法的掌握

商务英语词汇和语法的掌握对于商务英语的学生来说至关重要。这些专业词汇和表述方式在商务环境中被频繁使用，是进行商务交流和商务活动必备的工具。

商务英语词汇的掌握是理解和使用商务英语的基础。这些词汇包括商务常用的名词、动词、形容词和短语等，涵盖了商务活动的各个方面，如贸易、金融、市场营销、管理、人力资源等。对这些词汇的掌握，可以帮助学生在商务环境中准确理解和使用英语，提高沟通的效率和效果。商务英语教育应该通过各种方法，如词汇教学、词汇测试、词汇记忆等，来帮助学生掌握商务英语词汇。而商务英语语法的掌握是准确使用商务英语的关键。商务英语语法包括了英语的句子结构、时态、语态、连词、冠词等，这些语法规则在商务英语中有特殊的用法。对这些语法的掌握，可以帮助学生在商务环境中正确使用英语，避免因为语法错误引起不必要的误解和混淆。商务英语教育应该通过各种方法，如语法教学、语法练习、语法测试等，来帮助学生掌握商务英语语法。

掌握商务英语词汇和语法，是商务英语人才在商务活动中有效沟通的基础。他们需要能够熟练使用这些词汇和语法，来进行商务谈判、商务报告、商务文档编写等。只有掌握了这些专业词汇和语法，他们才能在商务环境中流利、准确、得体地使用英语，满足商务活动的语言需求。因此，商务英语教育应该注重商务英语词汇和语法的教学，提高学生的语言技能，培养他们成为优秀的商务英语人才。

3. 商务文化的理解和应用

商务文化的理解和应用对于商务英语人才来说至关重要。商务活动不仅是经济交易的过程，也是文化交流的过程。不同的文化背景会对商务活动产生重要的影响，如交易方式、商务礼仪、合同签订等。因此，商务英语人才需要具备跨文化交流的能力，能理解并尊重不同的商务文化，以便在全球化的商务环境中进行有效地沟通和交流。

理解商务文化是商务英语人才在跨文化商务活动中有效沟通的基础。商务文化包括了商务活动的一系列习惯、规则和价值观，如商务礼仪、商务交流方式、商务合作理念等。这些文化元素在不同的国家和地区有不同的表现形式。例如，西方国家在商务活动中强调个人主义和竞争，而东方国家则更注重集体主义和合作。因此，商务英语人才需要了解不同的商务文化，理解它们的特点和规则，才能在商务活动中适应不同的文化环境，避免文化冲突和误解。应用商务文化是商务英语人才在跨文化商务活动中成功交流的关键。商务英语人才不仅需要理解商务文化，还需要能够将其应用到实际的商务活动中。这需要他们具备一定的跨文化交流技能，如灵活的交流策略、适当的礼节行为、有效的问题解决方法等。这些技能可以帮助他们在商务活动中顺利沟通，达成商务目标。例如，在商务谈判中，他们需要根据对方的文化背景，选择合适的谈判策略和方式，以促进谈判的进行。

4.商务英语的实际应用能力

商务英语的实际应用能力是商务英语人才培养的关键目标之一。这意味着学生不仅需要掌握商务英语的语言知识和技能，还需要将这些知识和技能应用到实际的商务活动中，如商务交流、商务谈判、商务报告等。实际应用能力的提升可以使商务英语人才在实际的商务环境中更加自信和从容，进一步提升他们的商务英语能力。

（1）商务沟通的能力。商务沟通包括了商务交流、商务谈判、商务会议等多种形式。在这些活动中，商务英语人才需要准确、流利、得体地使用英语，传递信息，表达观点，解决问题。这不仅需要他们具备扎实的英语语言基础，也需要他们理解和掌握商务沟通的规则和策略。

（2）处理商务文档的能力。商务文档是商务活动中的重要组成部分，如商务报告、商务合同、商务邮件等。处理这些文档需要商务英语人才掌握专业的商务词汇和表达方式，理解和遵循商务文档的格式和规范。

（3）商务研究的能力。商务研究包括了市场研究、产品研究、竞争对手研究等。在这些研究中，商务英语人才需要使用英语收集信息、分析数据、撰写报告。这不仅需要他们具备一定的商务知识和研究技能，也需要他们能有效地使用英语进行思考和表达。

（二）专业知识的目标设定

具备丰富的专业知识是商务英语人才的重要素质。商务英语人才需要掌握大量的商务知识和信息，才能在商务活动中提供专业的建议和解决方案。

1.商务基础知识的掌握

商务基础知识是商务英语专业学生应具备的核心素质。学生需要对商务法规、商务流程、商务管理等方面有深入的了解和掌握，才能在实际的商务活动中做出明智的决策，并提供专业的建议。

商务法规是商务活动的法律基础，它规定了商务活动的规则和约束。商务英语人才需要了解和掌握不同国家和地区的商务法规，以避免在商务活动中违反法律，造成不必要的损失。商务流程是商务活动的运行框架，它规定了商务活动的步骤和顺序。商务英语人才需要掌握各种商务流程，如销售流程、采购流程、生产流程等，才能在实际的商务活动中进行有效的操作和管理。商务管理涵盖了组织管理、项目管理、财务管理等多个领域。商务英语人才需要掌握商务管理的基本知识和技能，才能在商务活动中进行有效的管理和决策。

2. 商务专业知识的深入理解

商务专业知识是商务英语专业学生必须深入理解和掌握的重要领域。这些专业知识包括但不限于财务管理、市场营销和供应链管理等，这些领域的知识，其深度和广度对商务英语人才在日常工作中的表现有直接影响。

（1）财务管理知识。学生需要理解和掌握财务报表的编制、财务指标的分析、财务决策的制定等内容，以便于进行有效的财务控制和管理。同时，对公司财务状况的了解也有助于商务英语人才进行投资决策、融资决策和盈利能力等方面的评估。

（2）市场营销知识。学生需要了解市场营销的基本理论，如市场分析、产品定位、品牌管理、市场策略等，并能够结合实际情况，制订并执行有效的市场营销计划。此外，市场营销知识还包括消费者行为分析、竞争对手分析、市场走势预测等，这些都是商务英语人才在开展市场活动时必须掌握的专业知识。

（3）供应链管理知识。供应链管理涉及产品从原材料采购、生产、仓储、分销到最终消费者的全过程。学生需要理解和掌握如何通过有效的供应链管理，来降低成本、提高效率、保证产品质量和提升客户满意度等。

3. 商务信息的获取和处理能力

在日益复杂的商务环境中，学生作为即将步入商务领域的新兵，他们需要具备良好的商务信息获取和处理能力。这种能力的培养不仅有助于学生在繁杂的信息中找到所需的关键信息，更能锻炼他们的分析思维能力和决策能力。

首先，学生需要掌握如何获取有效的商务信息。在信息爆炸的时代，有用的信息和无用的信息混杂在一起，如何快速且准确地获取所需的商务信息，是一个至关重要的技能。这需要学生具备良好的信息检索技能，可以利用各种工具和平台，如搜索引擎、商务数据库、社交媒体等，高效地找到他们需要的信息。其次，获取信息后，学生还需要具备处理和分析信息的能力。他们需要学会如何从获取的信息中筛选出关键的信息，如何理解和解读这些信息，如何结合自身的知识和经验，对信息进行深入的分析。这需要学生具备批判性思维和逻辑分析的能力，能够从大量的信息中找出规律和趋势，为决策提供有力的依据。最后，基于对信息的理解和分析，学生还需要学会如何利用这些信息，做出合理的决策。商务信息往往直接关系到商务活动的成功与否，因此，学生需要学会如何根据获取和处理的信息，制定有效的商务策略和决策。

（三）商务沟通和协调能力的目标设定

在商务活动中，沟通和协调能力至关重要。商务英语人才需要具备优秀的沟通和协调能力，才能在商务活动中协调各方的利益，达成共识。

1. 商务沟通能力的提高

作为未来的商务英语专业人才，学生必须掌握和提高商务沟通的技巧。商务沟通不仅是语言的表达，更是一个复杂的社会活动，包括对信息的处理、情境的理解、交际的策略、文化的差异等多个方面。因此，提升学生的商务沟通能力，既需要注重语言的训练，也需要注重商务知识和技能的培养。

（1）提高商务英语的听说读写技能是提升商务沟通能力的基础。学生需要通过大量的听说读写练习，来提高他们的语言表达能力和理解能力。他们需要能够准确、流利地用英语进行表达，同时需要能够准确理解他人的言语。此外，他们还需要掌握商务英语的专业词汇和表达方式，以及不同商务情境下的语言规范和礼仪，以确保他们能够在不同的商务环境中，有效地进行沟通。

（2）学生需要掌握商务知识和技能，以便在商务沟通中，能够理解和处理与商务相关的信息和问题。他们需要熟悉商务流程和规则，理解商务的基本原理和方法，掌握常见的商务工具和技术。这样，他们才能在商务沟通中，理解并处理复杂的商务问题，提供有价值的建议和解决方案。

（3）培养良好的人际交往和协调能力。商务沟通往往涉及多方的利益和需求，因此，学生需要能够理解和尊重他人的观点和立场，善于协调和处理人际关系，有效地解决矛盾和冲突。他们需要学会如何运用适当的沟通策略和技巧，以达成商务目标，并建立良好的商务关系。

2. 商务协调能力的培养

商务场景中的协调能力是商务英语学生必须具备的重要素质之一，它关系到一个人是否能在处理复杂的商务关系和矛盾时，达到最优的结果。协调能力需要一系列的知识和技能，包括理解并平衡各方利益、促进有效沟通、处理冲突，以及引导团队达成共识等。

（1）理解并平衡各方利益是协调能力的核心。在商务活动中，各方往往有着不同的利益和需求。学生需要学会理解这些利益和需求，并尝试找到一种解决方案，能尽可能地满足所有人的利益。这需要他们具备敏锐的观察力，能够发现并理解各方的立场和利益，以及他们可能采取的行动和表现出来的反应。

（2）促进有效沟通是协调能力的基础。协调能力需要学生能够建立和保持有效的沟通，确保信息的准确和及时传递，以避免误解和产生冲突。他们需要掌握有效的沟通技巧，如倾听、表达、反馈等，能够适应不同的沟通情境和人际关系。

（3）处理冲突是协调能力的关键。商务活动中经常会出现各种冲突和问题，学生需要学会如何处理这些冲突，并找到合理的解决方案。他们需要具备解决问题的技巧和方法，如调解、谈判、妥协等，能够有效地解决冲突，维护商务关系。

（4）引导团队达成共识是协调能力的目标。在商务活动中，学生需要学会如何引导团队达成共识，实现商务目标。他们需要具备领导力和影响力，能够鼓励和激发团队的积极性和创造性，以实现团队的共同目标。

3. 商务谈判技巧的掌握

商务谈判是商务活动中的重要环节，通过谈判，各方可以达成协议，解决分歧。对于商务英语学生来说，掌握有效的谈判技巧，是他们在未来职业生涯中成功进行商务谈判，以及达成满意的商务结果的关键。

有效的沟通可以确保所有的参与者都明白对方的立场和意图，而良好的听力技巧则可以帮助他们理解对方的需要和期望，从而能够提出满足双方利益的解决方案；批判性思维可以帮助学生评估各种可能的解决方案，找出最有可能达成共识的解决方案；问题解决能力则可以帮助他们在谈判过程中解决可能出现的问题和困难。此外，谈判策略的运用也是成功进行商务谈判的关键。商务英语学生需要学习和掌握各种谈判策略，如预先设定目标、保持灵活、适时妥协、利用时间压力等。通过运用这些策略，他们可以更好地控制谈判的过程，实现谈判的目标。成功的谈判需要保持冷静和理智，避免情绪化的反应影响到谈判的结果。学生需要学习如何在谈判中控制自己的情绪，保持专注和冷静，以达成最佳的谈判结果。

（四）人才培养的目标设定

1. 应用型人才

应用型人才是指那些具备扎实的商务英语基础，能够将理论知识与实际业务紧密结合的人才。他们能够灵活运用商务英语进行沟通、协商、谈判等，为企业和组织的国际化进程服务。全球化的浪潮使商务英语成为跨国沟通与合作的关键工具。因此，应用型人才的需求正逐渐增加。这类人才不仅要掌握语言，更要理解商业环境、市场策略和文化差异，将这些元素融合在沟通与决策过程中。

理论教育与实际操作紧密结合是应用型人才培养的基础。在商务英语学习过程中，学校和企业共同努力为学生提供各类实习和项目实践机会，使学生在实际环境中运用所学知识，增强其实际操作能力。这不仅强化了理论与实践的联系，还为学生提供了真实工作环境的体验。通过真实商业环境的模拟，培养学生迅速适应工作环境和处理复杂商业问题的能力。业务场景模拟为学生提供了实际工作环境的模拟体验，使他们在掌握商务英语的基础上，进一步理解和运用商务战略和沟通技巧。此外，商务英语不仅是一门语言，更是一种文化的载体。培养学生的跨文化交流能力成为非常重要的一环。在全球化的商业背景下，了解不同文化背景的沟通规则和礼仪是建立有效商业关系的关键。同时，全面提升学生的技能和素质也是不可忽视的一环。包括团队协作、问题解决、批判性思维等方面的能力，这些都是现代商业环境中不可或缺的能力。无论是在商业谈判中的策略运用，还是团队合作中的沟通协调，这些技能的运用都是至关重要的。

2. 特色的复合型人才

特色的复合型人才是指除了掌握商务英语技能，还具备跨学科的知识结构和创新思维能力的人才。其特色在于将多学科的理论知识和实践经验融合到商务英语的运用中，能够在国际商务环境中解决复杂问题，从而具有更广阔的职业前景。

培养特色的复合型人才是一个全面、深入和精准的过程。其目标是将学生塑造成具有广泛学科背景、丰富实践经验和高度创新能力的现代商务英语专业人才。在教育层面，为了实现这一目标，学校必须提供跨学科的教育资源。这不仅涉及教育课程的设计和内容的选择，还包括师资力量的构建和教学方式的创新。例如，可以开设涵盖金融、市场营销、法律等多个领域与商务英语结合的课程，确保学生不仅能够掌握专业知识，还能够了解和掌握与商务英语紧密相关的多学科知识。同时，还应鼓励学生参与不同领域的项目实践。通过真实的项目经历，学生可以更好地理解商务英语在实际工作中的运用，以及跨学科知识是如何相互作用和协同的。这样的实践经历能够培养学生的多元化思维和解决问题的能力，也有助于他们在未来的职业生涯中更灵活、更全面地运用所学知识。此外，创新思维能力的培养也是特色复合型人才培养中不可或缺的一部分。在快速变化的国际商务环境中，创新思维能够帮助人才及时捕捉市场机遇，找到新的解决方案和商业模式。通过开设与创新管理、创业教育等相关的课程和活动，可以激发学生的创新激情和潜力。

3. 国际化人才

国际化人才是指具备国际视野、了解国际商务规则和文化差异，能够在全球范围内开展商务活动的人才。他们是连接不同文化和商业体系的桥梁，是推动国际合作和全球经济发展的重要力量。

培养国际化人才是一项复杂而精密的任务，涉及多方面的整合和发展。教育机构和企业必须共同努力，形成一种全球化的教育环境，以便培育这种独特的人才类型。在此过程中，国际文化教育的强调显得尤为重要。国际文化教育不仅包括对不同文化背景的了解和欣赏，还涵盖了对全球商业环境和国际关系的深入研究。通过学习不同国家和地区的历史、政治、经济和社会体系，学生可以培养全球化思维和跨文化理解能力。与此同时，提供海外交流机会也是培养国际化人才的重要手段。通过与全球合作伙伴建立学术和实践交流项目，学生可以亲身体验不同文化和商业环境。这种直接的接触和互动有助于增强学生的适应能力和灵活性，使他们能够更好地应对国际商务中的挑战。与多国企业合作进行项目实践也是培养国际化人才的有效方法。通过参与实际的国际商务项目，学生可以了解和掌握全球商业运作的实际情况和复杂性。这样的经验不仅增强了他们的实际操作能力，还为他们提供了与全球商业精英互动和学习的机会。国际化人才培养的目标是形成具备全球视野和跨文化沟通能力的商务专才。通过强调国际文化教育、提供海外交流机会以及与多国企业合作进行项目实践，教育机构和企业可以共同培养出这样的人才。

第二节　商务英语人才培养的模式和路径

一、商务英语人才培养的模式介绍

（一）商务英语人才培养的传统模式

目前，我国高等教育中商务英语人才培养主要采用以下几种模式。

1. 以外国语类院校为主体的"外语+商务"模式

该模式以外语教学为主导，以商务知识为辅助，强调学生的英语基础和应用能力，注重学生的跨文化交际意识和素养。该模式的优势是学生的外语水平较高，能够熟练地使用英语进行商务交流和活动；缺点是学生的商务知识较弱，难以适应复杂多变的国际商务环境和市场需求。

2.以财经类院校为主体的"商务+外语"模式

该模式以商务知识为主导，以外语教学为辅助，强调学生的专业理论和实践能力，注重学生的专业技能和素养。该模式的优势是学生的商务知识较强，能够熟悉并掌握国际商务领域的基本原理和方法；缺点是学生的外语水平较低，难以用英语进行有效和高效的商务交流和活动。

3.以综合性大学为主体的"双主修"模式

该模式以外语专业和商务专业为双主修方向，平衡外语教学和商务知识的比重，强调学生的综合素质和能力，注重学生的多元化发展和个性化选择。该模式的优势是学生的外语水平和商务知识都较为全面，能够适应不同类型和层次的国际商务岗位；缺点是学生的专业深度和广度都较为有限，难以在某一领域或方向形成突出的优势和特色。

4.以职业技术类院校为主体的"技能+外语"模式

该模式以商务技能为主导，以外语教学为辅助，强调学生的实用性和操作性，注重学生的就业能力和竞争力。该模式的优势是学生的商务技能较强，能够熟练地使用各种商务工具和软件进行商务活动；缺点是学生的外语水平和商务知识都较为薄弱，难以应对复杂多样的国际商务情境和问题。

（二）商务英语人才培养的主流模式

1.四位一体商务英语人才培养模式

采用"厚"英语基础，"通"商贸理论，"重"实践操作，"活"岗位群适应能力"四位一体"人才培养模式，改革商务英语专业教学方案，提高商务英语专业毕业生的实际操作能力和岗位群适应能力[1]。

（1）"厚"英语基础。商务英语教育的核心是以英语作为基础，这要求学生在学习期间获得扎实的英语语言基础和强大的英语交际能力。英语基础的"厚"不仅意味着对词汇、语法和发音的深入理解，还包括对文化背景、语境和语用规则的理解。这样的理解能帮助学生准确、有效地使用英语进行沟通，而不仅是在语言层面上进行机械地翻译或复述。

---

[1]　谭定钟，郑晓明.论商务英语专业"四位一体"人才培养模式[J].宁波大学学报（教育科学版），2012，34（1）：123-125.

第一，基础课程的合理配置。课程应强调实用性，以及针对特定需求的相关性，在满足基本要求的同时保持实用。此外，课程应聚焦于学生的全面能力培养，注重英语能力的发展，尤其是基本语言技能和交际能力。因此，在基础课程中应纳入精读、阅读、语音等方面。考虑到听力、口语和写作能力通常是国内学生的薄弱环节，故应在后期课程设置中加强这些方面的训练，如开设视听说、商务谈判、商务口语等课程。

第二，实施分层次教学。对于不同基础的学生，应设立阶段性的分级目标，这有助于他们稳步而有序地构建英语基础，同时为不同层次的学生提供各自所需的教育，以激发他们的英语学习积极性，并最终实现教学目标。具体来说，对于基础较差的学生，教学重心应放在基础知识上；而对于英语水平较高的学生，重点应放在提升他们的英语综合应用能力上。

第三，阶段性的评估和评比机制。在基础阶段，将通过全国英语等级考试作为训练目标，为初级英语水平的学生提供系统性的训练，提高他们的学习兴趣和自信心。在后期阶段，应鼓励学生考取商务英语、口译等专业证书，以此提升他们的英语交际能力。此外，将竞赛考核机制纳入课程体系也是一个有效的策略，将听、说、读、写、译各类竞赛贯穿其中，全面强化和巩固英语各项技能，从而为学生进入职场做好准备。

（2）"通"商贸理论。掌握"通"商贸理论的目标涉及对商务知识的系统性学习，旨在帮助学生熟悉国际经济贸易领域的核心理论和知识，从而拥有广泛的商贸知识体系和适度的商务操作技能。在广泛的商贸知识体系中，包括了解国际贸易、国际金融、电子商务、市场营销、国际商法等各个方面的基础理论知识和法律常识。在对应的商务操作能力中，包括熟练掌握在国际商务活动中经常需要的实务操作技能，如制作进出口业务单证、产品推销、商务公关和谈判以及处理商务文书等。在传授理论知识时，应以满足实际需要为原则，同时寻求对知识面的广泛覆盖；而在培养操作能力时，应着眼于商务实务，注重培养学生的实践操作能力和实践能力。

建构专门针对"通"商贸理论的课程体系是教学实施的重要一环。这意味着在学生学习英语课程的同时，也需接受商贸理论课程的学习，这样可以拓宽他们的专业视野，也为他们更好地适应未来的工作岗位奠定了坚实的基础。例如，商务谈判、市场营销、涉外旅游、国际商法、人力资源开发与管理、酒店管理、电子商务以及商务礼仪等课程，这些课程覆盖了商贸活动的各个重要方面，旨在开阔学生的专业视野，扩大他们的专业知识面，为他们在商贸领域的未来发展打下坚实的基础。课程的构成包括必修课、专业选修课以及公共选修课，学生可以根据自己的兴趣和特长选择不同的模块课程。这个课程体系的设计必须确保学生既能够"通"商务理论知识，又能掌握常用的实务操作能力，同时需要提高他们的动手能力和实践能力。

为了培养学生具有强大的实践动手能力，建立"双师型"教师队伍显得尤为重要。在构建"双师型"教师队伍时，可以采取以下措施：邀请在社会上有一定业务水平的商务从业人员担任教学职务；对缺乏商务知识的教师进行集中培训，使他们能够掌握商务基础知识和技能；鼓励教师考取相关职业资格证书，比如商务英语专业的教师可以通过自学、进修或培训等方式，参加职业技能考试，取得证书；定期安排商务英语专业教师到进出口贸易公司、外资企业、海关等单位进行实践锻炼。

（3）"重"实践操作。在商务英语专业人才培养中，"重"实践操作的目标既明确又重要。商务英语专业的教育模式以及实践教学体系的改革，对专业的质量提升和特色形成起着关键性的作用。"实践教学是职业教育的重要内涵，也是其区别于学科型教育的核心特征。"❶实践教学体系的构建和实施是一个系统的工程。这个工程的成功，依赖于对专业定位的准确理解，对实践教学目标以及实践课程的准确设定，以及对校内外实践教学条件的持续改进。只有对整个实践教学体系进行全面的优化并有效地执行，才可能实现人才培养质量的实质性提升。培养实践操作能力的核心是让学生理解并能够应用商务英语知识，这需要一个完整的教育模式和教学策略，不仅包括课堂教学，还需要学生在实践中学习和应用知识。只有这样，才能真正实现商务英语专业的教育目标，培养出具有强大实践操作能力的专业人才。

第一，构建现代化的校内实训中心。该中心主要包括两种类型的设施：一种是通过口语实训室、语言自主学习中心、多媒体语言实训室等，提供丰富的学习资源，满足学生的自主学习需求；另一种是全真商务与办公环境的综合商贸实训中心，通过模拟教学、实际操作等方式，让学生在实践中掌握理论知识，提高问题分析和解决能力。

第二，打造健全的校外实训基地。校外实训基地是实践教学的重要组成部

---

❶ 李园园.商务英语教学与人才培养研究[M].西安：世界图书出版西安有限公司，2018.

分，可以帮助学生获得实际工作经验，掌握应用型知识和技能。学校可以通过与外贸单位、海关、银行等建立合作关系，将校内与校外的教育教学资源有效整合，逐步构建合作模式。

第三，优化专业考核测评体系。在测评体系中，应以能力考核为主，每门专业课程都要有科学合理的实训考核大纲和实施细则。考试形式由单一笔试改为理论考核和实践考核相结合的方式，并将平时的实践内容全部纳入考核范围。同时，改革测评方法，不仅有利于学生知识运用能力、创新能力和实际工作能力的培养，也有利于促进教师教学内容、教学方法和教学手段的改革，以及推动学生学习方法的改变，提高其自主学习的能力。

（4）"活"岗位群适应能力。在"四位一体"的人才培养模型中，商务英语课程的配置基于学生未来就业领域的知识、技能和素养需求。其核心目标是提升学生的英语语言和商务操作技能，同时确保理论学习与实践应用的密切融合。课程设计旨在平衡学生的自主学习权利和社会对毕业生的知识、技能、素质期望；课程内容旨在促进学生个性的充分发展，同时提高毕业生的职业选择和竞争力。

第一，引入专业模块选修课。在基础的英语专业课程之上，将每个专业岗位群的一个专业方向划定为一个专业选修模块。通过市场研究和对就业市场人才需求的调查，将当前急需的岗位群设定为若干模块，如国际贸易、市场营销、涉外旅游等。学生可以根据自己的兴趣和未来的就业目标选择其中一个模块，并考取相应的职业资格证书。

第二，引入专业任意选修课。专业任意选修课是对专业模块选修课的扩展和提升，其课程内容可以根据人才需求和岗位群的职业需求进行灵活调整，从而体现人才培养的"活"岗位群适应能力。如果学生觉得专业模块课程所提供的知识、技能和职业资格证书不能满足他们的就业需求，他们可以选择专业任意选修课，以扩展专业知识和技能。这可以让学生获取另一个专业方向岗位群的知识技能，考取相应的职业资格证书，为未来的就业提供更多选择的机会。

第三，鼓励学生考取多个职业资格证书。从社会用人的角度来看，职业资格证书是就业的重要证明和通行证。在"四位一体"人才培养模式下，学生在完成专业模块课程和专业任意选修课程后，可以考取相应的职业资格证书，如外销员、跟单员、报关员、报检员、涉外导游等。多个职业资格证书可以使毕业生适应多个岗位群的职业要求，有更多的就业选择，从而扩大了就业面，增加了就业机会。

（5）"四位一体"商务英语人才培养模式的优化创新方案。为了更好地适应信息化时代的商务需求，现对"四位一体"商务英语人才培养模式进行优化创新，表6-1展示了"四位一体"商务英语人才培养模式的优化创新方案。

表6-1　"四位一体"商务英语人才培养模式的优化创新方案

模块	原模式特点	优化创新改革扩充	自己的原创想法
"厚"英语基础	强调英语语言基础	引入跨文化沟通技能，培养跨境合作能力	加强跨文化交际能力和创新思维能力的培养，开设"跨文化商务交际""商务英语创意写作"等课程，强调国际商务中的文化因素
"通"商贸理论	着重商务知识传授	强化全球商务趋势，包括可持续发展和数字化商务	关注国际商务领域的最新动态和发展趋势，利用网络资源为学生提供最新的国际商务资讯和案例分析；引入新兴领域，如人工智能在国际贸易中的应用
"重"实践操作	侧重实操技能训练	引入实际案例解决问题，加强实际操作能力	加强与企业和行业的合作，使学生能够参与到真实的商务项目中，建立稳定的校企合作机制，为学生提供更多的实习机会和项目经验
"活"岗位群适应能力	强化就业适应性	引入创业思维，培养自主创新能力	提供创业课程，鼓励学生探索商业机会；加强学生的自主学习能力和终身学习意识，引导学生使用在线学习平台和资源，为学生提供持续的学习支持和指导

2.复合应用型商务英语人才培养模式

新文科建设的核心任务之一是培养跨学科人才，复合型商务英语人才培养是推进外语专业新文科建设的有效途径之一。目前，我国复合型外语人才主要分为复合型和复语型两类：前者特指"外语+专业"复合型，如"英语+商务"（商务英语专业/方向），是学科外部交叉的复合型外语人才；后者是指"外语+外语"的复语型，如"英语专业+西班牙语"形成的英西复语专业等，是学科内部交叉的复语型外语人才。很显然，商务英语人才属于复合型外语人才。《商务英语专业教学指南》将复合型商务英语人才定义为具有扎实的英语基本功、相关商务专业知识、良好的人文素养、中国情怀与国际视野、较强的跨文化能力、商务沟通能力与创新创业能力的人才❶。

复合型商务英语人才培养模式旨在解决传统教育模式中存在的问题，如教学与实践的脱节、学生就业能力不足等。这种模式强调商务英语的专业性和应用性，以及跨学科、跨文化的学习方式，可以培养学生全面、实用的商务英语能力和商务操作能力。

（1）整合资源，进行实践教学。复合应用型商务英语人才培养模式在强调实践教学方面做出了独特且有效的实验。在这一模式下，理论与实践并重，商务实训课程的设立成了教学的核心环节。实践教学的目标在于提升学生的商务操作能力和解决实际问题的能力，以此满足现实社会的需求。

这一模式追求的实践教学主要通过与各类企业的合作进行，以模拟实际商务环境为主要手段。首先，模拟企业经营课程可以让学生深入了解商业活动的全过程，从市场分析、产品定位，到销售策略、营销推广，再到售后服务等环节，使学生能够全方位地理解和掌握商业经营的各种技巧和策略。这种实践教学模式不仅培养了学生的商务操作技能，也锻炼了他们的团队协作能力，提高了他们的领导力和决策力。其次，商务谈判模拟课程则主要训练学生在实际商务环境中的交际和谈判能力。通过模拟商务场景，如会议、谈判、报告、演讲等，学生能在实践中磨炼商务谈判技巧，同时能学习如何处理各种复杂的商务问题。此外，谈判模拟也能培养学生对商务文化的理解，提升他们的跨文化交际能力。这一模式通过与企业合作，为学生提供了丰富的实习机会。实习不仅是对学生商务英语知识和技能的考验，更是一次理论与实践相结合的实战演练。在实习期间，学生有机会直接接触到各种商务活动，包括市场调研、销售推广、客户服务、贸易操作等。这些实习经历可以让学生在实际工作中运用所学知识，了解企业运营的实际情况，感受企业文化，熟悉商务环境，以此提高他们的实践操作能力和实际问题的解决能力。

（2）培养专业技能。复合应用型商务英语人才培养模式强调对专业技能的培养，其中商务英语写作和翻译技能的训练显得尤为重要。这种模式旨在使学生在熟练掌握英语的同时，具备商务领域的专业知识和应用技能，使他们成为

---

❶ 王立非，宋海玲.新文科指引下的复合型商务英语人才培养理念与路径[J].外语界，2021（5）：33-40.

真正具备专业素质和实用能力的商务英语人才。

商务英语写作是商务英语专业技能培养的重要组成部分。商务英语写作不仅需要扎实的语言基础，而且要求对商务活动有深入的理解和精准的表达。故此，在教学过程中，需要以实际商务环境为背景，模拟各种商务写作情境，如商务信函、报告、提案、合同等。这不仅有助于提高学生的英语写作水平，也能让他们了解和熟悉商务写作的格式和规范，同时能锻炼他们的商务思维和沟通能力。而口译和笔译技能的训练也是专业技能培养的关键部分。商务环境中的口译和笔译任务通常涉及一些专业性较强的内容，如商务谈判、会议、报告等，对译员的语言能力和专业知识有较高的要求。因此，在教学中，应该通过模拟真实的翻译任务，让学生在实践中提升翻译技能。同时，也应该注意培养学生的商务知识和跨文化交际能力，使他们在做好语言转换的同时，能够准确理解和传达商务文本的含义。在复合应用型商务英语人才培养模式中，专业技能的培养并不是孤立的。商务英语写作和翻译技能的训练与实践教学、企业实习等紧密结合，以理论学习为基础，以实践应用为目标，形成了一个完整的教学链条。通过这样的方式，学生不仅能够提升语言能力，还能在实践中熟悉商务环境、理解商务文化、掌握商务操作，从而提升自身的专业素质和就业竞争力。

（3）跨学科学习。复合应用型商务英语人才培养模式深度强调跨学科学习的重要性。此模式通过整合和创新课程，努力让学生在精通商务英语的同时，获取经济、法律、文化等相关领域的知识。这种独特的教育模式以培养复合型、应用型的高素质人才为目标，期望学生不仅具备语言能力，也能熟练运用跨学科知识，解决实际问题。

跨学科学习能够使商务英语的学习和应用更加深入广泛。例如，在经济学领域，学生可以了解到不同的经济体系、经济指标、贸易政策等，这对于他们未来进入商业环境，进行商务沟通、谈判等活动是非常有帮助的。此外，法律学的知识也是必不可少的，学生需要了解各类商业合同的法律规定，掌握国际商务法规，以便能在实际操作中避免法律风险。对于文化领域，由于其商务活动往往涉及跨国、跨文化的交流，因此对不同国家和地区的文化背景、商务礼仪等有一定了解，既能有效提升沟通效率，又能促进商务活动的顺利进行。在实施跨学科学习的过程中，不仅需要改革和优化课程设置，还需要注重教学方法的改进和创新。如设置一些基于真实商务场景的模拟教学活动，让学生在模拟商务环境中运用他们学习的跨学科知识，解决实际问题。同时，也可以利用案例教学、小组讨论等互动教学方式，激发学生的学习兴趣，提高他们的思维能力和问题解决能力。跨学科学习的评价方式也是成功实施这一模式的关键。在评价中，不仅要看学生的语言应用能力，还要看他们运用跨学科知识解决问题的能力，以此来检验他们的综合素质和实践能力。

（4）鼓励创新和批判思维。在当前的商务环境中，不断涌现的新技术和新模式，让商业运作的模式和环境日新月异。对此，教师需要引导学生去适应和面对这样的变化，鼓励他们积极思考、勇于创新，而这正是通过创新思考和批判性思维培训能达到的效果。

为了实现这一目标，教师在课程设置和教学方法上，可以采取一系列创新的教学模式。比如，设置一些以解决实际商务问题为主的课程和项目，让学生在实践中锻炼他们的创新思考和批判思维能力。例如，商务案例分析、商务模拟游戏、商务创新项目等，都可以让学生在真实或近似真实的商务环境中，锻炼他们的创新思考和批判思维能力。此外，教师在教学过程中，也可以引导学生积极参与讨论，鼓励他们从多个角度对商务问题进行分析，培养他们的批判思维能力。同时，鼓励学生提出自己的看法和创新思路，通过与其他学生的交流和互动，可以促进他们的思考和创新。在评估学生的学习成果时，除了考查他们的语言技能和专业知识，还应注意评价他们的创新思考和批判思维能力。例如，可以通过对他们的项目成果、案例分析报告、创新方案等的评价，来了解他们的创新思考和批判思维能力。

3. 工学结合商务英语人才培养模式

工学结合是以培养技能型人才为中心的一种主流办学模式，该模式旨在培养学生的综合实践能力和职业能力[1]。工学结合商务英语人才培养模式则是一种将理论知识与实际操作相结合的教学模式，主旨在于培养学生掌握商务英语的应用技能，以及在实际工作环境中解决问题的能力。在此模式下，课程设计会涵盖商务英语的理论知识，同时会包含实践操作，如商务谈判、市场研究、商务报告撰写等。这样的设计使学生在学习理论的同时，也能通过实际操作巩固和应用所学的知识，进一步提升商务英语的实际应用能力。工学结合商务英语人才培养模式同样强调职业技能的培养，旨在帮助学生掌握一些实用的商务技

---

[1] 甘伶俐.商务英语工学结合"四位一体"人才培养模式研究——以重庆移通学院为例[J]. 海风，2021（4）：224-224.

巧和方法，以便他们在毕业后能快速适应职场环境，展现出良好的工作能力。

（1）订单培养式。"订单培养式"是一个与用人单位紧密结合，按照其实际需求进行人才培养的新颖模式。在这种模式下，职业技术学院和企业会签署合作协议，确定人才的需求标准、数量和培养期限，以便针对性地进行人才培养。指导委员会的构成是多元化的，包括学院的商务英语专业教师学科带头人，企业的高层管理者以及相关领域的专家。这样的组合有助于学生从多方面获取信息，更全面地理解商务英语在实际工作中的运用。企业专家在培养过程中起到关键的作用，他们为学生提供与本专业相关的行业信息，并进行深入的分析和咨询，帮助学生更好地理解行业发展趋势和要求。同时，企业也会负责学生的实习、实训及就业安排，使学生能够在实际工作环境中巩固所学的知识和技能，提高其竞争力。另外，学校侧重于学生的教育教学管理，确保他们在学习过程中得到系统的知识训练。有条件的情况下，企业还可以与学校共同筹建商务英语仿真实验室，为学生提供更加真实的模拟环境。订单培养式模式的最大优点在于它能够精确满足企业对商务英语人才的实际需求，同时解决了学生的就业问题。这种模式的实施不仅为企业输送了符合其需求的人才，同时为学生提供了更大的就业机会，因此得到了广泛的认可和肯定。

（2）项目驱动式。项目驱动式是一种以特定项目为载体，通过校企间的协同合作，来调整专业的定位和人才培养目标的教学模式。在这种模式下，学校和企业将共同制定和完善理论教学体系和实践教学体系，以保证教学与实际需求的高度一致。这种模式的运作主要依托特定的项目。项目的选择一般由企业提出，然后由学校进行相应的专业知识和技能教学，从而确保教学内容的实用性和针对性。在项目的实施过程中，校企双方将互派人员进行任教和培训，以进一步强化学生的理论知识和实际操作技能。

在这种模式下，企业不仅为学校提供了项目和技能学习的场所，也为学生提供了丰富的实践机会。而学校则通过教学帮助企业提高员工素质和管理水平，并为企业输送相关专业的毕业生，从而形成了一种互惠互利的关系。例如，对于商务英语专业，企业可能举办各种国际会展策划、涉外电子商务等项目。这些项目都需要商务英语人才，校企双方可以采取项目驱动式合作模式，共同培养满足这些需求的人才。这样不仅能够提高学生的实践经验和技能，也能更好地满足企业的实际需求。

（3）学工交替式。学工交替式是一种将理论学习和实际实习相结合的教育方式。在这种模式下，学生的学习和实习将分段交替进行：一段时间在学校学习理论知识，接着进入企业进行实习，然后回到学校进行知识的补充和整合。这样的模式可以使学生在获得理论知识的同时，充分利用实习机会将理论知识应用于实践，进一步提高自己的实际操作能力。这一模式特别适应商务英语人才的培养，因为商务英语人才需要具备语言能力、商务知识和综合技能三方面的能力。学生在学校学习商务和英语相关的基础知识，然后在酒店、旅行社、企业等需要相关人才的单位进行实习，这样既能够使所学的知识得到实际应用，又能完成语言能力和商务知识到综合技能的转化。

另外，这种模式还具有实现双赢的可能。学生在实习期间，可以获得相应的津贴，这对于他们来说是一种经济上的支持。而对于企业来说，他们可以获得短期的实习生助力，如果实习生表现优秀，还能从中选拔出优秀的正式员工。因此，学工交替式商务英语人才培养模式，对于学生、学校和企业都有实际的好处。

（4）校企融合式。校企融合式是一种全新的人才培养模式，它充分利用了学校和企业的资源，实现了教育和实践的完美结合。在这种模式下，企业的培训中心与学校的相关专业教研室融为一体，通过校企双方交叉兼职、专业共建、师资互通、资源共享等方式，共同培养高素质的技能型人才。对于商务英语专业的学生来说，这种模式具有巨大的优势。高等学院将与进口企业、外贸公司、合资企业或其他对外经济机构建立紧密的联系，使学生有机会直接参与海外客户的商务洽谈，实现零距离上岗。这种真实的商务环境将对学生的学习和发展产生深远影响，使他们更好地理解商务活动的本质，提升他们的商务操作能力和实际问题解决能力。此外，企业不仅为学校提供实训基地，学校也可以利用自身的人才优势，为企业员工进行外语培训以及相关的资格认证指导。这种校企互动的模式，实现了资源的最大化利用，提升了教学效果，也提升了企业的经营效果。

二、商务英语人才培养的路径选择

（一）突出专业特色和优势

1.深化专业课程的授课内容

在商务英语的教学过程中，深化专业课程的授课内容有助于增强学生的理解和应用能力，使他们更好地适应实际商务环境。首先，关于基础理论知识的深入讲解。例如，在商务英语课程中，应对诸如国际贸易、跨文化交流、经济全球化等方面的基础理论知识进行深度剖析。这样不仅能增强学生对商务英语的理解力，也能够使他们对商务活动的整体背景有更深入的认识。其次，增强专业性和实用性的内容。例如，在商务谈判课程中，除了教授基础的谈判理论外，还可以结合真实的商务案例进行讲解，如何在实际谈判中运用谈判技巧和策略、如何处理商务冲突、如何进行有效的谈判沟通等。在商务文书写作课程中，应教授商务信函、报告、计划书等不同类型文书的写作技巧和格式，使学生在学习理论知识的同时，能够掌握其实际应用。再次，注重行业知识的融入。例如，可以讲解有关贸易法规、商业伦理、企业文化等内容，让学生对商务活动的社会背景和法律环境有更深入的了解。此外，还可以邀请行业内的专家和实践者来校讲座，让学生了解最新的行业动态和发展趋势，增强其对专业课程的兴趣和动力。同时，强调课程内容的前沿性。商务英语作为一门应用性强的专业，要求教学内容与时俱进，紧跟国际商务的最新动态。例如，可以将最新的商务模式、最新的经济政策、最新的市场趋势等内容融入课程中，使学生能够在学习过程中与实际商务环境保持紧密的联系。最后，落实多元化的教学方式。例如，可以采取讲授、讨论、案例分析、角色扮演、商务模拟、企业实访等多种教学方式，增强学生的学习兴趣，提高他们的参与度和实践能力。

2. 拓展专业学科交叉领域

商务英语人才的培养不能仅局限于英语语言技能和商务知识的学习，更需要注重跨学科的融合和学科间的交叉，以适应商务环境中复杂多变的需求。

在课程设置上，除了核心的商务英语课程，还可以引入更广泛的跨学科课程。例如，可以设置商务统计、市场营销、国际贸易、公司战略、商业伦理、人力资源管理等课程，帮助学生构建跨学科知识体系，以便他们能更好地理解和处理商务环境中的各种问题。在教学方式上，除了传统的讲座和讨论，还可以采用跨学科的项目式学习、问题式学习、案例研究等方式，鼓励学生在处理实际商务问题时运用多学科的知识和技能。在学生实习和实践中，可以选择多学科交叉的项目或企业，使学生在实际的商务环境中体验和应用跨学科的知识，提高其商务问题解决能力。在课程研究和学术交流中，鼓励教师和学生进行跨学科的研究和讨论，引入多学科视角，提高研究的深度和广度。在外部合作上，与其他学科的教育机构或企业建立合作关系，引入不同学科的专家和教师，为学生提供更丰富的学习资源和实践机会。

通过以上的做法，不仅可以拓宽学生的知识视野，提升他们的创新思维和解决问题的能力，还可以帮助他们建立更广泛的人脉网络，为他们的未来职业发展铺平道路。这种跨学科的教育方式是培养商务英语人才的重要路径，也是他们适应未来商务环境变化的关键。

3. 强化专业技能的训练与提升

商务英语的专业技能不仅包括扎实的语言基础和商务知识，更包括解决问题的能力、团队合作的能力、领导力、批判思维、沟通技巧等。这些都是在商务环境中不可或缺的能力，因此，强化专业技能的训练与提升显得尤为重要。

在课堂教学中，教师应结合商务案例和实际问题进行教学，鼓励学生在解决问题的过程中运用和提升专业技能。例如，可以让学生模拟商务谈判，从而提升他们的谈判技巧和沟通能力；可以让学生参与团队项目，以提高他们的团队合作能力和领导力；可以让学生分析商务案例，以锻炼他们的批判思维能力。在实习和实践环节，学校应积极与企业合作，为学生提供实际的工作场景，让他们在实践中提升专业技能。例如，学生可以在企业中进行实习，亲身参与到商务活动中，了解并体验商务工作的实际情况；也可以参与到企业项目中，解决实际的商务问题，从而提高他们的问题解决能力。在课程评估中，除了对学生的知识掌握情况进行评估，还应重视对学生专业技能的评估。例如，可以通过对学生的演讲、报告、团队项目、实习表现等进行评估，以了解他们的专业技能的掌握情况，并针对他们的弱点进行个性化的指导和帮助。在教师队伍建设中，应重视教师的专业技能培养。教师不仅要有扎实的语言知识和商务知识，更要有丰富的商务经验，才能为学生提供有效的指导。

（二）商务课程合理配置

1. 构建系统的课程体系

构建系统的课程体系是商务英语人才培养过程中的重要一环。针对这一课程体系的设计与实施，需要充分考虑和平衡多个因素，以便能有效地帮助学生在短期内提高其商务英语技能，并为其未来的职业生涯做好准备。

其一，课程体系的构建应围绕具体的商务英语主题展开。基础商务英语课程应当涵盖商务英语的基本知识与技能，如商务英语词汇、语法、商务书信写作等内容。这样的基础课程设计能够使学生形成良好的商务英语学习基础。其二，专题课程应该包括各类商务活动的主题，如商务谈判、市场营销、企业管理、跨文化交流等。这些课程旨在提供对特定商务领域的深入理解，帮助学生形成专门的商务英语应用能力。其三，商务英语实践课程则应当聚焦于商务英语的实际应用，让学生能有机会实践运用所学的商务英语知识。这包括模拟商务谈判、模拟商务会议、商务英语报告撰写等内容。通过这些实践性的课程，学生可以将所学知识应用到实际的商务情境中，进一步提升自身的商务英语技能。在这个过程中，课程的难度应当逐步提高，能够满足学生不同阶段的学习需求。为此，教师可以在教学中利用各类教学工具和方法，以鼓励学生积极参与学习，并提供各类支持，帮助学生应对学习难度的提高。同时，教师也需要根据学生的学习情况进行教学反馈，以便及时调整教学内容和方法，提高教学效果。

2. 实施灵活的课程设置和更新

在实施商务英语课程时，灵活性和时效性是极为重要的考量因素。因为商务环境的快速变化，传统的课程设置和教学方法可能无法满足当前的需求。这就需要教育机构和教师能够以开放和创新的心态，不断调整和更新课程内容和教学方法。

在课程内容上，一方面需要注重基础商务英语的教学；另一方面也要关注新兴的商务主题和技术，如电子商务、数据分析、互联网营销等。这些新兴主题和技术在现代商务环境中扮演着越来越重要的角色，因此也应当成为商务英语课程的重要组成部分。例如，电子商务的课程可能会涵盖如何使用英语进行在线销售、如何解读和撰写电子商务合同等内容。数据分析的课程则可能会教授学生如何用英语解读和报告商务数据、如何在商务决策中利用数据等。而互联网营销的课程可能会涉及如何使用英语进行社交媒体营销、内容营销、搜索引擎优化等。

在教学方法上，应当引入多元化的教学方法，以满足不同学生的学习需求和习惯。传统的课堂讲授仍然是重要的教学方法，但也可以辅以其他的教学方法，如翻转课堂、在线教学、项目式学习等。翻转课堂强调在课堂之外通过网络资源自主学习，课堂时间主要用来进行讨论、解答疑问、做项目等。这种方法能够鼓励学生主动学习，也能让教师有更多时间进行个别辅导。在线教学则可以通过网络视频、在线讨论等方式，打破地域和时间的限制，提供更加便捷的学习方式。而项目式学习则是以完成具体项目为目标，让学生在实践中学习和应用知识。

通过灵活的课程设置和更新，不仅能够提高教学效果，还能更好地帮助学生适应商务环境的变化，提高商务英语应用能力。

3. 增设实践性强的课程模块

商务英语教育的重要部分在于如何把理论知识转化为实际应用的能力。这种能力的培养不能仅依赖于课堂教学，更需要通过实践活动来进行。因此，在课程设置中增设实践性强的课程模块是十分必要的。例如，商务英语实习课程可以让学生有机会到企业实习，接触真实的商务环境。这种实习经历不仅可以让学生运用和加强所学的商务英语知识和技能，还能让他们对商务环境有更深入的了解，为将来的工作生涯做好准备。企业实习是一种非常有效的实践学习方式，可以帮助学生将理论知识与实际情境结合起来，更好地理解和应用商务英语。除此之外，举办各种商务英语比赛也是一种很好的方式。例如，商务英语案例分析比赛可以让学生在解决真实商务问题的过程中，运用所学的商务英语知识和技巧。商务英语演讲比赛则可以锻炼学生的口语表达和公众演讲能力。这些比赛都可以让学生在实践中提升自己的商务英语能力，也能提高他们的团队合作和问题解决能力。与此同时，还可以开设商务英语项目课程，让学生以小组的形式进行项目实践。例如，可以让学生设计一个商务英语培训项目，从需求分析、课程设计、教学材料准备、教学实施到效果评估，都由学生自己来完成。这样的项目既可以让学生深入理解商务英语教学的全过程，也能让他们在实践中提高自己的组织、规划和执行能力。

以下为某高校在针对商务英语人才培养中设置的课程模块及学分分配，由表中课程模块安排可以看出实践性的教学课程在人才培养中还是比较重要的。表6-2为课程模块及各学期学分分配表，表6-3为以专业选修课程模块为例来展示实践课程在人才培养中的重要性。

表6-2　课程模块及各学期学分分配表

课程模块	学年、学期学分分配							
	第一学年		第二学年		第三学年		第四学年	
	一	二	三	四	五	六	七	八
思想政治理论必修课程	3	5	3	3	3	2	0	2
思想政治理论选修课程	0	1	0	0	0	0	0	0
通识必修课程	7	5	5	1	3	4	0	0
通识选修课程	0	0	2	2	2	4	0	0
学科（专业）基础课程	7	12	6	6	0	0	0	0

续表

课程模块	学年、学期学分分配							
	第一学年		第二学年		第三学年		第四学年	
	一	二	三	四	五	六	七	八
专业必修课程	0	2	8	10	2	0	0	0
专业选修课程	0	0	0	4	10	8	4	0
跨学科（专业）选修课程	0	0	2	0	2	2	2	0
实践教学和劳动教育环节	2	2	0	1	0	0	0	7
合　计	19	27	26	27	22	20	6	9

表6-3　专业选修课程实践学分、学时安排

课程名称	学分		学时	
	理论	实践	理论	实践
国际商务礼仪（英）	—	2	—	34
国际贸易实务（英）	—	2	—	34
国际商务实训（英）	—	2	—	34
商务管理案例分析（英）	—	2	—	34

（三）加强校内外实习实践

1.加强与企业的校企合作

强化与企业的合作，对于提升学生商务英语实践能力具有重大意义。实施有效的校企合作，学校与企业的界限将被打破，学生可以在真实的商务环境中，接触并理解商务活动的各个方面，进一步提升其实际操作能力和专业素质。

通过签署校企合作协议，学校和企业之间可以建立长期、稳定的合作关系。企业可以为学生提供实习机会和项目，让他们在实际的商务环境中运用所学的商务英语知识和技能，也可以让他们对企业运营和管理有更深入的了解。这样，学生在理论学习和实践操作之间找到了一个有效的衔接，从而更好地理解和掌握商务英语。在实习过程中，学校的角色也不容忽视。学校可以派出有经验的教师，作为学生的实习指导，为他们提供实习指导和评价。这样，教师可以在学生实习过程中，给他们提供及时的反馈和指导，帮助他们解决实习中遇到的问题，提升他们的实习效果。同时，校企合作也可以涵盖其他方面。例如，企业可以参与到学校的课程设置中，提供一些具有实际价值的商务英语课程主题，或者提供一些真实的商务英语案例，让学生在学习过程中，更好地理解商务英语在实际工作中的应用。

2. 推行长期、系统的实习制度

推行长期、系统的实习制度，对于商务英语学生来说，既是一个挑战，也是一个机会。实习不仅提供一个让学生将所学的理论知识应用于实践的平台，也让他们对商务英语的实际应用有更深入的理解。在这个制度下，学生会有足够的时间和机会，将所学的商务英语知识应用到实习工作中。在实际的商务环境中，他们可以接触到各种不同的商务活动，理解和学习如何运用商务英语进行有效的沟通和交流。这样，他们既提升了自己的商务英语技能，又提升了自己的专业素养。同时，学校也应设置实习课程，为实习学生提供系统的指导和评价。教师可以根据学生的实习情况，为他们提供及时的反馈和指导。这样，学生在实习过程中，不仅可以获得实践经验，也可以获得教师的专业指导，从而更好地理解和掌握商务英语。通过完成实习报告和其他相关任务，学生可以对自己的实习经验进行反思和总结，进一步提升自己的商务英语技能和专业素养。

三、商务英语专业本科人才培养方案设定——以某高校为例

（一）专业代码、名称

专业代码：××××××

专业名称：商务英语

专业 类：英语语言文学

学科门类：文学

（二）专业培养目标

本专业培养适应社会主义现代化需要，面向华南粤港澳大湾区，广东省以及珠三角地区，具有扎实的英语语言基本功、宽阔的国际视野、专门的国际商务知识与技能的复合型商务英语专业人才。毕业生德、智、体、美、劳全面发展，综合素质高，掌握经济学、管理学及法学等相关专业基本知识，具备较强的跨文化交际能力与较高的人文素养，熟练掌握计算机的基础知识和基本操作，能够进行商务信息处理，有较强商务实践能力，能熟练使用英语从事商务、外贸、管理、金融、教育等工作。

（三）培养规格和培养要求

1. 知识要求

（1）基础性知识。具备扎实的英语听、说、读、写、译能力，掌握国际贸易、国际商务等相关学科的理论和知识。

（2）专业性知识。熟练掌握商务英语实践操作技能，掌握商务活动的基本工作内容和运行机制。

（3）工具性知识。具备专业技术职业资格的条件，熟练掌握基本的计算机应用知识、熟练掌握一门第二外语。

（4）跨学科知识。具有基本的管理学、金融学、教育学知识。

2. 能力要求

（1）分析与思辨能力。具备良好的思辨能力，能够客观、全面、理性地分析问题、解决问题。

（2）语言与写作能力。具有较强的英语语言表达和写作能力，能熟练运用中文、英语和第二外语进行商务写作、学术写作。

（3）沟通与协同能力。具备较强的沟通、协作能力，基本的商务分析、决策和实践能力。

（4）专业综合应用能力。具有理论分析和实务操作的基本能力、跨文化商务沟通能力；能在仿真环境下较好地完成涉外商务活动。

（5）创新创业能力。积极参加各级各类大学生创新创业大赛，具有较强的创新、创业意识和精神。

3. 素质要求

（1）思想道德素质。坚定理想信念，牢固树立正确的世界观、人生观、价值观，秉持家国情怀与国际视野。

（2）专业素质。充分了解学科与专业发展趋势。具备熟练的英语交际能力、良好的道德品质、商业伦理意识和服务社会的奉献精神。

（3）科学素质。具有较强的量化思维方式、尊重学术规范，能用科学的方法分析、解决问题。

（4）文化素质。具有深厚的文化修养、一定的艺术鉴赏和审美能力，坚定文化自信、与时俱进用英语讲好中国故事。

（5）身心素质。具有健康的体魄和终身体育锻炼的意识和能力，具备优良的心理素质，积极参与有益身心、对社会有意义的、创造性的劳动，不怕苦不怕累。

（6）创新精神与创业意识。具备自主学习、终身学习与专业发展意识，具有锐意进取、勇于开拓的创新精神。

（四）学制和毕业学分要求

1. 学制

标准学制 4 年，实行弹性学制，允许学生在 3~5 年内毕业。

2. 学分要求

毕业最低学分为 163 学分，学分结构符合人才培养方案要求。本专业学生只有取得或者即将取得本专业修读要求的所有学分，符合广东金融学院学位授予条例有关规定的，才能申请本专业学位答辩。通过本专业的学位答辩，才能获得本专业认可的文学学士学位。

（五）所属学科和学位授予

本专业属于文学学科；本专业可授予文学学士学位。

（六）核心课程

综合商务英语、商务英语视听说、商务英语口语、英语写作、商务英语写作、经济学导论（英）、管理学导论（英）、国际营销概论（英）、国际商法导论、跨文化商务交际、商务导论（英）、商务笔译、国际贸易实务（英）等。

（七）专业特色

结合学校区位优势和特点，为适应国家和广东省，特别是珠三角地区社会经济发展的需要，落实立德树人根本任务，本专业培养具备扎实的英语语言基础、基础的商务翻译知识、较强的跨文化商务交际能力、宽阔的国际视野，能够掌握国际商务管理、国际贸易等领域的基本知识和技能，通晓我国对外经济、贸易的方针政策、法律法规，适应国家和广东省，特别是珠三角地区社会经济发展需要的高素质应用型人才。

第三节　信息化时代商务英语人才培养的评价和优化

一、商务英语人才培养的信息化评价指标设定

（一）信息技术应用能力评价指标

在商务英语人才培养的过程中，信息技术应用能力的评价是必不可少的一个环节。其中包括对学生信息技术操作技巧的掌握、信息处理能力，以及信息技术在商务环境中的实际运用能力的评估。

1.信息技术操作技巧

这一部分主要涉及学生对各类信息技术工具的熟练掌握程度。例如，商务英语学习者是否能够流畅地操作在线会议软件，如Zoom、Skype等，进行远程商务沟通；能否熟练运用Excel等数据处理软件进行数据整理和分析；能否使用如Microsoft Project等项目管理软件进行商务项目的策划和管理。这些都是商务英语人才在实际商务环境中经常会用到的技能。

2.信息处理能力

这主要涉及学生对收集到的信息进行分析和整合的能力。在信息化时代，获取信息的途径非常多，包括网络，社交媒体，公开报告等。商务英语人才需要能够从这些信息中迅速筛选出对自己有用的信息，并能够有效地进行分析和整合，提取出有价值的内容。例如，学生是否能够利用搜索引擎和数据库等工具有效地查找和收集信息；是否能对收集到的大量信息进行归纳、整理和分析，找出关键的商务信息。

3.信息技术在商务环境中的实际运用能力

这一部分主要考查学生是否能够在真实的商务环境中灵活运用信息技术。在现代社会的商务活动中，很多环节都离不开信息技术的支持。例如，学生是否能够利用网络资源进行市场调研；能否通过社交媒体进行产品推广；能否运用数据分析工具对销售数据进行分析，并据此制定有效的营销策略。

（二）在线学习能力评价指标

在信息化时代，在线学习已经成为商务英语教学的重要组成部分，因此评估学生的在线学习能力变得尤为重要。

其一，自主学习能力：在线学习需要学生有较强的自我驱动性，能够在没有老师实时监督的情况下也能坚持学习。评价时可以查看学生在线学习平台的

登录频率、学习时间以及完成课程的进度等数据。其二，在线交流和协作能力：在商务英语教学中，交流和协作是非常重要的环节。学生需要能够有效地运用在线平台进行商务英语的交流，以及和他人进行协作学习。例如，参与在线讨论、及时反馈问题、有效地参与项目协作等。其三，在线信息获取和处理能力：在线学习环境中信息丰富，学生需要能够有效地获取和筛选信息。例如，能否有效地使用搜索引擎找到需要的学习资料，能否从大量的在线信息中筛选出对学习有帮助的内容。其四，技术运用能力：在线学习需要学生掌握一定的技术，如使用在线学习平台，操作各种在线工具等。学生在面对技术问题时能否迅速找到解决办法，也是评价其在线学习能力的重要标准。

通过以上的评价指标，教师可以了解学生的在线学习能力，进而对教学方法进行调整，以适应学生的学习需求。同时，学生也可以通过这些评价指标了解自己的优点和不足，从而更有效地进行在线学习。

（三）数字素养评价指标

数字素养，即学生对数字信息的理解、运用、分析和解释能力，是商务英语人才培养的重要部分。

在商务英语中，经常需要处理和分析大量的数据，这就要求学生有很强的数据解析能力。评价时，可以了解学生是否能够有效地理解数据，包括数据的来源、性质、用途等。同时，学生还应该能够进行基本的数据分析，如计算平均数、百分比、变化率等。商务英语学生需要能够将复杂的数据信息以简单明了的方式呈现出来，这就需要他们有较强的数据可视化能力。评价时，可以了解学生是否能够有效地使用图表、图像等方式，将数据信息呈现出来。商务英语学生应该能够根据数据信息，进行有效的决策。评价时，可以了解到学生在面对商务问题时，是否能够使用数据驱动的方式进行决策。在信息化时代，商务英语学生需要熟练使用各种数字工具，如电子表格、数据分析软件等。评价时，可以了解学生是否能够熟练地使用这些工具进行数据处理和分析。

二、信息技术在商务英语人才培养中的应用优化

（一）信息技术集成到教学设计中的优化

确保信息技术在商务英语教学设计的集成对于满足当今社会的需求至关重要。在制定课程大纲的过程中，教师可以将与信息技术相关的主题和内容纳入其中。例如，可以设计有关电子邮件通信、网络调研、在线会议和电子商务等

主题的课程，使学生在学习商务英语的同时，也提升他们的信息技术应用能力。同时，通过设计一些实践活动，让学生有机会运用信息技术，这可以帮助他们更好地理解和掌握商务英语知识。例如，教师可以设计一些数据分析活动，让学生使用电子表格软件（如Excel）进行数据整理和分析，进一步提升他们的数字素养；或者设计一些信息搜索活动，让学生使用搜索引擎收集和筛选网络上的商务信息，提高他们的信息素养。

在评价学生的学习效果时，信息技术也可以起到重要作用。例如，教师可以使用在线测试系统进行知识点的测试，及时了解学生的学习进度；通过学习管理系统（LMS）对学生的学习情况进行追踪和管理，包括学习时间、完成的任务数量、参与的讨论次数等，以此为依据进行更为科学、公正、有效的评价。此外，信息技术还可以应用到教学反馈中。教师可以通过在线问卷调查工具收集学生对教学的反馈，以便于教师对教学内容、教学方法等进行改进；同时，教师也可以使用在线工具对学生的学习表现给予及时反馈，帮助他们及时调整学习策略，提高学习效果。

（二）在线教学平台的优化

在线教学平台在商务英语的教学中发挥着举足轻重的作用。为了使教学效果达到最佳，对这些平台进行优化是至关重要的。在优化方案的设计中，教师需要着眼于满足学生的多元化学习需求，提供良好的用户体验，以及增强交互性。

对于学习资源的丰富性，平台需要提供多样化的学习材料，包括但不限于视频教程、在线阅读材料、互动练习等。这些资源应涵盖商务英语的各个方面，包括词汇、语法、口语、听力、写作等。例如，可以提供不同主题和难度级别的视频教程，以满足学生不同的学习阶段和学习目标；互动练习可以设定不同的任务和挑战，使学生在完成任务的同时，锻炼和提升自己的商务英语能力。在提供良好的用户体验方面，平台的设计应该简洁明了，易于使用。例如，界面设计应该清晰直观，让学生能够迅速找到他们需要的资源和功能；操作方式应该高效快捷，让学生在使用过程中感到舒适便捷；平台的系统性能应该稳定可靠，保证学生在使用过程中不会因为系统问题而影响学习效果。

实时交互也是在线教学平台优化的重要方向。平台应支持在线讨论和即时反馈功能，以增强学生的学习动力和学习效果。例如，可以设置论坛或聊天室，让学生能够在线交流思想、讨论问题；通过即时反馈功能，学生可以及时了解自己的学习情况，调整学习策略，提高学习效率。

（三）互动性教学技术的优化

互动性教学技术在商务英语教学中具有独特的优势，其精心优化可以促使学生更为积极地参与学习过程，从而能进一步增强学生的学习兴趣和效果。

实时在线讨论是现代互动教学技术的一种重要形式，通过它，学生可以直接参与到教学过程中，不仅可以提升自己的语言运用能力，还可以锻炼团队合作和批判性思考的能力。然而，优化这一技术需要从多个方面进行考虑。首先，讨论板块的设计需要更为人性化，界面简洁明了，分类清晰有序，使学生可以方便快捷地找到自己需要参与的讨论。其次，增设实时讨论功能，如视频聊天、音频聊天等，这将使学生能够在讨论中获得即时反馈，从而提高他们的学习积极性和学习效果。

虚拟现实（VR）模拟则提供了一个更为真实、更为生动的学习环境，它可以把学生带入各种商务场景中，从而使学生有机会在模拟的环境中实践商务英语，增强语言的实践运用能力。然而，要优化VR模拟技术，首先，需要提高模拟环境的真实度，使之尽可能地接近真实的商务环境，使学生可以在近乎真实的环境中进行学习，这将极大增强他们的学习体验和学习效果。其次，增加互动元素，如让学生可以与虚拟人物进行对话，或者在虚拟环境中完成各种任务，这样不仅可以提升学生的参与度，还可以提升他们的学习效果。

第七章

————

结论与展望

第一节　主要研究结论

一、研究成果概述

（一）信息化时代商务英语教学的关键性发现

在信息化时代，商务英语教学的模式和方法必须与时俱进。信息技术，如互联网、数字化学习平台和在线学习资源等，为商务英语教学带来了前所未有的便利。其中的关键性发现包括：教学过程中的学生参与度提高、学习环境的自我调整能力增强，以及教学内容的个性化定制可能性加大。此外，互动性教学方法的广泛应用也被证明能够提升学生的学习兴趣，增强其实践能力，这对于商务英语教学而言尤为重要。另外，商务英语教学的信息化也为教师提供了更多元化的教学方法和工具，从而提高教学效果。

（二）商务英语教学模式的创新性研究

在信息化时代，商务英语教学模式的创新主要表现在教学方法、教学内容、教学评估等多个方面。首先，教学方法上的创新主要表现为在线教学和混合式教学的广泛应用，这为商务英语教学提供了新的可能。其次，教学内容的创新主要表现为更加注重实践性和应用性，以适应商务英语的实际需求。最后，教学评估的创新主要表现为多元化的评估方法，包括项目评估、团队评估和自我评估等，这能够更加准确地评估学生的学习效果。

（三）商务英语人才培养模式的系统性分析

在信息化时代，商务英语人才的培养必须更加注重实践性和应用性。在这个过程中，最关键的环节是理论知识和实际技能的结合。在这种培养模式中，学生不仅需要掌握商务英语的基本知识，还需要具备在商务环境中使用英语的实际能力。此外，这种培养模式还强调学生的自主学习能力和批判性思维能力的培养，这对于商务英语人才的培养而言非常重要。

二、研究影响与贡献

（一）对商务英语教学实践的影响

本研究对商务英语教学实践具有重要的影响。首先，本研究提出了在信息化时代下，商务英语教学应如何融合信息技术，进一步提升教学效果。其次，本研究强调了实践性和应用性在商务英语教学中的重要性，促进了教学方法的变革。最后，本研究还提出了新的教学评估方法，使教学评估更为多元化，更能准确地反映学生的学习情况。

（二）对商务英语教学理论的贡献

本研究对商务英语教学理论的贡献主要表现在三个方面：一是对商务英语教学在信息化时代的变革进行了系统性的研究，提出了一套新的教学理论和模型；二是对商务英语教学方法的创新进行了深入研究，提出了一种新的教学方法，即在线教学和混合式教学的结合；三是对商务英语人才培养模式进行了系统性分析，提出了一种新的人才培养模式，即强调实践性和应用性的培养模式。

（三）对商务英语人才培养的启示

本研究对商务英语人才培养具有重要的启示。首先，学生的实践性和应用性能力的培养应作为商务英语教学的核心，同时，学生的自主学习能力和批判性思维能力也应被重视。其次，信息技术在商务英语人才培养中的重要性不容忽视，应在教学中充分利用信息技术，提升教学效果。最后，多元化的教学评估方法可以更准确地评估学生的学习效果，应在教学中广泛应用。

第二节 商务英语人才培养的未来发展展望

一、商务英语人才培养的未来趋势

（一）多元化和个性化

随着国际商务活动的多样化和复杂化，商务英语人才需要具备不同领域、不同层次、不同方向的专业知识和技能，以适应不同的工作岗位和职业发展需求。因此，商务英语教育需要根据市场需求和学生特点，设计多元化和个性化的课程体系和教学模式，提供多种选择和灵活组合的学习路径，满足学生的差异化和个性化的学习需求。同时要加强对学生多元能力培养，将从单一的语言能力扩展到多元化的综合能力培养。除了语言流利性，跨文化交际、团队协作、创新思维、解决问题的能力等都将成为商务英语人才的必备素养，使其能够在复杂多变的商业环境中游刃有余。

（二）实践性和创新性

实践是检验真理的唯一标准，也是提高商务英语能力的有效途径。商务英语人才需要具备较强的实践操作能力和职业素养，能够在真实或模拟的商务场景中运用所学知识和技能解决问题、完成任务、创造价值。同时，商务英语人才还需要具备较强的创新思维能力和创业精神，能够在面对复杂多变的商务环境时，提出新颖有用的解决方案，开拓新的市场或业务。因此，商务英语教育需要加强实践教学环节，增加与企业和行业的合作，为学生提供更多的实习机会和项目经验；同时，也需要培养学生的创新意识和能力，激发学生的创业热情和潜力。

（三）数字化和智能化

信息技术是推动社会进步和经济发展的重要力量，也是影响商务英语教育变革的关键因素。数字化和智能化为商务英语教育提供了新的工具和平台，如网络资源、在线平台、多媒体技术、人工智能等。这些技术可以丰富教学内容和形式，拓展教学空间和时间，优化教学过程和效果，提升教学质量和效率。同时，数字化和智能化也为商务英语人才提出了新的要求，如需要具备信息素养、数字技能、数据分析等方面的能力。因此，商务英语教育需要积极利用数字化和智能化技术改革教学手段和方法；同时，也需要培养学生适应数字化和智能化环境的能力和素养。

（四）国际化和全球化

在未来的商务英语人才培养中，加强全球视野的战略将有助于培养具备国际竞争力的人才，使他们能够在全球商业舞台上脱颖而出，推动商务领域的创新和发展。这不仅要求教育机构在课程设置和教学方法上进行创新，也需要行业与教育界的紧密合作，共同培养具备国际视野的优秀商务英语人才。

二、商务英语人才培养的发展策略

（一）人才培养模式

1. 强调国际视野的拓展

全球化商业趋势将促使商务英语人才具备更强的国际视野。未来的培养模式将强调培养学生对全球商业环境的敏感性和洞察力，使他们能够更好地理解不同国家和地区的商业文化、法规和市场趋势。为了实现这一目标，教育机构可以开设国际商务课程、组织国际交流活动，让学生亲身体验全球商务的多样性。

2. 注重实践导向的教育模式

未来的商务英语人才培养将强调实践导向的教育模式。学生将通过实际项目、案例分析、实地考察等方式，将理论知识应用到实际问题中，培养解决实际问题的能力。教育机构可以与企业合作，为学生提供实际商业项目，让他们在实际中锻炼自己的商务能力。

（二）跨文化交际能力与社会责任教育

1. 跨文化交际能力的重要性

在全球商务领域，跨文化交际能力尤为重要。未来商务英语人才需要能够与来自不同文化背景的人进行高效沟通与合作。因此，跨文化交际能力的培养将成为培养计划的重要组成部分。教育机构可以通过模拟跨文化场景、开展跨文化培训等方式，提升学生的跨文化交际技能。

2. 社会责任教育的强调

在商务活动中，社会责任意识的重要性日益凸显。未来的商务英语人才需要具备良好的道德素养和社会责任感，能够在商业活动中平衡经济发展与社会效益。教育机构可以通过开设商业伦理课程、开展社会责任实践等方式，强化学生的社会责任教育。

（三）课程设置

为适应信息化时代的商务英语人才培养，课程设置应做出相应的调整。具体策略包括以下几点。

1. 整合信息技术

将信息技术整合到课程中，提供商务英语和信息技术的交叉学习，如数据分析、数字营销等相关主题。

2. 强化实践环节

设置更多实践课程和活动，让学生有机会将所学知识运用到实际商务场景中，提升他们的实践能力和创新能力。

3. 提供个性化学习

根据学生的兴趣和能力，提供个性化的学习路径和资源，以满足不同学生的学习需求。

4.能力为导向的课程体系

能力是商务英语人才最核心的素质，也是商务英语教育最重要的目标。商务英语人才需要具备多方面的能力，如语言能力、专业能力、实践能力、创新能力、数字能力等。为此，商务英语教育需要构建以能力为导向的课程体系，明确课程目标和内容，设置课程层次和类型，安排课程结构和进度，形成课程网络和体系。在课程设置上，要均衡语言技能和专业知识，融合理论学习和实践操作，注重基础性和前沿性，体现多元性和个性化。

（四）教学方法

1.采用混合式教学

结合线上和线下教学，提供更加灵活和多样的学习方式。

2.使用新型教学工具

利用互动教学工具和在线学习平台，增强教学的互动性和趣味性。

3.引入智能教学

利用人工智能和大数据技术，提供智能化的教学服务，如智能推荐学习资源、智能辅助教学等。

参考文献

[1] 任光萍.教育科学实践与研究[M].长春：吉林人民出版社，2020.

[2] 杜威.民主与教育[M].薛绚，译.南京：译林出版社，2012.

[3] 任长松.探究式学习：学生知识的自主建构[M].北京：教育科学出版社，2005.

[4] 李园园.商务英语教学与人才培养研究[M].西安：世界图书出版西安有限公司，2018.

[5] 邓金娥，吴菲，熊华霞.高校商务英语信息化教学改革研究[M].延吉：延边大学出版社，2019.

[6] 鲍文.商务英语教育论[M].上海：上海交通大学出版社，2017.

[7] 潘静玲.商务英语翻译方法研究[J].佳木斯教育学院学报，2017（11）：333-334.

[8] 杨丽娜，余胜泉.交际教学法在英语移动学习中的研究与实践[J].现代远距离教育，2009.

[9] 赵兴龙.翻转课堂中知识内化过程及教学模式设计[J].现代远程教育研究，2014（2）：55-61.

[10] 谭定钟，郑晓明.论商务英语专业"四位一体"人才培养模式[J].宁波大学学报（教育科学版），2012，34（1）：123-125.

[11] 甘伶俐.商务英语工学结合"四位一体"人才培养模式研究——以重庆移通学院为例[J].海风，2021（4）：224-224.

[12] 陈征.商务英语线上线下混合教学模式路径探究[J].黄冈职业技术学院学报，2021，23（4）：72-76.

[13] 杨智华."互联网+"背景下商务英语教学策略探讨[J].海外英语（下），2021（8）：168-169，185.

[14] 陈思毅."互联网+"环境下跨境电商商务英语人才培养研究[J].湖北开放职业学院学报，2021，34（15）：175-176.

[15] 边立志，车丽娟."互联网+教育"背景下的商务英语混合式教学模式构建[J].语言教育，2021（3）：16-21.

[16] 吕枚芹.商务英语信息化教学模式环境构建[J].科学咨询（科技·管理），2021（7）：105-106.

[17] 屠献芳.信息化环境下高职商务英语教学体系构建[J].科教文汇（中旬刊），2021（14）：188-189.

[18] 林鹂.翻转课堂模式下商务英语阅读教学路径研究[J].黑龙江教师发展学院学报，2021（5）：154-156.

[19] 裴丽莲.高职院校商务英语专业课程信息化的路径研究[J].继续教育研究，2021（3）：130-133.

[20] 吴娴.信息化背景下的商务英语教学改革探析[J].海外英语，2020（16）：174-175.

[21] 俞蓓.基于应用型人才培养的商务英语专业教学改革[J].科技风，2020（22）：63-64.

[22] 廖桂宇.互联网背景下商务英语教学模式建构分析[J].教育观察，2020（18）：119-120.

[23] 马婷婷.大数据背景下高职商务英语教学改革新思路探索[J].淮南职业技术学院学报，2020，20（2）：83-84.

[24] 石璞璞.商务英语智慧课堂交互式学情监控体系研究[J].广州城市职业学院学报，2019，13（4）：29-32，49.

[25] 张晓光.论商务英语教学中思辨能力的培养[J].湖北开放职业学院学报，2019，32（21）：161-162.

[26] 李曼，张化丽.基于慕课的商务英语混合式教学研究[J].才智，2019（24）：52.

[27] 张晓光，李晓燕.大数据背景下数字化商务英语教学模式研究[J].长春教育学院学报，2019，35（7）：55-58.

[28] 田夕伟.信息化背景下的高职商务英语教学探索与研究[J].文化创新比较研究，2019（13）：77-78.

[29] 张文娟.大数据时代下的商务英语翻译翻转课堂教学设计[J].文化创新比较研究，2019（10）：74-75.

[30] 林丽珣.大数据驱动下"互联网+商务英语"教学模式创新[J].海外英

语，2019（6）：246–247.

[31] 黄雪贞.高职商务英语"翻转课堂"教学探索[J].湖北开放职业学院学报，2019（3）：175–177.

[32] 钟健儿.信息化手段在高职商务英语口语教学中的应用研究[J].考试与评价（大学英语教研版），2019（1）：34–37.

[33] 江建国.信息化商务英语实践教学平台的构建与应用[J].当代教育理论与实践，2019，11（1）：122–126.

[34] 赵阳.信息化环境下商务英语跨文化交际能力的提升[J].辽宁高职学报，2018，20（12）：34–36.

[35] 王文彦，聂雯.信息化环境下高职商务英语教学体系构建[J].黑河学院学报，2018，9（11）：111–113.

[36] 吴可佳.信息化背景下商务英语写作的课程特点与教学设计[J].中外企业家，2018（33）：178–179.

[37] 谢娜.基于"互联网+"的商务英语信息化教学研究[J].佳木斯职业学院学报，2018（11）：341–342.

[38] 游娟.信息化环境下的高职商务英语听力多模态教学模式研究[J].中外企业家，2018（27）：141–142.

[39] 杨明远.信息化环境下商务英语函电课堂教学优化研究[J].海外英语，2018（18）：230–231.

[40] 刘华天.大数据时代下的商务英语教学探究[J].西部素质教育，2018，4（15）：180.

[41] 张金.基于"1+X"证书制度的高职商务英语专业人才教育研究[J].黑龙江教师发展学院学报，2023（4）：81–83.

[42] 王安妮.基于全人教育理念的我国大学商务英语教学方法的创新研究[J].海外英语，2023（4）：103–104，124.

[43] 陈君.信息化背景下商务英语课程新型教学模式构建[J].齐齐哈尔师范高等专科学校学报，2023（1）：125–128.

[44] 黄夏昕."互联网+"背景下的商务英语跨境电商人才需求与培养策略[J].江西电力职业技术学院学报，2022，35（12）：114–116.

[45] 李琰艳.线上线下融合教学模式在商务英语教学中的应用[J].现代职业教育，2022（40）：68–70.

[46] 杜瑞清.复合型外语人才的培养及实践[J].外语教学，1997（2）：34–37.

[47] 樊丽明."新文科"：时代需求与建设重点[J].中国大学教学，2020（5）：4–8.

[48] 黄源深.21世纪的复合型英语人才[J].外语界，2001（1）：9–13.

[49] 蒋洪新.推动构建中国特色英语类本科专业人才培养体系——英语类专业《教学指南》的研制与思考[J].外语界，2019（5）：2–7.

[50] 教育部高等学校教学指导委员会.普通高等学校本科专业类教学质量国家标准[M].北京：高等教育出版社，2018.

[51] 教育部高等学校外国语言文学类专业教学指导委员会英语专业教学指导分委员会.普通高等学校本科外国语言文学类专业教学指南（上）——英语类专业教学指南[M].北京：外语教学与研究出版社，2020.

[52] 宁琦.社会需求与新文科建设的核心任务[J].上海交通大学学报（哲学社会科学版），2020，28（2）：13–17.

[53] 王钢.新文科视域下复合型外语人才培养态势分析——以大连外国语大学俄语+区域学人才培养为例[J].东北亚外语研究，2020，8（2）：74–79.

[54] 王立非，崔璨.论商务英语跨学科研究范式与方法[J].外语界，2019（2）：58–64.

[55] 袁凯，姜兆亮，刘传勇.新时代新需求新文科——山东大学新文科建设探索与实践[J].中国大学教学，2020（7）：67–70，83.

[56] 鲍文.商务英语综合能力评价研究[J].中国外语（中英文版），2012，9（5）：20–23，33.

[57] 陈准民，王立非.解读《高等学校商务英语专业本科教学要求》（试行）[J].中国外语，2009（6）：4–11，21.

[58] 李晓东，曹红晖.基于云平台的电子学档系统在商务英语教学中的应用[J].外语电化教学，2013（3）：49–53.

[59] 李欣，冯德正.商务英语专业课混合教学的"课程思政"行动研究[J].外国语文，2021（2）：19–26.

[60] 李郁，张泳.商务英语专业口译课程教学与考试改革新探[J].外语界，2005（3）：32–36，42.

[61] 刘艳，蔡基刚.新文科视域下新建商务英语专业教师身份认同研究[J].西安外国语大学学报，2021，4（2）：72–77.

[62] 李吉婧.高校商务英语信息化教学模式的应用初探[J].英语广场，2023（18）：96-99.

[63] 王姗姗.虚拟现实技术在商务英语教学应用——评《高校商务英语信息化教学改革研究》[J].应用化工，2023（6）：1951.

[64] 陈君.信息化背景下商务英语课程新型教学模式构建[J].齐齐哈尔师范高等专科学校学报，2023（1）：125-128.

[65] 秦莹.信息化背景下高校商务英语智慧课堂生态系统的构建与实践[J].中国新通信，2023，25（1）：206-208.

[66] 李琰艳.线上线下融合教学模式在商务英语教学中的应用[J].现代职业教育，2022（40）：68-70.

[67] 王宇.高校商务英语信息化教学模式实践应用——评《高校商务英语信息化教学改革研究》[J].外语电化教学，2022（5）：101.

[68] 兰梅，彭莉娟.大数据技术背景下数字化商务英语教学模式探讨——评《"互联网+"时代商务英语教学模式研究》[J].教育发展研究，2022（18）：85.

[69] 马志娟，成杰.信息化背景下《商务英语》课程教学改革与研究[J].创新创业理论研究与实践，2022，5（15）：46-48.

[70] 李琰艳."O2O"模式在高职商务英语教学中的应用[J].教育教学论坛，2022（26）：65-68.

[71] 章明蕾.信息化背景下商务英语教学模式研究——评《高校商务英语信息化教学改革研究》[J].中国高校科技，2022，5（5）：112.

[72] 廖梦思.信息化环境下职业院校商务英语口译实训教学研究[J].海外英语，2022（7）：233-235.

[73] 曹晨.新媒体时代高校英语教育教学创新发展路径探索[J].食品研究与开发，2022，43（1）：233.

[74] 杨素婷.运用App推动商务英语口语教学改革应用研究——以"英语流利说"App应用为例[J].海外英语（下），2021（11）：175-176.

[75] 冒玲玲，姚小挺.虚拟现实技术在商务英语教学应用的调查分析[J].中国新通信，2021，23（22）：194-195.

[76] 华鸿燕.基于翻转课堂的服装商务英语教学模式创新实践[J].棉纺织技术，2021（9）：111-112.

[77] 陈征.商务英语线上线下混合教学模式路径探究[J].黄冈职业技术学院学报，2021，23（4）：72-76.

[78] 杨智华."互联网+"背景下商务英语教学策略探讨[J].海外英语（下），2021（18）：168-169，185.

[79] 吕枚芹.商务英语信息化教学模式环境构建[J].科学咨询（科技·管理），2021（7）：105-106.

[80] 屠献芳.信息化环境下高职商务英语教学体系构建[J].科教文汇（中旬刊），2021（14）：188-189.

[81] 林鹏.翻转课堂模式下商务英语阅读教学路径研究[J].黑龙江教师发展学院学报，2021（5）：154-156.

[82] 李娅.大数据技术背景下数字化商务英语教学模式探讨[J].轻合金加工技术，2020，48（12）：74.

[83] 石璞璞.双创融通视域下商务英语教学模式智慧化探究——评《实用商务英语写作教程》[J].中国高校科技，2020（4）：104-105.

[84] 梅明玉，朱晓洁.基于沉浸式具身学习的商务英语教学研究[J].现代教育技术，2019，29（11）：80-86.

[85] 文晶.财经院校商务英语学科的专业课程设置[J].现代教育科学（高教研究），2010（11）：47-49.

[86] 王立非，李琳.基于可视化技术的国外商务英语研究进展考察（2002—2012）[J].中国外语，2014，11（2）：88-96.

[87] 张家瑞，苏倩，杨思琪.国内外商务英语研究评述（2011—2017）[J].商务外语研究，2019（1）：7-22.

[88] 揭薇.国外商务英语理论综述[J].商务英语教学与研究，2008（00）：6-15.

[89] 鲍文，丁马骏.中国商务英语教育研究20年：回顾与前瞻[J].外语界，2022（5）：50-55，96.

[90] 莫再树.晚清商务英语教学源流考镜[D].长沙：湖南大学，2012.

[91] 胡潇译，胡海建.英语交际教学法的教学路径与生成策略[J].课程 教材 教法，2019，39（5）：121-126.

[92] 孙鸣.我国英语交际法教学之若干问题再思考[J].外语与外语教学，2007（7）：26-28.

[93] 刘振天，吴秋怡."'以'学生为中心"抑或"学生为中心"：一个本体论的新认知[J].教育发展研究，2023（9）：1-9.

[94] 张燕妮，肖文科.商务英语教材选择探析——以两种商务英语教材的分析为例[J].山西师大学报（社会科学版），2011（S2）：183-185.

[95] 王海波."商务英语"课程实施项目化教学的实践探索[J].中国大学教学，2013（8）：52-54.

[96] 杨连瑞.英语情景教学法初探[J].外语界，1992（1）：36-39.

[97] 马晓华.情景教学法在高职商务英语教学中的应用[J].继续教育研究，2011（5）：140-141.

[98] 张晓辉，陈勇."国际贸易实务"课程全程情境教学法的适用性与效果[J].高等工程教育研究，2010（S1）：150-151.

[99] 周芹芹.多媒体自主学习模式在商务英语教学中的实践探索[J].外语电化教学，2008（4）：21-25.

[100] 佟秋华.高校网络环境下英语视听说课学生能动性实验研究[J].外语电化教学，2014（1）：72-75.

[101] 王贵芳.人工智能技术在商务英语教学中的应用[J].现代职业教育，2020（1）：50-51.

[102] 李思艺.智能时代商务英语教师专业素养结构探究[J].淮南职业技术学院学报，2023，23（3）：92-94.

[103] 王晓冬.信息化环境下商务英语教学体系的构建[J].黑龙江教育学院学报，2017，36（10）：130-132.

[104] 李珍珍.信息化时代高职商务英语碎片化教学应用探究[J].太原城市职业技术学院学报，2018（1）：129-131.

[105] 陈婉颖.信息化视野下商务英语专业教学范式的创新与策略研究[J].长春大学学报，2018（8）：82-86.

[106] 杨舒琳，李瑞.数字化时代大学英语课堂教学质量评估模型构建研究[J].西安外国语大学学报，2021，29（4）：78-81.

[107] 刘秀梅.大数据时代大学英语课堂教学评价体系的构建[J].现代教育技术，2016，26（1）：94-99.

[108] 朱燕华，陈莉萍.大学英语智慧课堂教学评价指标体系构建[J].外语电化教学，2020（4）：94-100，111.

[109] 王晓晨，张佳琪，杨浩，等.深度学习视角下高校翻转课堂教学模式研究[J].电化教育研究，2020，41（12）：85–91，128.

[110] 郭建鹏.翻转课堂教学模式：变式—统一——再变式[J].中国大学教学，2021（6）：77–86.

[111] 王琳，王可帆，李亚伟.基于知识建构的翻转课堂教学方法[J].山西财经大学学报，2022（S1）：130–133.

[112] 董江丽，周群，何志巍，等.运用"翻转课堂"教学法 推动教与学系统性改革[J].中国高等教育，2022（9）：56–58.

[113] 李维，陈桦.面向高水平组学生的大学英语翻转课堂教学实证研究[J].外语教育研究前沿，2023（1）：53–59，94.

[114] 刘进军，陈代春.基于BOPPPS模型的信息素养课程有效教学模式研究[J].图书馆学研究，2021（8）：10–14.

[115] 郑燕林，马芸.基于BOPPPS模型的在线参与式教学实践[J].高教探索，2021（10）：5–9.

[116] 王贵芳.人工智能技术在商务英语教学中的应用[J].现代职业教育，2020（1）：50–51.

[117] 李思艺.智能时代商务英语教师专业素养结构探究[J].淮南职业技术学院学报，2023，23（3）：92–94.

[118] 熊有生.基于微信公众号的商务英语函电混合式教学设计研究[J].广西民族师范学院学报，2020，37（6）：141–144.

[119] 周祥.基于微信平台的商务英语函电交互教学研究[J].哈尔滨学院学报，2018，39（10）：80–83.

[120] 张丹，王鹃，袁金平，等.技术赋能教学模式变革与实践[J].中国电化教育，2021（4）：125–138.

[121] 牛园园.信息化背景下高职商务英语网络教学中的问题与对策[J].中国多媒体与网络教学学报（中旬刊），2023（4）：29–32.

[122] 尹萧雪.交互构念视角下的商务英语口语能力量表构建[D].重庆：四川外国语大学，2021.

[123] 何璇.商务英语专业人才需求分析及培养方案优化研究——从西安外国语大学为例[D].西安：西安外国语大学，2020.

[124] 黄晓璇.混合学习在商务英语教学中的应用研究[D].武汉：华中师范大

学，2013.

[125] 吕晓轩.商务英语专业人才培养规格研究[D].哈尔滨：黑龙江大学，2009.

[126] 韩晶晶.企业应用型商务英语人才培养及商务英语教学研究[D].武汉：湖北工业大学，2009.

[127] DUDLEY-EVANS & STJOHN M. Developments in ESP-Amulti-disciplinary approach[M].Cambridge：Cambridge University Press，1998.

[128] HUTCHINSON T，WATERS A. English for Specific Purposes：A Learning-centered approach[M].Cambridge：Cambridge University Press，1987.

[129] KRASHEN S D. Principles and Practice in Second Language Acquisition[M]. Oxford：Pergamon，1982.

[130] SWAIN M. Three Functions of Output in Second Language Learning[A]. Oxford：Oxford University Press，1995.

[131] SKINNER B F. Science and human behavior[M].New York：Macmillan，1953.

[132] BRUNER J. The Process of Education[M].Cambridge，MA：Harvard University Press，1960.

[133] AUSUBEL D P. The Psychology of Meaningful Verbal Learning[M].New York：Grune and Stratton，1963.

[134] GAGEÉ R M. The conditions of learning[M].3rded. New York：Holt，Rinehart and Winston，1977.

[135] BLOOM B S. Human Characteristics and School Learning[M].New York：Mc Graw-Hill，1976.

[136] N BUTLER. The Meaning of Education[M]. New York：Scribners，1915.

[137] BAILEY R. The Philosophy of Education：An Introduction[C].2010.

[138] ELLIS M，JOHNSON C. Teaching Business English[M] . Shanghai：Shanghai Foreign Language Education Press，1994.

[139] ROBINSON P. ESP Today：A Practitioner's Guide [M].Hemel Hempstead，UK：Prentice Hall，1991.

[140] WATSON J B. Psychology as the behaviorist views it. Psychological Review，1913，20（2），158-177.

[141] HERGENHAHN B R, Henley T B. An introduction to the history of psychology[M]. Cengage Learning, 2014.

[142] EYSENCK MW, KEANE M T. Cognitive psychology: a student' handbook[M]. Hove: Psychology press, 2015.

[143] KILPATRICK W. H. The project method: The use of the purposeful act in the educative process[J].Teacher's College Record, 1918（4）, 319-335.

[144] NYSTRAND M, GAMORAN A. Instructional discourse, student engagement, and literature achievement[J].Research in the Teaching of English, 1991（25）: 261-290.

[145] NONE. Effective Teaching: Current Research[J].School Effectiveness & School Improvement An International Journal of Research Policy & Practice, 1991, 2（3）: 256-259.

[146] PARKER W C, HESS D. Teaching with and for discussion[J].Teaching & Teacher Education, 2001, 17（3）: 273-289.

附录

尊敬的商务英语教师：

您好！本问卷是为了探讨信息化时代商务英语教学与人才培养的现状、问题和策略，以期为商务英语专业的教学改革和人才培养提供参考和建议。本问卷共有13个题目，涉及您对信息化时代商务英语教学与人才培养的认知、态度、需求和满意度等方面的看法和感受。请您根据自己的实际情况，如实填写本问卷，您的回答将被严格保密，仅用于本研究。感谢您的配合和支持！

1. 您的性别是：

A. 男

B. 女

2. 如果您是商务英语专业教师，请选择您从事商务英语教学的年限：

A. 1年以下

B. 1~5年

C. 4~6年

D. 7~9年

E. 10年以上

3. 您认为信息化时代对商务英语教学与人才培养的影响是：

A. 明显积极的，提供了更多全球资源和交流机会

B. 良好的，但同时带来了一些挑战需要克服

C. 不确定，尚未完全体验和了解其影响

D. 有限的，未在我的教学或学习中感受到明显变化

4. 您认为信息化技术在商务英语教学中的主要作用是什么？（可多选）

A. 提高学生学习效率

B. 促进跨文化交际能力培养

C. 扩展学生的全球视野

D. 提升学生的实践能力

E. 支持个性化学习

F. 其他，请说明：_____

5. 信息化技术如何影响您在商务英语教学中的角色？（可多选）

A. 强化教学者的指导作用

B. 促使教学者更多地担当导师角色

C. 扩展教学者的国际交流机会

D. 提升教学者的数字素养要求

6. 您认为信息化时代下商务英语专业人才应该具备哪些核心能力？（可多选）

A. 商务沟通能力

B. 跨文化交际能力

C. 信息技术能力

D. 创新能力

E. 团队协作能力

F. 自主学习能力

G. 其他，请说明：_____

7. 您在教学中使用哪些信息化工具或方法？（可多选）

A. 在线教学平台（如Moodle、Canvas等）

B. 虚拟实境（Virtual Reality）技术

C. 在线协作工具

D. 社交媒体平台

E. 在线商务模拟软件

F. 其他，请说明：_____

8. 信息化时代下，您认为商务英语教学最大的挑战是：

A. 如何有效整合信息技术提升教学质量

B. 如何培养学生的跨文化交际能力

C. 如何适应不断变化的商务环境和技术发展

D. 如何保持学生对商务英语学习的兴趣和动力

9. 在信息化时代，您认为影响商务英语人才培养的主要问题是：

A. 学生缺乏实际商务操作和实践经验

B. 教师需要更多数字化教学素材和工具

C. 需要更强调培养学生的创新思维和问题解决能力

D. 学生难以保持全球视野和跨文化交际能力

10. 在信息化时代，您认为最需要加强的商务英语教学领域是：

A. 在线合作与团队工作能力培养

B. 实际商务操作和模拟案例分析

C. 跨文化交际与跨境商务实践

D. 数字化信息处理和商务数据分析

11. 您是否认为高等教育需要调整商务英语课程，以适应信息化时代的商务需求？

A. 是，需要更新课程内容和教学方法

B. 是，但只需要进行轻微调整

C. 不确定，可能需要根据实际情况决定

D. 否，现有课程仍然能够满足学生需求

12. 您认为信息化时代商务英语教学与人才培养需要进行哪些改革和创新？（可多选）

A. 建立以学生为中心的信息化教学模式

B. 开发适合商务英语专业的信息化教学资源

C. 探索有效的信息化教学方法和策略

D. 制定科学的信息化教学评价体系

E. 培养商务英语专业的信息化教师队伍

F. 其他，请说明：_____

13. 您认为为了提高信息化时代商务英语教学与人才培养的质量和效果，应该从哪些方面着手？（可多选）

A. 加强信息化教学理论的研究和传播

B. 增加信息化教学设备的投入和更新

C. 提高信息化教学资源的质量和数量

D. 优化信息化教学方法的选择和运用

E. 改进信息化教学评价的方式和标准

F. 其他，请说明：_____